ଊନବିଂଶ ଶତାବ୍ଦୀ
ଓ ଫକୀରମୋହନ

ଊନବିଂଶ ଶତାବ୍ଦୀ
ଓ ଫକୀରମୋହନ

ଡକ୍ଟର ସର୍ବେଶ୍ୱର ସେଣ

ବ୍ଲାକ୍ ଈଗଲ୍ ବୁକ୍ସ
ଭୁବନେଶ୍ୱର, ଓଡ଼ିଶା

BLACK EAGLE BOOKS
Dublin, USA

ଊନବିଂଶ ଶତାବ୍ଦୀ ଓ ଫକୀରମୋହନ / ଡକ୍ଟର ସର୍ବେଶ୍ୱର ସେଣ

ବ୍ଲାକ୍ ଈଗଲ୍ ବୁକ୍ସ : ଭୁବନେଶ୍ୱର, ଓଡ଼ିଶା ● ଡବ୍ଲିନ୍, ଯୁକ୍ତରାଷ୍ଟ୍ର ଆମେରିକା

BLACK EAGLE BOOKS

USA address:
7464 Wisdom Lane
Dublin, OH 43016

India address:
E/312, Trident Galaxy, Kalinga Nagar,
Bhubaneswar-751003, Odisha, India

E-mail: info@blackeaglebooks.org
Website: www.blackeaglebooks.org

First International Edition Published by
BLACK EAGLE BOOKS, 2024

UNABINSHA SHATABDI O FAKIRMOHAN
By Dr. Sarbeswar Sena
E-mail : drssena@gmail.com
Cell: 9437088039

Cover & Interior Design: Ezy's Publication

ISBN- 978-1-64560-571-3 (Paperback)

Printed in the United States of America

ଉତ୍ସର୍ଗ

ମୋ ଧର୍ମପତ୍ନୀ ସ୍ୱର୍ଗୀୟା ବିଚକ୍ଷଣା ବିଶ୍ୱାଳଙ୍କ ସ୍ମୃତିରେ....

– ଡକ୍ଟର ସର୍ବେଶ୍ୱର ସେଣ

ମୁଖବନ୍ଧ

କଥାସମ୍ରାଟ ଫକୀରମୋହନ

ଘଟଣା ବହୁଳ ଊନବିଂଶ ଶତାବ୍ଦୀ। ଏଇ ଶହେ ବର୍ଷର ଅବଧି, ଓଡ଼ିଶା ପାଇଁ ଅତୀବ ଗୁରୁତ୍ୱପୂର୍ଣ୍ଣ। ଓଡ଼ିଶା ଜନଜୀବନରେ ଆସିଲା ନାନାଦି ପରିବର୍ତ୍ତନ। ରାଜନୀତିକ ପଟଚିତ୍ର ବଦଳିଲା। ଇଷ୍ଟ ଇଣ୍ଡିଆ କମ୍ପାନୀ ଓଡ଼ିଶା ଅଧିକାର କଲା (୧୮୦୩)। ଅହେତୁକ ଭାବେ ଆଶାଟେ ସଞ୍ଚରିଲା। ହୁଏତ ଆଗନ୍ତୁକଙ୍କ ପ୍ରଶାସନ ଶାନ୍ତି ଫେରାଇ ଆଣିବ ! ଏ ଆଶା ଆଶାରେ ରହିଲା। ବିଦେଶୀୟ ଆଫଗାନ୍, ମୋଗଲ; ସ୍ୱଦେଶୀୟ ମରହଟ୍ଟା, ବଙ୍ଗୀୟ - ସେମାନେ ଥିଲେ ଅତ୍ୟାଚାରୀ, ଶୋଷଣ ଲୁଣ୍ଠନ ଚରମସୀମାରେ। ନବାଗତ ଇଂରେଜମାନେ ସେଥିରୁ ବାଦ୍ ପଡ଼ିଲେନି। ଫିରିଙ୍ଗି କର୍ମଚାରୀ, ସାହୁକାର, ଗୁମାସ୍ତା, ଜମିଦାର - ସମସ୍ତେ ଜନ ଜୀବନର ଗଳଗ୍ରହ। ଏମାନଙ୍କର ଶୋଷଣ, ଅତ୍ୟାଚାର ମାତ୍ରାଧିକ। ସାଧାରଣ ରଇତ ତ୍ରାହି ତ୍ରାହି ଡାକିଲେ। ଖଚ, ମିଛ, ଲାଞ୍ଚ - କ୍ରମେ କାୟା ବିସ୍ତାର କଲା। ସରକାରୀ କର୍ମଚାରୀ, ସେମାନଙ୍କ ମଧ୍ୟରୁ ଅନେକ ଅସାଧୁ। ସେମାନେ ଓଡ଼ିଶା ରାଜକୋଷ ଲୁଟିଲେ। ଭୀତକାତର ଓଡ଼ିଆଏ, ଶେଷରେ ସଂଗ୍ରାମ ପାଇଁ ସଜବାଜ ହେଲେ।

ଫିରିଙ୍ଗି ପୁଲିସ, ନାଲିଟୋପିଆ। ଏମାନେ ଖୁବ୍ ନିଷ୍ଠୁର, ଲାଞ୍ଚଖୋର ବି। ତାଙ୍କୁ ଦେଖିଲେ ଗାଁମାନଙ୍କରେ ତାଟି କବାଟ ପଡ଼ିଯାଏ। ଗର୍ଭବତୀ ବାଘୁଣୀ ସେମାନଙ୍କୁ ବାଟ ଛାଡ଼ିଦିଏ। ଏହା ସତ୍ତ୍ୱେ; ସେମାନେ ସମାଜରୁ ନାନାଦି ଅପକର୍ମ ହଟାଇଥିଲେ। ନକଲି ବାବା, ମାତାଜୀ, ଦୁର୍ଦ୍ଧର୍ଷ ଡକାୟତ, ଏମାନଙ୍କୁ ସାବାଡ଼ କଲେ। ଜନତାଙ୍କ ଧନଜୀବନ ରକ୍ଷା ପାଇଲା।

ପାଶ୍ଚାତ୍ୟ ଶିକ୍ଷାର ପ୍ରଚାର ପ୍ରସାର। ଊନବିଂଶ ଶତାବ୍ଦୀର ଏଇଟି ଉଲ୍ଲେଖନୀୟ ଘଟଣା। ଓଡ଼ିଆଏ ଇଂରାଜୀ ପଢ଼ିଲେ। ସରକାରୀ ଚାକିରି ପାଇଲେ। ସହରରେ ରହିଲେ। ହେଲେ ପାଠୁଆବାବୁମାନେ କ୍ରମେ ଗାଁକୁ ଭୁଲିଲେ। ପାଶୋରିଲେ ଆପଣା ମର୍ଯ୍ୟାଦା ସମ୍ପନ୍ନ ସଂସ୍କାର, ସଂସ୍କୃତିକୁ। ଅନେକ ଇଂରେଜ ପଢ଼ୁଆ, ବାଛବିଚାର ରଖିଲେନି। ପାଶ୍ଚାତ୍ୟ ଚାଲିଚଳଣିକୁ ଆଦରି ନେଲେ। ସୁରାପାନ, ଏକାଧିକ ନାରୀ ରମଣରେ ମଜ୍ଜି ରହିଲେ। ଇଂରେଜମାନଙ୍କ ପାଇଁ ଉଷ୍ଣ ପ୍ରଦାୟକ ପାନୀୟ ଏକ ଆବଶ୍ୟକତା, ବହୁ ନାରୀ ବିଳାସ ସେମାନଙ୍କ ଚଳଣି। ଏ ଦୁଇଟି ଓଡ଼ିଶା ପାଇଁ ଅପସଂସ୍କୃତି। ଏକଥା ଅନେକ ବୁଝିଲେନି। ଶୁଣ୍ଡୀପିଣ୍ଡା, ବେଶ୍ୟାଘରେ ରାତି କାଟିଲେ। ସୃଷ୍ଟି ହେଲା ଗୋଟେ ବିକଳ ସାମାଜିକ ସ୍ଥିତି। ଚୋରି ନାରୀ ବଢ଼ିଲା। ମଦୁଆଏ କୁଳଲକ୍ଷ୍ମୀଙ୍କୁ ହତାଦର କଲେ। ବହୁ ଶିକ୍ଷିତ, ସଚେତନ ନାଗରିକ, ସମାଜସେବୀ; ନିଶାପାନ, ବେଶ୍ୟାବୃତ୍ତିକୁ ବିରୋଧ କଲେ। ସମାଜ ସଚେତନତା ସୃଷ୍ଟି ହେଲା। ନିଶା ନିବାରଣ ପ୍ରୟାସ ଜାରି ରହିଲା। ପାଶ୍ଚାତ୍ୟ ଶିକ୍ଷାର ଏହା ଅମୃତମୟ ଦିଗ; ମାତ୍ର ହଳାହଳ ଦିଗ କିଛି କମ୍ ନ ଥିଲା। ଊନବିଂଶ ଶତାବ୍ଦୀରେ ନାରୀଶିକ୍ଷା ଏକ ଯୁଗାନ୍ତକାରୀ ଘଟଣା।

ଊନବିଂଶ ଶତାବ୍ଦୀର ପ୍ରାରମ୍ଭ। ନାରୀଶିକ୍ଷା ପ୍ରାୟ ନ ଥିଲା। ଝିଏ ପଢ଼ିବା ତ ଦୂରର କଥା, ଏରୁଣ୍ଡିବନ୍ଧ ଡେଇଁବା ସେମାନଙ୍କ ପାଇଁ ନା। ଶିକ୍ଷିତ ବାବୁମାନେ, ଆପଣା ଆପଣା ନବବିବାହିତା ଭାର୍ଯ୍ୟା ଅବା ଯୁବତୀ ଭଗିନୀ - ଏମାନଙ୍କ ନାଁ ଅନ୍ୟ ଆଗରେ ପ୍ରକାଶ କରୁ ନ ଥିଲେ। ନାରୀମାନଙ୍କ ସ୍ଥାନ ରୋଷେଇ ଶାଳରେ - ଏ ଚିନ୍ତନଟି ବଳବତ୍ତର ଥିଲା। ପ୍ରାଚୀନ ପ୍ରଥା ପରମ୍ପରାପିଷ୍ଟ ଜନଜୀବନ। ହିନ୍ଦୁ ସମାଜର କଠୋର ନିୟମ। ଏହାକୁ ଏଡ଼ାଇବା ସମ୍ଭବ ନ ଥିଲା। ନାରୀଶିକ୍ଷାର ପ୍ରୋତ୍ସାହନ ଆଦୌ ନ ଥିଲା। ଝିଏ ପଢ଼ିଲେ ଭ୍ରଷ୍ଟାଚାର ବ୍ୟାପିବ, ଏ ପ୍ରକାର ଆଶଙ୍କା ଥିଲା। ନାରୀ ସତୀତ୍ୱକୁ ରୁଦ୍ଧ କପାଟ ଭିତରେ ରକ୍ଷା କରିବା ପ୍ରୟାସ ଜାରି ରହିଥିଲା। ସମୟ ବଦଳିଲା। ଖ୍ରୀଷ୍ଟିୟାନ ମିଶନାରୀମାନେ, ପ୍ରଥମେ ନାରୀ ଶିକ୍ଷା ପ୍ରସାରରେ ମନଦେଲେ। ରାଜା-ବିଷୟୀ ସମ୍ପନ୍ନ କରଣ, ଏମାନେ ନିଜ ନିଜ ଘରେ ପାଠ ମା' ରଖିଲେ। ନିଜ ଝିଅଙ୍କୁ ପଢ଼ାଇଲେ। ସେତେବେଳକା ସମାଜ, ଅତି ବୁଦ୍ଧିମାନ ଶିକ୍ଷିତ ପୁରୁଷ, ସେମାନେ ବି ନାରୀଶିକ୍ଷା ବିରୁଦ୍ଧରେ। ପାଠପଢ଼ି କ'ଣ ଝିଅମାନେ ଗୋମାସ୍ତାଗିରି କରିବେ ନା କଚେରିରେ ଅମଲା ହେବେ ? ଏ ଧାରଣାଟି ଥିଲା। ବହୁ ସମାଜ ସଂସ୍କାରକ, ବୁଦ୍ଧିଜୀବୀ, ନାରୀଶିକ୍ଷା ପାଇଁ ଅଣ୍ଟା ଭିଡ଼ିଲେ। ସେମାନଙ୍କ ମଧ୍ୟରେ ଅଗ୍ରଗଣ୍ୟ ଫକୀରମୋହନ ସେନାପତି। ବାଲେଶ୍ୱରରେ ବାଳିକା ସ୍କୁଲଟେ ବସାଇଲେ। ଏଥି ପାଇଁ ଢେର୍ ନିନ୍ଦା ସହିଲେ।

ଭର୍ତ୍ସନାକାରୀଙ୍କ ମଧ୍ୟରେ ରାଜା ଶ୍ୟାମାନନ୍ଦ ଦେ ଅନ୍ୟତମ। ସମାଜ ବଦଳିଲା, କ୍ରମେ ନାରୀଶିକ୍ଷାର ପ୍ରଚାର ପ୍ରସାର ହେଲା।

ପ୍ରାକ୍ ସ୍ୱାଧୀନତା କାଳ, ଜନ ଜୀବନ କୁସଂସ୍କାର, ଅନ୍ଧବିଶ୍ୱାସରେ ପରିପୂର୍ଣ୍ଣ। ବାଲ୍ୟବିବାହ, ସତୀଦାହ ପ୍ରଥା, ପ୍ରଥମ କନ୍ୟା ସନ୍ତାନକୁ ଗଙ୍ଗା ମାତାଙ୍କୁ ଉଛେଇଁ ଦେବା, ଜଗନ୍ନାଥଙ୍କ ରଥ ଚକ ତଳେ ଆତ୍ମବଳି, କନ୍ଧ ନରବଳି ପ୍ରଥା, ବିଧବାର ଦୟନୀୟ ଅବସ୍ଥା - ଏସବୁ ଜନଜୀବନକୁ କଳା କାଳିମାଗ୍ରସ୍ତ। ଠଗ ମାନଙ୍କର ଉତ୍ପାତ ବଢ଼ିଲା। ଦିନ ଦି' ପହରରେ ରାହାଜାନି। ଜନଜୀବନ ଆତଙ୍କିତ। ସେତେବେଳକା ଗଭର୍ଣ୍ଣର ଜେନେରାଲ ଲର୍ଡ଼ ବେଣ୍ଟିକ୍। ଠଗମାନଙ୍କୁ ସମୂଳେ ଦମନ କଲେ। ଓଡ଼ିଶାରେ ପ୍ରଚଳିତ ଥାଏ ନାନାଦି କୁସଂସ୍କାର, ଅନ୍ଧବିଶ୍ୱାସ ଢେର୍। ଭୂତପ୍ରେତ, ଡାହାଣୀ ଭୟ, କାଳିସୀ, ବାଉତୀ ଲାଗିବା, ବୀରପେଶିବା, ସମ୍ମନ, ମୋହନ ଉଚ୍ଚାଟନ ଆଦି ତନ୍ତ୍ର ବିଦ୍ୟା। ଏଥିସହ ଗୁଣିଗାରୁଡ଼ି, ଏଥିରେ ଲୋକଙ୍କ ଗଭୀର ବିଶ୍ୱାସ। ଗାଁରେ ବାଡ଼ି, ବସନ୍ତ ବ୍ୟାପେ। ଚାଲେ ଠାକୁରାଣୀଙ୍କ ମାଜଣା, ପଣା ଅର୍ପଣ, ନାମସଂକୀର୍ତ୍ତନ। ଗାଁରେ ଚଣ୍ଡୀ ଚାମୁଣ୍ଡା ପଶିଛନ୍ତି। ଶହେ ପଚାଶେ ମୁଣ୍ଡନେବେ, ତାଙ୍କୁ ସନ୍ତୁଷ୍ଟ କରିବାକୁ ହେବ। ସେଥିପାଇଁ ଠାକୁରାଣୀଙ୍କ ତୁଷ୍ଟିକରଣ। ଏଇଟି ପୂରା ଅନ୍ଧବିଶ୍ୱାସ। ଏମିତି ଆହୁରି ଅନେକ। ଶିକ୍ଷିତ ଯୁବଗୋଷ୍ଠୀ, ସମାଜସେବୀ, ସଂସ୍କାରବାଦୀ ସଂଗଠନ; ଅନ୍ଧବିଶ୍ୱାସ ବିଲୋପ ପାଇଁ ଆଗେଇ ଆସିଲେ। ଇଂରେଜ ଶାସକ ଦୃଢ଼ ନିଷ୍ପତ୍ତିମାନ ନେଲେ। ସମାଜରୁ ଅନ୍ଧବିଶ୍ୱାସ ଧୀରେ ଧୀରେ ଲୋପ ପାଇଲା।

ଊନବିଂଶ ଶତାବ୍ଦୀର ଅତ୍ୟାଚାରିତ ବିମର୍ଷ ଜନଜୀବନ। ଆର୍ଥନୀତିକ ଦୁର୍ଗତିରେ ଅଣନିଶ୍ୱାସ। ଏହା ସତ୍ତ୍ୱେ; ବହୁ ସାମାଜିକ ପରିବର୍ତ୍ତନମାନ ଆସିଲା। ସାରା ଭାରତ ସହ ଓଡ଼ିଶା ପାଦ ମିଶାଇ ଚାଲିଲା। ମୁକ୍ତିଯୁଦ୍ଧରେ ଛାମୁଆ ବାହିନୀରେ ରହିଲା। ଊନବିଂଶ ଶତାବ୍ଦୀର ସାମାଜିକ ବ୍ୟଥା ବେଦନା, ତ୍ୟାଗ ତିତିକ୍ଷା, ହର୍ଷ ବିଷାଦର କାହାଣୀ। ଆକର୍ଷଣ କଲା ବହୁ ସାରସ୍ୱତ ସାଧକଙ୍କୁ। ସେଇ କଥା କାହାଣୀ, ସ୍ଥାନିତ ସେମାନଙ୍କ କାଳଜୟୀ ସାହିତ୍ୟକୃତିରେ। ସେଇ ସ୍ୱନାମଧନ୍ୟ ସ୍ରଷ୍ଟାଗଣଙ୍କ ମଧ୍ୟରେ ଅଗ୍ରଗଣ୍ୟ ବ୍ୟାସକବି ଫକୀରମୋହନ ସେନାପତି। ତାଙ୍କର ରାଶିରାଶି ସାହିତ୍ୟକୃତି। ସମକାଳୀନ ସମାଜଚିତ୍ର। ଲେଖକଙ୍କ ଗଳ୍ପ, ଉପନ୍ୟାସ, ଆପଣେଇ ନେଇଛି, ହୋଇଯାଇଛି କାଳଜୟୀ।

ଗଦ୍ୟ ସାହିତ୍ୟ-ସମ୍ରାଟ ଫକୀରମୋହନ ସେନାପତି (୧୮୪୩-୧୯୧୮)। ତାଙ୍କ ବାଲ୍ୟଜୀବନ ସଂଘର୍ଷପୂର୍ଣ୍ଣ। କେବେ ଅଝାଲ ସିଲେଇ, ଜାହାଜାତି କାରବାର ତ ଗୁମାସ୍ତାଙ୍କର ମେଟ୍। ପରେ ସ୍କୁଲ ମାଷ୍ଟ୍ରେ। ଶେଷରେ ଦେବାନ, ଆଡ଼ମିନିଷ୍ଟ୍ରେଟ୍ର। ଓଡ଼ିଆ ଜନଜୀବନ ସହ ସେ ଓତପ୍ରୋତ ଭାବେ ସଂଶ୍ଲିଷ୍ଟ। ଜୀବନକୁ ଦେଖିଲେ ଖୁବ୍

ନିକଟରୁ। ଜନତାର ହା-ହୁତାଶା, ବ୍ୟଥା-ବେଦନା, ସାମାଜିକ ଦୁଃସ୍ଥିତି ଆଦି ନାନା ଘଟଣା; ମ୍ରିୟମାଣ ଫକୀରମୋହନ। ଦ୍ରଷ୍ଟା ଫକୀରମୋହନ ହେଲେ ସ୍ରଷ୍ଟା ଫକୀର ମୋହନ। ତଟସ୍ଥ ଭାବେ ଆଙ୍କି ଚାଲିଲେ ଜନତାଙ୍କ ସୁଖ, ଦୁଃଖ, ହାନି, ଲାଭ, ସଂଗ୍ରାମ ସଂଘାତ କଥା। ସାହିତ୍ୟର ବିଭିନ୍ନ ବିଭାରେ ଲେଖନୀ ଚାଳନା କଲେ। କାବ୍ୟ, କବିତା, ସ୍କୁଲ ପାଠପଢ଼ା ବହି ଲେଖିଲେ। ମନ ମାନିଲାନି। ଗଦ୍ୟକୁ ଆପଣେଇ ନେଲେ। ଲେଖିଲେ ଚାରୋଟି ଉପନ୍ୟାସ - (୧) ଛ'ମାଣ ଆଠଗୁଣ୍ଠ, (୨) ମାମୁ, (୩) ଲଛମା, (୪) ପ୍ରାୟଶ୍ଚିତ। ତାଙ୍କ ଲେଖନୀରୁ ଜନ୍ମନେଲା କୋଡ଼ିଏଟି କ୍ଷୁଦ୍ରଗଳ୍ପ। କେହି କେହି ସମାଲୋଚକ ଭିନ୍ନ ମତ ପୋଷଣ କରନ୍ତି। 'ଲଛମନିଆ' ତାଙ୍କର ପ୍ରଥମ କ୍ଷୁଦ୍ର ଗଳ୍ପ ବୋଲି କହନ୍ତି; ମାତ୍ର ଏହା ପଛରେ କୌଣସି ବଳିଷ୍ଠ ଯୁକ୍ତି ନ ଥିଲା ପରି ମନେହୁଏ।

ଗଦ୍ୟ ସାହିତ୍ୟର ଦୁଇ ସମ୍ଭ୍ରାନ୍ତଶାଳୀ ବିଭାଗ - ଗଳ୍ପ, ଉପନ୍ୟାସ। ଉପନ୍ୟାସ ଆଧୁନିକ ଜୀବନର ଗଦ୍ୟ ମହାକାବ୍ୟ। ଏଥିରେ ଜନଜୀବନ ଚିତ୍ରଣର ବ୍ୟାପକ ପରିସର। ଏକଥା ବୁଝିଥିଲେ ଫକୀରମୋହନ। ତାଙ୍କ ଚାରୋଟି ଉପନ୍ୟାସରେ ଦୀର୍ଘ ଦୁଇଶହ ବର୍ଷ ଓଡ଼ିଶାର ଜୀବନ ଚିତ୍ର ସ୍ଥାନିତ। 'ଛ ମାଣ ଆଠଗୁଣ୍ଠ' ଉପନ୍ୟାସଟି ଓଡ଼ିଆ ବାଣୀ ଭଣ୍ଡାରରେ ଏକ ଅକ୍ଷୟ କୀର୍ତ୍ତି । ଠିକ୍ ସେମିତି ତାଙ୍କର କ୍ଷୁଦ୍ରଗଳ୍ପ ସମୂହ। ଜୀବନର ଖଣ୍ଡିତାଂଶ ଚିତ୍ର ହିଁ କ୍ଷୁଦ୍ରଗଳ୍ପ। ଏଥିରେ ଜୀବନର ପୂର୍ଣ୍ଣ ଚିତ୍ର ପ୍ରଦାନ କରିବାର ସ୍ୱାଧୀନତା ସ୍ରଷ୍ଟାର ନାହିଁ। ଏହା ସତ୍ତ୍ୱେ; ଊନବିଂଶ ଶତାବ୍ଦୀର ସାମାଜିକ ବିଧି-ବିଧାନ-ବ୍ୟବସ୍ଥା - ଏସବୁ କଥାକୁ-ଫକୀରମୋହନ ସଫଳ ଭାବେ ଦେଖାଇ ଦେଇଛନ୍ତି। ତାଙ୍କର ପଥମ କ୍ଷୁଦ୍ରଗଳ୍ପ ରେବତୀ (୧୮୯୮)। ରେବତୀ ପାଠ ପଢ଼ିଛି। ଏହା ଏକ ଯୁଗାନ୍ତକାରୀ ଘଟଣା। ନାରୀ ଆଉ ଘର କୋଣରେ ବନ୍ଦିନୀ ନୁହଁ, ସେ, ପୁରୁଷର ସହଧର୍ମିଣୀ, ସହମର୍ମିଣୀ, ସହକର୍ମିଣୀ। ସମାଜ ସଂସ୍କାରକ ଫକୀରମୋହନ ଏକଥା ବୁଝିଥିଲେ।

ପେଟେଣ୍ଟ ମେଡ଼ିସିନ ତାଙ୍କର ଆଉ ଗୋଟିଏ ଗପ। ଏହାର ନାରୀ ଚରିତ୍ର 'ସୁଲୋଚନା', ପାଠ ଦି' ଅକ୍ଷର ପଢ଼ିଛି। ମଦ୍ୟପ ସ୍ୱାମୀ ଚନ୍ଦ୍ରମଣିକୁ ଝାଡୁ ପାହାରରେ ବାଟକୁ ଆଣିଛି। ସ୍ରଷ୍ଟା ନିଶାରୋଗ ପାଇଁ ଝାଡୁରୂପକ 'ପେଟେଣ୍ଟ ମେଡ଼ିସିନ' ବ୍ୟବସ୍ଥା କରିଛନ୍ତି। ଅପାଠୋଇ ଝିଅ ନାନାଦି କୁସଂସ୍କାରଗ୍ରସ୍ତ। ପାଠୁଆ ସ୍ୱାମୀ ସହ ତାଳଦେଇ ଚାଲିପାରେନି। ସୃଷ୍ଟିହୁଏ ବିଶୃଙ୍ଖଳା। ନାରୀ ପାଠ ପଢ଼ିବା ନିତାନ୍ତ ଦରକାର। ତାହାହିଁ ଫକୀର ମୋହନଙ୍କ 'ପାଠୋଇ ବୋହୂ' ଗଳ୍ପର ସାରକଥା। ଊନବିଂଶ ଶତାବ୍ଦୀ, ଅନେକ ଝିଅ ଅପାଠୋଇ, ତାଙ୍କ ସ୍ୱାମୀମାନେ ଘରେ ପଢ଼ାଇଲେ। ସେମାନେ ଛାନ୍ଦ ଚଉପଦୀ ଗାଇବା, ବିଶି ରାମାୟଣ, ଗୀତା ଭାଗବତ ପଢ଼ିବା ଶିଖିଲେ। ଶାଶୁଘରେ

ଥିଲା ନାନାଦି କଟକଣା । ତା' ଭିତରେ କେତେକ ନିଷ୍ଠୁର କୁସଂସ୍କାର । ତା' ମଧ୍ୟରୁ ମୁକ୍ତି ପାଇଲେ । ଏଇଟି 'ମୋର ତ ସୁନାବୋହୂ' ଗପର ଆତ୍ମକଥା । କେହି କେହି ଝିଅ ପାଠ ପଢ଼ିଲେ, ଉଗ୍ର ଆଧୁନିକା ହେଲେ । ପାଶ୍ଚାତ୍ୟ ଚଳଣିକୁ ଆପଣେଇନେଲେ । ସୃଷ୍ଟି ହେଲା ଏକ ରୁଗ୍‌ଣ ସାମାଜିକ ସ୍ଥିତାବସ୍ଥା । ସ୍ରଷ୍ଟା ଫକୀରମୋହନ, ଚାହିଁଥିଲେ ଏକ ସୁସ୍ଥ ସମାଜ । ଝିଅ ପଢ଼ନ୍ତୁ; ମାତ୍ର ସଂସ୍କାରୀ ହୁଅନ୍ତୁ - ଏଇ ବାର୍ତ୍ତାଟି ଦିଏ ତାଙ୍କ ଗଳ୍ପ 'ସଭ୍ୟ ଜମିଦାର' ।

ଆଧୁନିକ ଶିକ୍ଷା ସ୍ୱାଗତଯୋଗ୍ୟ । ମାତ୍ର ଏହାର ହଳାହଳ ଦିଗଟି ଅତି ଭୟଙ୍କର । ଏକଥା ଫକୀର ମୋହନ ଅବଗତ ଥିଲେ । ସେ ଇଂରାଜୀ ଶିକ୍ଷାର ପକ୍ଷପାତୀ, ନିଜ ଉଦ୍ୟମରେ କିଛି କିଛି ଇଂରାଜୀ ପଢ଼ିଲେ । ତାହା ତାଙ୍କ ଉତ୍ତର ଜୀବନରେ କାମରେ ଆସିଲା । ତାଙ୍କ ଆତ୍ମଚରିତ, ଏଥିରେ ସେଇ କଥାଟି ଉଲ୍ଲିଖିତ । ଓଡ଼ିଆଏ ଇଂରାଜୀ ପଢ଼ିଲେ । କମ୍ପାନୀ ସରକାର ଅଧୀନରେ ଚାକିରି କଲେ । ସହରୀ ହେଲେ, 'ବାବୁ' ପାଲଟିଲେ । ଭୁଲିଲେ ଗାଁକୁ, ଓଡ଼ିଆ ସଂସ୍କାର ସଂସ୍କୃତିକୁ । ସେମାନେ ନିଜକୁ ବଡ଼ ମଣିଲେ, ଇଂରାଜୀ ପଢ଼ି ନ ଥିବା ମୂର୍ଖ ମଳିମୁଣ୍ଡିଆ, ସେମାନଙ୍କୁ ନ୍ୟୂନ ଭାବିଲେ । ଏପରିକି ତାଙ୍କ ବାପାଙ୍କୁ ବି, ସୃଷ୍ଟିହେଲା ଅଭାବନୀୟ ସାମାଜିକ ସଂକଟ ।

ଫକୀରମୋହନଙ୍କ 'ଡାକମୁନ୍‌ସି' ଗପରେ ଗୋପାଳ ବାବୁ । ବୁଢ଼ା ବାପା ହରି ସିଂହ । ତାଙ୍କୁ କହିଛି - "ଏଇଟା ମୂର୍ଖ ଇଂରାଜୀ ଜାଣିନାହିଁ ।" ଇଂରାଜୀ ଘୁଷି ମାରିବାକୁ ପଛେଇନି । ସେମିତି ସଭ୍ୟ ଜମିଦାର ଗପ । ରାଜୀବ ଲୋଚନ ଇଂରାଜୀ ପଢ଼ିଛି; ହେଲେ ଯାବତୀୟ କୁଅଭ୍ୟାସ । ନିଶାପାନ, କ୍ଲବ୍ ଆଟେନ୍, ବାରନାରୀ ବିଳାସ - କାହିଁରେ ଊଣା ନାହିଁ । ସେଇ ଇଂରାଜୀ ପାଠ, ପଢ଼ିଛନ୍ତି ଶିବବାବୁ, ଦିବୁବାବୁ, ଭାରି ସୁଧାର, ଗୁଣର ବି । ନିଜ ସାମାଜିକ କର୍ତ୍ତବ୍ୟ ଭୁଲି ନାହାନ୍ତି କି ଅବାଟକୁ ଯାଇ ନାହାନ୍ତି । ଚାକିରି କରିଛନ୍ତି, ଟଙ୍କା କମେଇଛନ୍ତି । ନିଜ ଘର ସଜେଇଛନ୍ତି । ଏଇଟି ଶିକ୍ଷାର ମହନୀୟତା । ତାହା ଦେଖାଇ ଦେଇଛନ୍ତି ଲେଖକ 'ସୁନାବୋହୂ' ଗଳ୍ପରେ । ଆଉ ଗୋଟେ ଚରିତ୍ର, ବିରେଇ ବିଶାଳ । ଇଂରାଜୀ ପଢ଼ିନି । ଦୟା, କ୍ଷମା, ମାନବିକତାର ସେ ଏକ ସଫଳ ନିଦର୍ଶନ । ବାପ ମା' ଛେଉଣ୍ଡ ବିରେଇ । ମାମୁ ଘରେ ରହିଛି । ମାମୁ ମାଇଁଙ୍କ ଅତ୍ୟାଚାର ସହିଚି, କଷ୍ଟେମଷ୍ଟେ ବଡ଼ ହେଇଛି, ଆପଣା ଘର ବସେଇଛି । ସର୍ବସ୍ୱାନ୍ତ ମାମୁ ମାଇଁଙ୍କୁ ନିଜ ପାଖରେ ରଖିଛି, ସେବାଯତ୍ନ କରିଛି । 'ବିରେଇ ବିଶାଳ' ମଣିଷ ପଣିଆର ଗୋଟେ ଆଦର୍ଶ ନମୁନା ।

ସ୍ରଷ୍ଟାଙ୍କ 'ରାଣ୍ଡୀ ପୁଅ ଅନନ୍ତା' ଗଳ୍ପ । ମଫସଲର ଗୋଟେ ହୁଣ୍ଡା, ହୁର୍ଦ୍ଦୁମା, ବେବାଗିଆ ଟୋକା ଅନନ୍ତା । ଆପଣା ବୁଦ୍ଧି ବଳରେ ଗାଁବାଲାଙ୍କୁ ବନ୍ୟାରୁ ରକ୍ଷା କରିଛି । ଆତ୍ମବଳି ଦେଇ ଦେଇଛି । ସମଗ୍ର ଯୁବ ସମାଜ ପାଇଁ ହେଇଛି ଏକ ନିଆରା ଆଦର୍ଶ ।

ତା' ଭଳି ତ୍ୟାଗୀ ମଣିଷଟେ ଏବେ ବିରଳ ! ଫକୀରମୋହନଙ୍କ ଉଦାର ଚିନ୍ତନ, ମାନବିକତାବାଦ ଗପଟିର ଆତ୍ମସତ୍ତା ।

ଊନବିଂଶ ଶତାବ୍ଦୀ, ସଭ୍ୟତାର ଉତ୍କର୍ଷ, ତଥାପି ସମାଜ କୁସଂସ୍କାରଗ୍ରସ୍ତ । ନକଲି ବାବା, ମାତାଜୀ ବେଶୀ ଡକାଏତ ସୁଯୋଗ ନେଲେ । ଭଳିଲେ ସାଧାରଣ ଜନତା, ଶିକ୍ଷିତମାନେ ବି । ବାବାମାନେ ଶୋଷିଲେ, ଲୁଟିଲେ । 'ବାବାବାଦ' ଆସ୍ତେ କାୟା ବିସ୍ତାର କଲା । ଇଂରେଜ ଶାସକ ଏହାର ବିଲୋପରେ ଲାଗିପଡ଼ିଲେ । ସମାଜରୁ ବ୍ୟଭିଚାର ଦୂର ହେବ - ଏ ଆଶାଟି ସଞ୍ଚରିଲା । ସେଇ କଥାକୁ ନେଇ ଫକୀରମୋହନଙ୍କ ଗପ 'ଧୂଳିଆବାବା'; ଆଉଟି 'ମୌନା-ମୌନୀ' । ଚୋରି,ନାରୀ, ଡକାଏତି ବଢ଼ିଲା । ଦିନ ଦି' ପହରେ ରାହାଜାନି, ଜନତାଙ୍କ ତ୍ରାହି ତ୍ରାହି ଡାକ । ଇଂରେଜ ପୁଲିସ, ଖୁବ୍ ଦକ୍ଷ । ଡକାଏତ ଦମନରେ ସକ୍ଷମ ହେଲେ । ଏଇ କଥାଟି ପ୍ରକାଶିତ 'ବାଲେଶ୍ୱରୀ ରାହାଜାନି' ଗପଟିରେ ।

ପ୍ରାକ୍ ସ୍ୱାଧୀନତା କାଳ । ସାହୁକାର, ମହାଜନ, ଗୁମାସ୍ତା - ଏମାନେ ପ୍ରଜାଙ୍କୁ ନାନା ଭାବେ ଶୋଷଣ କଲେ । ସ୍ଥାନେ ସ୍ଥାନେ ଅତ୍ୟାଚାର ସୀମା ଟପିଲା । ଜନଜୀବନ ଅଣନିଶ୍ୱାସ । ସାଧାରଣ ପ୍ରଜାଟେ, ମୁହଁ ଖୋଲିଲେ ଅବସ୍ଥା ଘାଇଲା । ଊନବିଂଶ ଶତାବ୍ଦୀର ଶେଷ ପାଦ । ଓଡ଼ିଆଏ ବହୁ ସଂଖ୍ୟାରେ ଇଂରାଜୀ ଶିକ୍ଷାପ୍ରାପ୍ତ । ସାମାଜିକ ସ୍ଥିତି ବଦଳିଲା । ଇଂରେଜ ବିରୋଧୀ ସଂଗ୍ରାମ ଦାନା ବାନ୍ଧିଲା । ଲୋକେ ସାହସୀ ହେଲେ । ପାଠୁଆମାନେ ମହାଜନ, ଜମିଦାରଙ୍କ ଅତ୍ୟାଚାରକୁ ବିରୋଧ କଲେ । ଆଇନର ଆଶ୍ରୟ ନେଲେ । ଏ ପ୍ରସଙ୍ଗଟି ଆଲୋଚିତ 'ଅଧର୍ମ ବିତ୍ତ' ଗଳ୍ପରେ । 'ଅଧର୍ମ ବିତ୍ତ ବଢ଼େ ବହୁତ, ଗଲାବେଳେ ଯାଏ ମୂଳ ସହିତ' - ଏକଥା ଟି ଗଳ୍ପଟିରେ ଅତି ସ୍ୱଷ୍ଟ ।

ଫିରିଙ୍ଗି ପୁଲିସ, ଦକ୍ଷ ଯେତିକି, ଅତ୍ୟାଚାରୀ ତା' ଠାରୁ ଅଧିକ । ଲାଞ୍ଚ ଖୁଞ୍ଚା ନେବାରେ ଧୁରନ୍ଧର । ସତମିଛ କହି ଥାନାକୁ ଟାଣିବା, ନାନାଦି ମାନସିକ ନିର୍ଯ୍ୟାତନା ଦେବା ସେମାନଙ୍କ ପାଇଁ ମାମୁଲି କଥା । ପୁଲିସ ତ ପୁଲିସ, ତଳିଆ କର୍ମଚାରୀ, ଏପରିକି କନେଷ୍ଟବଳ, ତା'ର ହାକିମାତି ଢେର୍ । ସେଇ କଥାର ମାର୍ମିକଚିତ୍ର ସମ୍ବହନ କରେ ଗପ 'ପୁନର୍ମୂଷିକୋଭବ' । ଅତୀତ ଉତ୍କଳର ଗରିମାମୟ ନୌବାଣିଜ୍ୟ, ସମୟ କ୍ରମେ ବିଲୟ ଭଜିଲା । ବ୍ୟଥିତ ଫକୀରମୋହନ ଲେଖିଲେ 'ବାଲେଶ୍ୱରୀ ପଙ୍ଗାଲୁଣ' । ଗପଟିରେ ଫିରିଙ୍ଗିଙ୍କ ଅପରିଣାମଦର୍ଶୀ ଲବଣ ଆଇନ କଥା ଚିତ୍ରିତ । ଉପକୂଳବାସୀ ଲୁଣମରାରୁ ବଞ୍ଚିତ ହେଲେ । ଦିନେ ଲବଣ ପୋକ୍ତାନ ପାଇଁ ବାଲେଶ୍ୱର ନାଁଡାକ ଥିଲା । ଇଂରେଜ ସରକାର ଏହାକୁ ବନ୍ଦ କରିଦେଲେ । ଅନେକ ଜୀବିକା ହରାଇଲେ, ନାନାଦି ଦୁର୍ଦ୍ଦଶା ଭୋଗିଲେ । ନୌବାଣିଜ୍ୟ ପାଇଁ ବାଲେଶ୍ୱର ପ୍ରସିଦ୍ଧ । ତେଣୁ ଏହାର ନାଁ 'ବନ୍ଦର

ବାଲେଶ୍ୱର'। ବିଦେଶୀ ବଣିକଙ୍କ ଏକଚାଟିଆ ନୌବାଣିଜ୍ୟ, ସେମାନଙ୍କର ଯନ୍ତ୍ରଚାଳିତ ଜାହଜ, ଆତ୍ମସମର୍ପଣ କଲା ଓଡ଼ିଶାର ଅଝାଲଟଣା ବୋଇତ। ହଜିଗଲା ଗୌରବମୟ ନୌବାଣିଜ୍ୟ। କର୍ପୂର ଗଲା, କନା ବି। ଏବେ ଖାଲି ସ୍ମୃତିରୁ ଖିଏ। ଅତୀତ ଉତ୍କଳର ସମୃଦ୍ଧିତ ନୌବାଣିଜ୍ୟର ବିଲୋପ, ବ୍ୟଥିତ ଫକୀର ମୋହନ, ଲେଖିଲେ 'ବାଲେଶ୍ୱରୀ ପଙ୍ଗାଲୁଣ', 'କମଳା ପ୍ରସାଦ ଗୋରାପ', 'କାଳି ପ୍ରସାଦ ଗୋରାପ' - ଏଇ ଗଳ୍ପ ତ୍ରୟ।

ଗୋଟେ କଥାରେ କହିଲେ ଊନବିଂଶ ଶତାବ୍ଦୀର ଜନଜୀବନ କଥା ହିଁ ଫକୀରମୋହନଙ୍କର ଗଳ୍ପର ପ୍ରାଣସତ୍ତା, ତାଙ୍କ ପ୍ରତିଟି ଗପ ମନଛୁଆଁ। ବହୁ ଭାବରେ, ବହୁ ରୂପରେ ପାଠକଙ୍କୁ ଆକର୍ଷଣ କରେ। ଫକୀରମୋହନ ସର୍ବାନ୍ତକରଣରେ ଜଣେ ସମାଜଶିଳ୍ପୀ, ସଂସ୍କାର ପ୍ରବଣତା ତାଙ୍କ ଆତ୍ମାର କଥା। ପ୍ରତିଟି ଗପରେ ସେ ସମାଜର 'ସୁ', 'କୁ' ଦିଗକୁ ଦେଖାଇ ଦେଇଛନ୍ତି। ଏ ସମସ୍ତ ପ୍ରସଙ୍ଗକୁ ବିଚାରକୁ ନିଆଯାଇ ତାଙ୍କ ଗଳ୍ପ ସମୂହ ଆଲୋଚନା ପରିସରଭୁକ୍ତ ହୋଇଛି। ପୁସ୍ତକଟିର ଶିରୋନାମା 'ଊନବିଂଶ ଶତାବ୍ଦୀ ଓ ଫକୀରମୋହନ'। ମୋଟ୍ ୧୯ ଗୋଟି ପ୍ରବନ୍ଧକୁ ନେଇ ଏଇ ପୁସ୍ତକ। ଫକୀରମୋହନଙ୍କ ଆପଣା ବକ୍ତବ୍ୟକୁ ଆଧାର କରାଯାଇଛି। ତଦନୁସାରେ ଅଧିକାଂଶ ପ୍ରବନ୍ଧର ନାମକରଣ ହୋଇଛି। ଶ୍ରଦ୍ଧାଶୀଳ ପାଠକେ, ପୁସ୍ତକଟିକୁ ଆପଣାର କଲେ, ଲେଖକୀୟ ଶ୍ରମ ସାର୍ଥକ ହେବ ନିଶ୍ଚୟ।

ଶେଷରେ ଦି' ପଦ। ପୁସ୍ତକଟିରେ ସ୍ଥାନିତ ପ୍ରବନ୍ଧଗୁଡ଼ିକ ଦୈନିକ ସମ୍ବାଦପତ୍ର 'ସମ୍ବାଦ କଳିକା', 'ଶ୍ରୁତି', ପାକ୍ଷିକ 'କଳିଙ୍ଗପ୍ରଭା'ରେ ପ୍ରକାଶିତ। ଏହାର ପ୍ରକାଶନ ଅବସରରେ ସେଇ ସବୁ ଗୁଣୀ ସମ୍ପାଦକ (ଶ୍ରୀ ଜୟାଶୀଷ ରାୟ, ଶ୍ରୀ ସର୍ବେଶ୍ୱର ମିଶ୍ର, ଶ୍ରୀ ପ୍ରଦୀପ୍ତ କୁମାର ପରିଡ଼ା)ଙ୍କ ନିକଟରେ ଏ ଲେଖକ କୃତଜ୍ଞତା ଜଣାଉଛି। ମୋର ଅଗ୍ରଜ ପ୍ରତିମ ଭଦ୍ରକ ନିବାସୀ, ବିଶିଷ୍ଟ ଐତିହାସିକ ଡକ୍ଟର ରାଇମୋହନ ମହାପାତ୍ର, ବିଶିଷ୍ଟ କବି, ଲବ୍ଧ ପ୍ରତିଷ୍ଠ ସାମ୍ବାଦିକ ଶ୍ରୀ ଗୁରୁକଲ୍ୟାଣ ମହାପାତ୍ର - ଏମାନେ ବହିଟି ପ୍ରକାଶ ପାଇଁ ପ୍ରେରଣା ଯୋଗାଇଛନ୍ତି। ସେମାନଙ୍କ ନିକଟରେ ମୁଁ କୃତଜ୍ଞ। ମୋର ଶ୍ରଦ୍ଧେୟ ଛାତ୍ର ସାମ୍ବାଦିକ ଶ୍ରୀମାନ ଅରୁଣ କାନୁନ୍‌ଗୋଙ୍କ ସହଯୋଗ ଭୁଲିହେବନି। ମୋ ଅଗ୍ରଜ, ଉଚ୍ଚ ବିଦ୍ୟାଳୟର ଅବସରପ୍ରାପ୍ତ ପ୍ରଧାନଶିକ୍ଷକ ଶ୍ରୀ ନଟବର ସେଣ, ଅନୁଜ ଅବସରପ୍ରାପ୍ତ ପ୍ରଧାନ ଶିକ୍ଷକ ଶ୍ରୀ ପରମେଶ୍ୱର ସେଣଙ୍କ ଅବଦାନ ମଧ୍ୟ ସ୍ମରଣୀୟ। ସେମାନଙ୍କ ନିକଟରେ ଋଣୀ ରହିବି ନିଶ୍ଚୟ। ମୋ ଲେଖକୀୟ ଜୀବନର ପ୍ରେରଣାଦାତ୍ରୀ ସହଧର୍ମିଣୀ ଅବସରପ୍ରାପ୍ତା ପ୍ରଧାନ ଶିକ୍ଷୟିତ୍ରୀ ବିଚକ୍ଷଣା ବିଶ୍ୱାଳ। ମାତ୍ର ଅବଶୋଷ, ଏବେ ସେ ଆରପାରିରେ। ତାଙ୍କ ନିକଟରେ ମୁଁ ସାରା ଜୀବନ ଋଣୀ। ସାନଭାଇ ସଦୃଶ ଅବସରପ୍ରାପ୍ତ ଅଧ୍ୟକ୍ଷ ଡକ୍ଟର ସ୍ମୃତିରଞ୍ଜନ ବେହେରା, ସାନ ଭଉଣୀ ସଦୃଶା ପ୍ରାଧ୍ୟାପିକା ଡକ୍ଟର ଜ୍ୟୋତ୍ସ୍ନାରାଣୀ ତ୍ରିପାଠୀ

– ଏମାନଙ୍କର ସହଯୋଗ ସବୁଦିନେ ମନେରହିବ। ସେମାନଙ୍କୁ ଧନ୍ୟବାଦ ଜଣାଉଛି। ଅନୁଜ ପ୍ରତିମ, ସ୍ନେହାସ୍ପଦ ବିଶିଷ୍ଟ ଗବେଷକ ସଞ୍ଜୟ କୁମାର ବରାଳ। ତାଙ୍କରି ଉତ୍ସାହ, ଆନ୍ତରିକ ସହଯୋଗ ମୋ ପାଇଁ ଚିର ଅଭୁଲା। ସ୍ୱନାମଧନ୍ୟ ଅଧିବକ୍ତା, ସୁସାହିତ୍ୟିକ, ପୁତ୍ରପ୍ରତିମ ଦେବାଶିଷ ତ୍ରିପାଠୀଙ୍କ ପ୍ରେରଣା ଭୁଲି ହବନି। ବ୍ଲାକ୍ ଈଗଲ ବୁକ୍ସ ପବ୍ଲିକେଶନର ସତ୍ତ୍ୱାଧିକାରୀ ଶ୍ରୀଯୁକ୍ତ ସତ୍ୟ ପଟ୍ଟନାୟକ ପୁସ୍ତକଟିର ପ୍ରକାଶନ ଦାୟିତ୍ୱ ନେଇଛନ୍ତି। ତାଙ୍କ ନିକଟରେ ମୁଁ ଋଣୀ। ପୁସ୍ତକଟିକୁ ନିର୍ଭୁଲ ତଥା ସର୍ବାଙ୍ଗ ସୁନ୍ଦର କରିବା ପାଇଁ ସମସ୍ତ ପ୍ରକାର ପ୍ରଯତ୍ନ କରାଯାଇଛି; ଏହା ସତ୍ତ୍ୱେ; କେତେକ ତ୍ରୁଟି ହୁଏତ ପରିଲକ୍ଷିତ ହୋଇପାରେ। ଗୁଣୀ ପାଠକେ ତାହାକୁ ଉଦାର ପଣେ ଘେନା କରିବାକୁ ନିବେଦନ।

ବିନୀତ

ସର୍ବେଶ୍ୱର ସେଣ

ପୁସ୍ତକ ପ୍ରକାଶନ ସମ୍ପର୍କରେ

ପ୍ରଫେସର ଡକ୍ଟର ସର୍ବେଶ୍ୱର ସେଣ ଓଡ଼ିଶାର ଜଣେ ଲବ୍ଧପ୍ରତିଷ୍ଠ ସାହିତ୍ୟ ସମାଲୋଚକ, ବିଶିଷ୍ଟ ଶିକ୍ଷାବିତ୍, ପ୍ରବୀଣବକ୍ତା, ଦକ୍ଷ ପ୍ରଶାସକ ତଥା ଖ୍ୟାତନାମା ସ୍ତମ୍ଭକାର । ଜଣେ ଆଦର୍ଶବାଦୀ ପ୍ରାଧ୍ୟାପକ, ଅଧ୍ୟକ୍ଷ ଓ ଛାତ୍ର ବତ୍ସଳ ଶିକ୍ଷକ ଭାବରେ ସେ ଓଡ଼ିଶାର ବିଭିନ୍ନ ସ୍ଥାନରେ ପରିଚିତ । ବୃତ୍ତି ତାଙ୍କର ଅଧ୍ୟାପନା; କିନ୍ତୁ ନିଶା ସାରସ୍ୱତ ସର୍ଜନା । ସାହିତ୍ୟ ସାଧନା, ଗବେଷଣା ଜରିଆରେ ସେ ଓଡ଼ିଆ ଭାଷା ଓ ସାହିତ୍ୟର ଉନ୍ନତିରେ ବିଶେଷ ଭାବେ ସହାୟକ ହୋଇଛନ୍ତି । ବିଭିନ୍ନ ସମ୍ବାଦପତ୍ର ଓ ସାହିତ୍ୟ ପତ୍ରିକାରେ ଡ. ସେଣଙ୍କର ବହୁ ଲେଖା ପ୍ରକାଶ ପାଉଛି । ଏ ଗୁଡ଼ିକର ପାଠକୀୟ ଆଦର କିଛି ଊଣା ନୁହେଁ । ଜଣେ ବିଶିଷ୍ଟ ସ୍ତମ୍ଭକାର ଭାବେ ଡ. ସେଣ ବି ବେଶ୍ ଜଣାଶୁଣା । ପଦ୍ୟାତ୍ମକ ଗଦ୍ୟ ରଚନା ତାଙ୍କ ଶୈଳୀର ଗୋଟେ ନିଆରାପଣ । 'ଊନବିଂଶ ଶତାବ୍ଦୀ ଓ ଫକୀରମୋହନ' ଡଃ ସେଣଙ୍କର ଗୋଟେ ଉପାଦେୟ ପ୍ରବନ୍ଧ ପୁସ୍ତକ ।

କଥା ସାହିତ୍ୟ ସମ୍ରାଟ ଫକୀର ମୋହନ ସେନାପତି, ବାଲ୍ୟକାଳରେ ଜାହାଜାତି କାରବାର ସହ ସଂଶ୍ଳିଷ୍ଟ, ପରେ ସ୍କୁଲ ମାଷ୍ଟ୍ରେ । ଶେଷରେ ଆଡ଼ମିନଷ୍ଟ୍ରେଟର । ଜନଜୀବନ ସହିତ ସେ ଓତପ୍ରୋତ ଭାବେ ସଂଶ୍ଳିଷ୍ଟ ହେଲେ । ଜୀବନକୁ ଦେଖିଲେ ଖୁବ୍ ନିକଟରୁ । ହେଇଗଲେ ଅନୁଭୂତି ସିଦ୍ଧ । ଲେଖିଲେ ଚାରୋଟି ଉପନ୍ୟାସ, କୋଡ଼ିଏଟି କ୍ଷୁଦ୍ରଗଳ୍ପ, ଆଙ୍କିଦେଲେ ଜନଜୀବନର କଥାବସ୍ତୁକୁ । ତାଙ୍କ ଉପନ୍ୟାସଗୁନିକ ଦୀର୍ଘ ଦୁଇଶହ ବର୍ଷ ଓଡ଼ିଶାର ସାମାଜିକ ଚିତ୍ର ସମ୍ବହନ କରେ । ଅନୁରୂପ ଭାବେ ତାଙ୍କ କ୍ଷୁଦ୍ରଗଳ୍ପ ସମୂହ । ଏଥିରେ ଊନବିଂଶ ଶତାବ୍ଦୀର ଜନଜୀବନ ଚିତ୍ର ସ୍ଥାନିତ । ପ୍ରତିଟି ଗଳ୍ପ ଆପଣେଇ ନେଇଛି ସମାଜର ଏକ ଏକ ନିର୍ଦ୍ଦିଷ୍ଟ ସମସ୍ୟାକୁ । ଊନବିଂଶ ଶତାବ୍ଦୀର ସାମାଜିକ ଜୀବନ, ଆର୍ଥନୀତିକ ଦୁରବସ୍ଥା,ନାରୀ ଶିକ୍ଷା, ଆଧୁନିକ ଶିକ୍ଷାର ପ୍ରସାର, ପ୍ରଚଳିତ ଶାସନ ବ୍ୟବସ୍ଥା, ଫିରିଙ୍ଗି ପୁଲିସଙ୍କ ହାକିମାତି, ଡକାଏତି ଦମନରେ ଇଂରେଜ ଶାସକଙ୍କ ସଫଳତା,

ସାମାଜିକ କୁସଂସ୍କାର, ଅନ୍ଧବିଶ୍ୱାସ ଦୂରୀକରଣ, ଅତୀତ ଓଡ଼ିଶାର ଗୌରବାବହ ନୌବାଣିଜ୍ୟ ଆଦି ନାନାଦି ପ୍ରସଙ୍ଗ - ଏହା ଫକୀର ମୋହନଙ୍କ ଗଳ୍ପର ପ୍ରାଣ ସ୍ପନ୍ଦନ। ଡ. ସେଣ ସ୍ରଷ୍ଟାଙ୍କର ସମସ୍ତ ଗଳ୍ପକୁ ଆଲୋଚନା ପରିସରକୁ ଆଣିଛନ୍ତି। ଗଳ୍ପଗୁଡ଼ିକର ମନନଶୀଳ ତର୍ଜମା ଖୁବ୍ ଚମତ୍କାର। ପ୍ରତିଟି ପ୍ରବନ୍ଧର ନାମକରଣର ବୈଶିଷ୍ଟ୍ୟ ରହିଛି। ଡ. ସେଣ ଫକୀର ମୋହନଙ୍କ ଲେଖାରୁ ପ୍ରବନ୍ଧର ଶିରୋନାମା ରୂପେ ବାଛିଛନ୍ତି। ଏହାର କେକୋଟି ନମୁନା ଦିଆଯାଇପାରେ, ଯଥା: (୧) ଖାଣ୍ଟି ଓଡ଼ିଆର ଭଗବାନଙ୍କୁ ପ୍ରାର୍ଥନା, (୨) ମୋର ତ ସୁନାବୋହୂ, (୩) ମୁଁ ଭଲକରି ଇଂରାଜୀ ପାଠଟା ପଢ଼ିବି, (୪) ନାରାୟଣଗଡ଼ ପାର ହେଲେ କୁଟୁମ୍ବ ଦେଖାଦେଖି, (୫) ଏଟା ମୂର୍ଖ, ଇଂରାଜୀ ଜାଣେ ନାହିଁ, (୬) ଟଙ୍କା କାଢ଼ ମା' ବାପ ଛଡ଼ା ସବୁ ମିଳିବ, (୭) ଦୁଧଖିଆ ଛୁଆଟା କାମ ପାଇଟି କରିବ କ'ଣ ?, (୮) ଏ ଅକ୍ଷରଟା ମୋଡ଼, ଲେଖି ଆସୁ ନାହିଁ, (୯) ଓଃ ଏହିଁକି ଏତେ ? ପୁନର୍ମୂଷିକୋଭବଃ ଇତ୍ୟାଦି। 'ଊନବିଂଶ ଶତାବ୍ଦୀ ଓ ଫକୀରମୋହନ' ପୁସ୍ତକଟି ଡକ୍ଟର ସେଣଙ୍କ ଏକ ନିଆରା ଶୈକ୍ଷିକ ପ୍ରୟାସ। ପୁସ୍ତକଟିକୁ ଗୁଣୀ ପାଠକେ ଆଦରି ନେବେ - ଏ ବିଶ୍ୱାସ ରହିବ ନିଶ୍ଚୟ।

ସୂଚିପତ୍ର

ପାଠରଙ୍କୁଣୀ ରେବତୀ

କଥାସମ୍ରାଟ ଫକୀରମୋହନ ସେନାପତି (୧୮୪୩-୧୯୧୮)। ତାଙ୍କ ବାଲ୍ୟକାଳ ସଂଘର୍ଷମୟ। କେବେ ଅଝାଳ ସିଲେଇ ତ ଜାହାଜାଡି କାରବାର - ଏମିତି ପିଲାବେଳ କଟିଲା। ପରେ ସେ ସ୍କୁଲ ମାଷ୍ଟ୍ରେ, ପରିଶେଷରେ ଦେବାନ, ଆଡ଼ମିନିଷ୍ଟ୍ରେଟର୍। ତାଙ୍କର ବିପୁଳ ଜୀବନାନୁଭୂତି। ଓଡ଼ିଶା ଜନଜୀବନ ସହ ସେ ଓତପ୍ରୋତ ଭାବେ ସଂଶ୍ଳିଷ୍ଟ। ଜୀବନକୁ ସେ ଦେଖିଲେ ଖୁବ୍ ନିକଟରୁ। ଊନବିଂଶ ଶତାବ୍ଦୀ ଓଡ଼ିଶାର ଶିକ୍ଷା, ସାମାଜିକ ବ୍ୟବସ୍ଥା, ଆର୍ଥନୀତିକ ଜୀବନ, ଅପସଂସ୍କୃତି, ସାହୁକାର ଗୁମାସ୍ତାଙ୍କ ଶୋଷଣ, ଫିରିଙ୍ଗି ବାହିନୀଙ୍କ ଅପଶାସନ - ଏସବୁ ଫକୀରମୋହନଙ୍କୁ ବହୁଭାବରେ, ବହୁ ରୂପରେ ପ୍ରଭାବିତ କଲା। ସେ ତଟସ୍ଥ ହୋଇ ଆଙ୍କିଦେଲେ ଏସବୁକୁ ଆପଣାର ରାଶି ରାଶି ସାହିତ୍ୟ କୃତିରେ। ବିଶେଷ କରି ତାଙ୍କ ଗଦ୍ୟ ସମୂହ ଜନଜୀବନକୁ ଆପଣେଇ ନେଇଛି, ହୋଇଯାଇଛି କାଳଜୟୀ। ଫକୀରମୋହନ ପ୍ରଥମେ ଦ୍ରଷ୍ଟା, ପରେ ସାଧକ, ସ୍ରଷ୍ଟା। ତାଙ୍କ ଲେଖନୀରୁ ଜନ୍ମ ନେଇଛି ଚାରୋଟି ଉପନ୍ୟାସ - 'ଛ' ମାଣ ଆଣ୍ଠଗୁଣ୍ଠ', 'ମାମୁଁ', 'ଲଛମା', 'ପ୍ରାୟଶ୍ଚିତ'। ଅନୁରୂପ ଭାବେ ସେ ୨୦ଟି କ୍ଷୁଦ୍ରଗଳ୍ପର ସ୍ରଷ୍ଟା। ତାଙ୍କର ପ୍ରଥମ ଗଳ୍ପ 'ରେବତୀ' (୧୮୯୮)। ଏଥିରେ ସେ ନାରୀଶିକ୍ଷାର ପ୍ରୋତ୍ସାହନ ଦେଇଛନ୍ତି। କେବଳ ସେତିକି ନୁହେଁ, 'ପେଟେଂଟ ମେଡ଼ିସିନ୍', 'ସୁନାବୋହୂ', 'ମୋର ତ ପାଠୋଇ ବୋହୂ', 'ସଭ୍ୟ ଜମିଦାର' ଆଦି ଗପରେ ବି ଅନୁରୂପ ପ୍ରସଙ୍ଗ ସ୍ଥାନିତ।

ସମାଜ ସଂସ୍କାରକ ଫକୀରମୋହନ। ନାରୀଙ୍କ ସ୍ଥାନ ରୋଷେଇଶାଳାରେ - ଏ ଚିନ୍ତନଟି ପ୍ରାଚୀନ ବର୍ବରତା। ଏ କଥାଟି ସେ ଅନୁଭବ କରିଥିଲେ। ଶିକ୍ଷିତ ପୁରୁଷ, ଗୋଟେ ଅଶିକ୍ଷିତା ନାରୀ - ଏଇଟି କୌଣସି ଜାତି ପାଇଁ ଶୁଭଙ୍କର ନୁହେଁ। ଏକଥା ମଧ୍ୟ ଫକୀରମୋହନ ବୁଝିଥିଲେ। ଊନବିଂଶ ଶତାବ୍ଦୀର କଥା। ଓଡ଼ିଶାରେ ନାରୀଶିକ୍ଷା ଅତ୍ୟନ୍ତ ନୈରାଶ୍ୟଜନକ। ଶିକ୍ଷା ତ ଦୂରର କଥା, ଏରୁଣ୍ଡିବନ୍ଧ ଡେଇଁବାକୁ ବାରଣ। ସେବେ

ନିଜର ବଡ଼ିଲା ଭଉଣୀ, ବିବାହିତ ସ୍ତ୍ରୀ ନାଁ ପ୍ରକାଶ କରିବାକୁ ଅନେକ କୁଣ୍ଠା ପ୍ରକାଶ କରୁଥିଲେ। ପ୍ରାଚୀନ ପ୍ରଥା ପରମ୍ପରା ପିଷ୍ଟ ଜୀବନ। ହିନ୍ଦୁ ସମାଜର କଠୋର ନିୟମକୁ ଏଡ଼ାଇବା ସମ୍ଭବ ନ ଥିଲା। ନାରୀଶିକ୍ଷାର ପ୍ରୋତ୍ସାହନ ଆଦୌ ନ ଥିଲା। ନାରୀଶିକ୍ଷା ଦ୍ୱାରା ଭ୍ରଷ୍ଟାଚାର ବ୍ୟାପିବ - ଏପ୍ରକାର ଆଶଙ୍କା ବଳବତ୍ତର ଥିଲା। ନାରୀ ସତୀତ୍ୱକୁ ରୁଦ୍ଧ କପାଟରେ ରକ୍ଷା କରିବାର ରୀତି ଅନୁସୃତ ହୋଇଥିଲା।

ନାରୀଶିକ୍ଷାର ପ୍ରସାର ପାଇଁ ପ୍ରଥମେ ଖ୍ରୀଷ୍ଟିୟାନ ମିଶନାରୀମାନେ ପଦକ୍ଷେପ ନେଲେ। ରାଜା, ବିଷୟାସମ୍ପନ୍ନ କରଣ - ଏମାନେ ଆପଣା, ଆପଣା ଘରେ ଖ୍ରୀଷ୍ଟିୟାନ ପାଠ ମା' ରଖିଲେ; ଝିଅମାନଙ୍କୁ ଶିକ୍ଷା ଦେଲେ। ଏକଥାଟି ଲେଖିଥିଲା 'ଉତ୍କଳ ଦୀପିକା' (୧୮୮୧)। ଅବିନାଶ ଚଟ୍ଟୋପାଧ୍ୟାୟ, ନିଜ ବାଲୁବଜାର ସ୍ଥିତ ବାସଭବନରେ ବାଳିକା ସ୍କୁଲଟିଏ ବସାଇଲେ। ନବାଚାରୀ ନ ଥିବା, ବୟସ୍କା ଭଦ୍ର ବଂଶୋଭବା ବାଳିକାଙ୍କୁ ଏହି ବିଦ୍ୟାଳୟରେ ଗ୍ରହଣ କରାଗଲା। ଅନ୍ୟମାନଙ୍କୁ ସୁଯୋଗ ଦିଆ ଯାଉନଥିଲା। ଏକଥାଟି ଉତ୍କଳ ଦୀପିକାର ସମ୍ପାଦକ ମଧ୍ୟ ଲେଖିଥିଲେ। ଫକୀରମୋହନ ବାଲେଶ୍ୱରରେ ବସାଇଲେ ବାଳିକା ସ୍କୁଲଟିଏ। ଏଥିପାଇଁ ବହୁ ନିନ୍ଦା ସହିଲେ। ଏସବୁ ଅଭିଜ୍ଞତାକୁ ଉଲ୍ଲେଖ କରିଛନ୍ତି ଆପଣା ଆତ୍ମଲିପି 'ଆତ୍ମଚରିତ'ରେ।

ସେତେବେଳେ ହିନ୍ଦୁ ସମାଜ ନାରୀ ଶିକ୍ଷାର ସମ୍ପୂର୍ଣ୍ଣ ବିରୋଧୀ। ସ୍ତ୍ରୀଶିକ୍ଷା ଗୋଟାଏ ଭୀଷଣ ଦୁଷ୍କାର୍ଯ୍ୟରେ ଗଣ୍ୟ। ସ୍ତ୍ରୀ ମହଲରେ ନାନାଦି କୁସଂସ୍କାର। ଝିଅ ପାଠ ପଢ଼ିଲେ ବିଧବା ହୋଇଯାଏ। ତା' ହାତ ତିଅଣ ଲୁଣିଆ ବା ଅଲଣା ହୁଏ। ତା' ହାତରେ ତରକାରୀ ଭଲ ସିଝେ ନାହିଁ। ଏସବୁ ଫକୀରମୋହନଙ୍କ ଶୁଣାକଥା। ତାହାକୁ ସେ ଲେଖିଛନ୍ତି ଆତ୍ମଲିପିରେ। ସମାଜରେ ଯେଉଁମାନେ ଅତିବୁଦ୍ଧିମାନ ପୁରୁଷ, ସେମାନେ ବି ନାରୀଶିକ୍ଷା ବିରୋଧରେ। ଝିଅଗୁଡ଼ାକ ପାଠପଢ଼ି କ'ଣ ଗୋମାସ୍ତାଗିରି କରିବେ ନା କଚେରିରେ ଅମଲା ହେବେ? ଆଉ କେହି କେହି କହିଲେ ଫକୀରମୋହନଟା ବାଳିକା ବିଦ୍ୟାଳୟ ବନାଇଚି। ଟିରିଲାଗୁଡ଼ାକ ପାଠ ପଢ଼ିଲେ ଅସମ୍ଭାଳ ହେବେ। ମାନ ମହତ, କୁଳ, ଜାତି, ଧର୍ମ ସବୁ ଯିବ। ବଦମାସ, ସୈତାନ, ଫକୀରମୋହନଙ୍କୁ ରକ୍ଷା ନାହିଁ। ପେଟରେ ତା'ର ଛନ୍ଦ କପଟ, ଅଂଟିରେ ତଂଟିକଟା ଛୁରି। ସାହେବମାନଙ୍କ ସହ ସଦ୍‌ଭାବ ରଖି ସମାଜ ବଦଳା - ସବୁକଥାରେ ସେ ଆଗୁସାର। ରାଜା ଶ୍ୟାମାନନ୍ଦ ଦେ ବସିଥାଆନ୍ତି। ପାଖରେ ଅମଲାମାନେ। ଫକୀରମୋହନଙ୍କୁ ଡାକରା ଆସିଲା। ତାଙ୍କୁ ଦେଖିବା ମାତ୍ରେ ରାଜା ଚିତ୍କାର କଲେ - "ଆହେ ସେନାପତି! ଭଲ କାର୍ଯ୍ୟଟିଏ କଲ? ତୁମ୍ଭେ ପରା ଗୋଟାଏ ମାଯୀ ସ୍କୁଲ ବସାଇଛ? ଉଠାଓ, ଉଠାଓ, ଉଠାଓ।" ରାଜା ରାଗରେ ନିଆଁବାଣ। ଝିଏ ଗୀତା, ଭାଗବତ ପଢ଼ିବେ, ଛାନ୍ଦ ଗାଇବେ - ଏକଥା ଫକୀରମୋହନ କହିଲେ। ରାଜାଙ୍କର

ସେଇ ଗୋଟାଏ କଥା - "ଉଠାଓ ସ୍କୁଲ ଉଠାଓ ସ୍କୁଲ - ଉଠାଓ।" ଆଜ୍ଞା କହି, ଶିର ଝୁଙ୍କାଇ ଫେରିଲେ ଫକୀରମୋହନ। ଏଇସବୁ ତାଙ୍କ ଆତ୍ମଜୀବନୀରେ ସ୍ଥାନିତ। କେବଳ ବାଳିକା ସ୍କୁଲଟିଏ ବସାଇ ସେ ନିରବ ରହିନାହାନ୍ତି। ଲେଖିଛନ୍ତି 'ରେବତୀ' ଗପ। ନିପଟ ମଫସଲର ଝିଅ ରେବତୀ, ସେ ପାଠପଢ଼ିଛି। ଏଇଟି ଥିଲା ଗୋଟେ ଯୁଗାନ୍ତକାରୀ ଘଟଣା। ନାରୀଶିକ୍ଷା ପ୍ରୋତ୍ସାହନ ଗପଟିର ଆତ୍ମିକ ବିଭବ। ଗପଟି ମଧ୍ୟ କାଳଜୟୀ।

ଗୋଟିଏ ବୋଲି ଝିଅ। ଆଗକୁ ନାହିଁ କି ପଛକୁ ନାହିଁ। ବାପା, ମା' ନାଁ ଦେଲେ ରେବତୀ। ତଳେ ପକେଇ ଦିଅନ୍ତିନି। ପିଲାଟି ବି ଭାରି ଗେହ୍ଲା। ଜେଜୀମା' ଆସୁଣୁ ଯାଉଣୁ ପାଣି ପିଉନାହାନ୍ତି। ପାଟିରେ ଖାଲି ରେବତୀ। ନାତୁଣୀଟା କ'ଣ ଖାଇଲା ନ ଖାଇଲା, କୋଉଠି ଖେଳିଲା, ସଫାସୁତୁରା ପିନ୍ଧିଲା ନା ନାହିଁ - ଏମିତି ବୋହୂଟାକୁ ନାନାଦି ତାଗିଦ୍। ରେବତୀ ବାପା ସାଙ୍ଗରେ ଖାଇବସେ। ଏଣେ ବୁଢ଼ୀର ହଜାର ଫରମାସୀ। ବୋହୂକୁ ଆକଟ କରେ, ଥାଳିରେ ଆଉ ଦିଟା ଭାତ ପକା, ଡାଲିପାଣି ଟିକେ ଦେ। ଆମର ନ ହେଲା ନାହିଁ, ଆଉ ତିଅଣ ଆଣି ଦେ - ଖାଲି ଏଇ କଥା। ହେଲେ ବୁଢ଼ୀଟା ଟିକେ ଚିଡ଼ା। ରାଗିଗଲେ କେହି ବାଦ୍ ପଡ଼ିବେନି। ନାତୁଣୀ କଥାବାର୍ତ୍ତା ଟିକେ ଏପଟ ସେପଟ ହେଲେ ବୁଢ଼ୀ ଆଉ ରେବତୀ ଡାକେ ନାହିଁ। ଏଣିକି ଲୋ ରେବୀ, ଲୋ ନିଆଁ, ଲୋ ଚୁଲି, ଲୋ ପାଉଁଶ - କେତେ କ'ଣ ନାଁରେ ଡାକିବ। କିନ୍ତୁ ଭିତର ସିନିହ ଶରଧା ଜମା ଊଣା ନଥାଏ। ଦିନେ ରେବତୀ ଜିଦ୍ କଲା, "ନାଁ, ବାଁପାଁ, ନାଁ ବାଁପାଁ, ମୁଁ ପାଁଠ ପଁଢ଼ିବି।" ବାପା ଶ୍ୟାମବନ୍ଧୁ କହିଲେ, "ହଁ-ହଁ-ତୁ ପଢିବୁ।' ବୁଢ଼ୀଟା ଏକଥା ଶୁଣି ଖପା, କହି ବସିଲା, "ହଁରେ ଶ୍ୟାମ! ରେବୀ ପାଠ ପଢ଼ିବ-ପାଠ କ'ଣରେ? ମାଇକିନିଆ ଝିଅଟା ପାଠ କ'ଣ? ରନ୍ଧାବଢ଼ା ଶିଖ, ପିଠାପଣା କରିବାକୁ ଶିଖ, ଝୋଟିଦିଆ ଶିଖ, ଦହି ମୁହାଁ ଶିଖ, ପାଠ କ'ଣ?" ଶ୍ୟାମବନ୍ଧୁଙ୍କୁ ଏକଥା ଗୁଡ଼ାକ ଭଲ ଲାଗିଲାନି। ମା'କୁ କହିଲେ, 'ହେଉ, କହୁଛି ତ ପଢୁ। ଝଙ୍କଡ଼ ପଟ୍ଟନାୟକ ଘର ଝିଅମାନେ ଯେ ଭାଗବତ ବୋଲି ପାରନ୍ତି, ବୈଦେହୀଶ ବିଳାସ ଛାନ୍ଦ ଗାଆନ୍ତି।" ତେଣେ ମନେ ମନେ ରେବତୀ ଢେର୍ ରାଗିଲାଣି ବୁଢ଼ୀ ଉପରେ। ସମ୍ଭାଳି ପାରିଲାନି, ଗାଳି ଦେଇ କହିଲା 'ଯା' ଲୋ ବୁଢ଼ୀ ଡୁଗୁରୀଟା।' ଏଇ କଥାଟି ସେବେ ସମାଜରେ ଥିଲା, ବହୁକାଳ ପର୍ଯ୍ୟନ୍ତ ବି ଚାଲିଲା।ତୁ

ଇଂରେଜମାନେ ଓଡ଼ିଶା ଅଧିକାର କଲେ। ଓଡ଼ିଆଏ ଇଂରାଜୀ ପଢ଼ିଲେ। ସେମାନଙ୍କ ରୁଚି ବଦଳିଲା। ମାନସିକତା ବି। ଅନେକ ପଢ଼ାଶୁଣା ବାପାମାନେ ଝିଅଙ୍କୁ ପଢ଼ାଇବାକୁ ଚାହିଁଲେ। ଖ୍ରୀଷ୍ଟିୟାନ ପାଠ ମା' ରଖି ଝିଅମାନଙ୍କୁ ଘରେ ପଢ଼ାଇଲେ। କ୍ରମେ ପିତାମାତା ସଚେତନ ହେଲେ। ଆପଣା ଆପଣା ଝିଅଙ୍କୁ ପାଠ ପଢ଼ାଇଲେ। ଏଇ

କଥାଟିକୁ ଫକୀରମୋହନ ସେନାପତି ଲେଖିଲେ 'ରେବତୀ' ଗପରେ। ଏଥିରେ ନାରୀଶିକ୍ଷାର ପ୍ରସାର ପ୍ରଚାର ପାଇଁ ରହିଛି ମହତ୍ତ୍ୱପୂର୍ଣ୍ଣ ସନ୍ଦେଶଟିଏ। ଗପଟି ଅନନ୍ୟ, କାଳଜୟୀ ମଧ୍ୟ।

ଫକୀରମୋହନଙ୍କ ଦୁଇଟି ମାନସ ନନ୍ଦିନୀ- (୧) ସାରିଆ, (୨) ରେବତୀ। ସାରିଆ ଛ' ମାଣ ଆଠଗୁଣ୍ଠ ଉପନ୍ୟାସର ନାରୀ ଚରିତ୍ର। ଅପାଠୋଇ। ସାଆନ୍ତେ ମଙ୍ଗରାଜ ତାକୁ ନାନାଦି ଦୁଃଖ କଷ୍ଟ ଦେଲେ। ଫକୀରମୋହନଙ୍କ ଦିହ ସହିଲାନି। ଦ୍ୱିତୀୟ ଝିଅଟି ବରଷେ ସାନ, ରେବତୀ। ତାକୁ ପାଠ ପଢ଼ାଇବାକୁ ମନସ୍ଥ କଲେ। ରେବତୀ ଖଡ଼ି ଛୁଇଁଲା। ବାପେ ଶ୍ୟାମବନ୍ଧୁ, ସଞ୍ଜବେଳେ ପିଣ୍ଡାରେ ବସି 'କୃପାସିନ୍ଧୁ ବଦନ' ଗାଏ, ଆଉ ଆଉ ଭଜନ ଗାଏ, କେବେ କେବେ କାଠ ଦୀପରୁଖାଟି ଉପରେ ବଇଠାଟିଏ ଥୋଇ ଭାଗବତ ପଢ଼େ। ରେବତୀ ପାଖରେ ବସି ଶୁଣୁଥାଏ। "ସେ ମୁହେଁ ମୁହେଁ ଢେର୍ ଭଜନ ଶିଖିଲାଣି। ତା' ପିଲା ମୁହଁକୁ ଭଜନଗୁଡ଼ିକ ଖୁବ୍ ମାନେ। ସଞ୍ଜବେଳେ ବାପା ପାଖରେ ବସି ଗାଇଲେ ଗାଁର କୌଣସି କୌଣସି ଲୋକ ଆସି ଶୁଣନ୍ତି।" ଏସବୁକୁ ଶୁଣି ଶୁଣି ରେବତୀ ଅଭ୍ୟାସ କରି ଦେଇଛି। ଏଣିକି ତାକୁ ପାଠ ପଢ଼େଇବେ 'ବାସୁ ମାଷ୍ଟ୍ରେ'। ଗାଁ ଅପର ପ୍ରାଇମେରୀରେ ଚାକିରି ପାଇଛନ୍ତି। ବାସୁ ଆସନ୍ତି ଶ୍ୟାମବନ୍ଧୁ ଘରକୁ। ଖଣ୍ଡେ ଦୂରରେ ରେବତୀ ଡାକେ, 'ବାସୁ ଭାଇ ଅଇଲେ, ବାସୁ ଭାଇ ଅଇଲେ।" ରଙ୍କୁଣୀଟା ଯେମିତି ଇଲୀଶି ପାଇଛି ! ଏଣିକି ପାଠ ପଢ଼ିବ, ଢେର ପଢ଼ିବ, ବାସୁଭାଇ ସବୁ ପଢ଼ାଇ ଦେବେ !

ହରିପୁର ପ୍ରଗଣାର ଗାଁ। ନାଁ ପାଟପୁର। ସେଇ ଗାଁର ଶ୍ୟାମବନ୍ଧୁ ମହାନ୍ତି। ଜମିଦାର ତରଫରୁ ସେ କରଣ, ମାସକୁ ଦରମା ଦୁଇଟଙ୍କା। ତା' ବାଦେ ପାଉତି ବିଶୋଧନୀ, ବାହଲହଣା ଇତ୍ୟାଦିରୁ ଦୁଇ ପଇସା ହାତ ପୈଠ ହୁଏ। ସବୁ ସବୁ ମିଶି ମାସକୁ ଚାରିଶ ଟଙ୍କାରୁ ଊଣା ନୁହେଁ। ଦୁଇବର୍ଷ ତଳର କଥା। ସ୍କୁଲ ଦିପୋଟି ଇନିସ୍‌ପେକ୍ଟର ମଫସଲ ଗସ୍ତକୁ ଆସିଲେ। ଗ୍ରାମର ମୁଖିଆ ମୁଖିଆ ଚାରି ପାଞ୍ଚ ଜଣ କୁହାପୋଛା କଲେ। ଦିପୋଟିବାବୁ ସେମାନଙ୍କ କଥା ଶୁଣିଲେ। ସ୍କୁଲ ଇନିସ୍‌ପେକ୍ଟରଙ୍କୁ ରିପୋର୍ଟ କରି ଅପର ପ୍ରାଇମେରୀ ସ୍କୁଲଟାଏ ବସାଇ ଦେଲେ। ଶିକ୍ଷକ ରହିଲେ ବାସୁ। ବେତନ ମାସକୁ ଚାରିଟଙ୍କା। ଏହାଛଡ଼ା ପିଲା ପିଛା ମାସକୁ ଚାନ୍ଦା ଅଣାଏ ଅଣାଏ। ବାସୁ ମା' ଛେଉଣ୍ଡ, ମାମୁଘରେ ରହି ମଣିଷ ହେଇଛି। ଦେଖିବାକୁ ସୁନ୍ଦର, ଧୀର, ଶାନ୍ତ। ଭାରି ଭଲପିଲା। ମାଛିକୁ ମ' ବୋଲି କହେନା। ଶ୍ୟାମବନ୍ଧୁଙ୍କୁ ପିଲାଟା ପସନ୍ଦ। ପୁନେଇଁ ପରବରେ ପିଠାପଣା ହେଲେ ବାସୁକୁ ଡାକନ୍ତି, ରେବତୀ ମା'ଙ୍କର ବି ଭାରି ଶରଧା। ବାସୁକୁ ଦେଖିଲେ କହନ୍ତି, "ଆହା ! ମା' ଛେଉଣ୍ଡଟି କ'ଣ ଖାଏ, କିଏ ତା' ଖାଇବା ଦେଖୁଛି।" ରେବତୀ

ବାସୁ ଭାଇ ଆଗରେ ପଠିତ ଭଜନ ସବୁ ଶୁଣାଏ । ଶ୍ୟାମବନ୍ଧୁ ବି ଖବର ପାଇଛନ୍ତି, କଟକରେ ଗୋଟିଏ ଝିଅ ସ୍କୁଲ ଅଛି । ସେଠାରେ ଝିଅମାନେ ପଢ଼ନ୍ତି, ଲୁଗାସିଆଁ ଶିଖନ୍ତି । ତାଙ୍କର ଇଚ୍ଛା ରେବତୀ ପଢ଼ିବ । ଗାଁରେ ତ ଝିଅ ସ୍କୁଲ ନାହିଁ, ବାସୁ ଆସି ପଢ଼ାଇ ଯିବେ । ତା' ପରଦିନ ଉପରଓଳି । ବାସୁମାଷ୍ଟ୍ରେ ହାତରେ ଖଣ୍ଡେ ବହି ଧରି ଆସିଲେ । ପ୍ରଥମ ପାଠ ଖଣ୍ଡିଏ, ଲେଖକ ସତୀନାଥ ବାବୁ । ରେବତୀ ବାପା ପାଖରେ ବସିଛି । ସେଇ କିତାବର ମୂଳ ପୁଢ଼ା ଠାରୁ ଶେଷପୁଢ଼ା ଯାଏ ଓଲଟାଇ, ଓଲଟାଇ ଦେଖିଲା । ହାତୀ, ଘୋଡ଼ା, ଗୋରୁ ଇତ୍ୟାଦିର ଛବି ଦେଖି ଭାରି ଖୁସି ହେଲା । ରାଜାମାନେ ହାତୀ, ଘୋଡ଼ା ବାନ୍ଧି ଖୁସି ହୁଅନ୍ତି, କେହି ହାତୀ ଘୋଡ଼ା ଚଢ଼ି ଖୁସି ହୁଏ, ଆମ୍ଭ ରେବତୀ ଛବିଟା ଦେଖି ଖୁସି, ଧାଇଁ ଯାଇ ମା' ବାପାଙ୍କୁ ଦେଖେଇଲା, ଜେଜୀକୁ ବି । ଜେଜୀ କିଞ୍ଚିତ ବିରକ୍ତ ହୋଇ କହିଲା, "ହଁ, ଯା ଯା ।"

ଶ୍ରୀ ପଞ୍ଚମୀ, ରେବତୀ ସକାଳୁ ବୁଡ଼ ପାରିଲା । ଖଣ୍ଡେ ନୂଆ ଲୁଗା ପିନ୍ଧି ଚାହିଁଛି । ଆଜି ତା'ର ପାଠ ପଢ଼ା ଆରମ୍ଭ । ବୁଢ଼ୀଟା ଭୟରେ କିଛି ଆୟୋଜନ ନାହିଁ । ବେଳ ଛ' ଘଡ଼ି ହେବ, ବାସୁ ମାଷ୍ଟ୍ରେ ଆସି ପହଞ୍ଚିଲେ । ପଢ଼େଇ ଦେଲେ ସ୍ୱରେ-ଅ, ସ୍ୱରେ-ଆ, ହ୍ରସ୍ୱ-ଇ, ଦୀର୍ଘ-ଈ, ହ୍ରସ୍ୱ-ଉ, ଦୀର୍ଘ-ଊ; ଇତ୍ୟାଦି । ଏମିତି ପ୍ରତି ସଞ୍ଜବେଳେ ପଢ଼ାହୁଏ । ଦୁଇବର୍ଷ ହେଇଗଲାଣି । ରେବତୀ ଢେର୍ ପଢ଼ିଲାଣି । ମଧୁରାଓଙ୍କ ଛାନ୍ଦମାଳା ପଢ଼ିବାରେ ତୁଣ୍ଡରେ ବାଟୁଳି ବାଜୁନି । ଏୟା ପରେ 'ରେବତୀ' କ'ଣ ପଢ଼ିବ, ସେତକ ତା' ଧର୍ମ ପିତା ଫକୀରମୋହନ ଜାଣି ନଥିଲେ । ଗାଁ ମାନଙ୍କରେ ତ ଆଉ ଅଧିକ ପାଠ ପଢ଼ିବା ସୁଯୋଗ ନ ଥିଲା । ପାଠ ରଙ୍କୁଣୀର ପୋଥିରେ ଡୋର ବନ୍ଧା ହେଲା । ଏଣିକି ଫକୀରମୋହନ ହେଇଗଲେ ନିଷ୍ଠୁର । ଝିଅଟାକୁ ନାନାଦି ବୋଲଣା ଶୁଣେଇଲେ, ଜେଜୀମା'ଟା ରାଗି ନିଆଁବାଣ । ରେବତୀ କି ଆଉ ସଂସାର କରିବାକୁ ରଖିଲେନି । ଏଇଟି ଥିଲା ନିଷ୍ଠୁର ସମାଜର ତାଡ଼ନା, ସମୟର ବେଢ଼ି । ତାକୁ ବା ଫକୀରମୋହନ କେମିତି ଏଡ଼ି ଥାଆନ୍ତେ ?

ଶ୍ୟାମବନ୍ଧୁ ବାସୁକୁ କେବଳ ଘରୋଇ ମାଷ୍ଟ୍ରେ ନୁହେଁ, ମନେ ମନେ ଜ୍ୱାଇଁ ବରିନେଲେ । ପିଲାଟାକୁ ବାରିବାର ନୁହେଁ, ଏଣେ ପାଠୁଆ ବର । ତାକୁ ବା କାହିଁକି ହାତଛଡ଼ା କରନ୍ତେ ? କଥାଟା ରେବତୀ କାନରେ ପଡ଼ିଯାଇଛି । ଏବେ ବାସୁକୁ ଦେଖିଲେ ତାକୁ ଲାଜ ମାଡ଼େ; ଅକାରଣ ସକାରଣେ ସବୁବେଳେ ହସମାଡ଼େ; ମୁଣ୍ଡ ତଳକୁ ପୋତି ଦୁଇଓଠ ବୁଜି ହସ ଲୁଚାଏ । ଏଣିକି ବାସୁ ପଢ଼ାଇଦେଲେ କେତେବେଳେ ତୁନି ତୁନି ପଢ଼େ, କେତେବେଳେ ଖାଲି ହୁଁ ହୁଁ କରେ; ପଢ଼ା ସରିଲେ ପାଟି ବୁଜି ହସି ହସି ଘରକୁ ପଳାଇଯାଏ । ପ୍ରତିଦିନ ସଞ୍ଜବେଳେ ଦାଣ୍ଡ ଦୁଆର କବାଟକୁ ଧରି କାହାକୁ ଚାହିଁଥାଏ,

ବାସୁ ଆସିଲେ ଘରକୁ ପଳାଏ। ପାଞ୍ଚ ଡାକରେ ବାହାରେ ନାହିଁ। ରେବତୀ ବାସୁକୁ ସୁଖ ପାଇଲାଣି। ପାଠ ଯେତିକି; ଭଲ ପାଇବା ବି ତା' ଠୁ ଅଧିକ।

ବିଧାତାଙ୍କର ବିଧାନ। କାହାରି ଦିନ ସମାନରେ ଯାଏନି। ଫଗୁଣ ମାସିଆ ଦିନ, କିଛି କୁଆଡ଼େ ନ ଥିଲା। ହୁରି ପଡ଼ିଗଲା, ଗୁମାସ୍ତା ଶ୍ୟାମବନ୍ଧୁଙ୍କୁ ବାଡ଼ି ଧରିଛି। ମଫସଲ ଗାଁ, ବାଡ଼ି ନାଁ ଶୁଣିଲେ ତାଟି କବାଟ ପଡ଼ିଯାଏ। ବାଡ଼ିବୁଢ଼ୀ ସତେ ପରା ଟୋକେଇଟାଏ କାଖେଇ ଦାଣ୍ଡରେ ମନୁଷ୍ୟ ଗୋଟାଉଛି - ଏକଥା ସମସ୍ତେ ମଣନ୍ତି। ବାସୁର ଏ କଥାରେ ବିଶ୍ୱାସ ନ ଥିଲା। ସେ ଜାଣେ ବାଡ଼ି (ହଇଜା) ଗୋଟେ ସଂକ୍ରାମକ ରୋଗ। ଠାକୁରାଣୀ ମାଜଣା, ଭଜନ କୀର୍ତ୍ତନ, ଯୋଗିନୀକୁ ପଣାଭୋଗ- ଏସବୁ କିଛି ନୁହେଁ, ଲୋଡ଼ା ରୋଗୀର ସେବା। ବାସୁ ଶ୍ୟାମବନ୍ଧୁଙ୍କ ସେବାରେ ଲାଗିଛି। କିଛି ଫଳ ହେଲାନି। ଶ୍ୟାମବନ୍ଧୁ ଗଲେ, ପଛେ ପଛେ ରେବତୀର ମା'। ଏଣିକି ପରିବାର ଉପରେ ବେଡ଼ି ଉପରେ କୋରଡ଼ା। ତହବିଲ ବାକି ଟଙ୍କା ଲାଗି ଜମିଦାର ଘର କୋରକ କଲେ। ଚାଷଜମି ତିନିମାଣ ଛଡ଼ାଇ ନେଲେ। ଘରେ ଚଳିବାକୁ ଜେଜୀ, ନାତୁଣୀ। ଆଜି ଗରାଟା, କାଲି ଡାଲଟା ସବୁ ବିକିରି ବଟା ଚାଲିଲା। ବାସୁ କିଛି କିଛି ଟଙ୍କା ପଇସା ଦେଲେ ସେମାନେ ନେବାକୁ ରାଜି ନୁହନ୍ତି। ଏଣେ ରେବତୀର କପାଳ ଫାଟିଲା। ବୁଢ଼ୀର ସବୁ ରାଗ ତା' ଉପରେ। ବୁଢ଼ୀ ସ୍ଥିର ସିଦ୍ଧାନ୍ତ କରି ନେଲାଣି, ରେବତୀ ପାଠ ପଢ଼ିଲାରୁ ପୁଅ ମଲା, ବୋହୂ ମଲା, ହଳିଆ ଛାଡ଼ିଗଲା, ବଳଦ ବିକାଗଲା, ଜମିଦାର ଘର ଗାଈ ବାନ୍ଧି ନେଇଗଲା। ରେବତୀ କୁଲକ୍ଷଣୀ, ସେ କୁଢଙ୍ଗୀ, ସେ ଲକ୍ଷ୍ମୀହୁଡ଼ୀ। ବୁଢ଼ୀ ଆଖିକି ଦିଶୁନି। ସବୁ ସେଇ ପାଠର ଦୋଷ। ବାସୁ ବି କମ୍ ଦୋଷୀ ନୁହେଁ। ସେ ଆସିଲାରୁ ସିନା ରେବତୀ ପଢ଼ିଲା। ଏବେ ବାସୁ ଜେଜୀ ନାତୁଣୀର ସାହା ଭରସା। ବୁଢ଼ୀ କିଛି କହିପାରୁନି। ଦିନେ ଖବର ପହଞ୍ଚିଲା। ଡିପୋଟି ଇନିସ୍‌ପେକ୍ଟର ଚିଠି ଦେଇଛନ୍ତି, ହରିପୁର ଥାନାରେ ବସି ପାଠଶାଳା ପିଲାଙ୍କୁ ପାଠ ପଚାରିବେ। ପିଲେ ଯିବେ, ସାଙ୍ଗରେ ବାସୁ ମାଷ୍ଟ୍ରେ ବି। ଛ' ଦିନ ଚଳିବାକୁ ବାସୁ ଜିନିଷପତ୍ର ଦେଇଗଲା, ଆଉ ଫେରିଲାନି। ସେ ବି ବାଡ଼ିରେ ଗଲା। ଏବେ ଦଶଦିଗ ଅନ୍ଧାର। ଗାଉଁଲି ଝିଅଟା। କେତେ ସପନ ଦେଖିଥିଲା, ପାଠ ପଢ଼ିବ, ବାସୁଭାଇ ହେବ ତା'ର ବର। ବିଧାତା ତା' ସପନର ତାଜମହଲକୁ ଚୂରମାର କରିଦେଲେ। ତା' କଥା ଶୁଣିବାକୁ ବାପା ମା' ନାହାନ୍ତି। ଜେଜୀମା' କଥା କଥାକେ ଗାଳି କରୁଛି, "ଲୋ ରେବତୀ, ଲୋ ରେବି, ଲୋ ନିଆଁ, ଲୋ ଚୁଲି"। ସବୁ ଦୁର୍ଗତି ତା' ପାଠ ପାଇଁ। ଶୁଣି ଶୁଣି ରେବତୀ କାଠ ପାଲଟି ଗଲାଣି। ଦିହରେ ଜର ଭର୍ତ୍ତି। ସନ୍ନିପାତ ଧରିଲାଣି, ବାଡ଼ି ଦୁଆରକୁ ଘୁଷୁରି ଘୁଷୁରି ଗଲା, ବଳ ପାଉନି, ଜିଭ ଅଠା ଧରିଲାଣି। ବାପା ଲଗେଇଥିଲେ କଦଳୀଗଛ, ଭଣ୍ଡା ବାହାରିଲାଣି। ସେ ପିଜୁଳି ଗଛରେ ପାଣି

ଦଉଥିଲା, ଫଳ କଷି ହେଲାଣି। ରେବତୀର ମା' ବାପା କଥା ଭାରି ମନେପଡ଼ିଲା। ଆକାଶରେ ପହରକିଆ ତାରା, ଧକଧକ ହେଇ କିରଣ ବାହାରୁଛି। ତା'ରି ମଧ୍ୟରେ ଏକି ମୂର୍ତ୍ତି ? ଶାନ୍ତିଦାୟିନୀ ଆନନ୍ଦ ଦାୟିନୀ ମା'ଙ୍କର ଅଭୟା ମୂର୍ତ୍ତି। ସେଇ ତାରା ମଧ୍ୟରେ ମା' ବସିଛନ୍ତି। ଦୁଇଗୋଟି କିରଣ ହସ୍ତ ବଢ଼ାଇଦେଲେ, ସେଇ ଆଲୋକ, ରେବତୀର ଚକ୍ଷୁ ସ୍ପର୍ଶକରି ହୃଦୟ ଭିତରେ ପ୍ରବେଶ କଲା। କେବଳ ମା'-ମା' ଦି' ଥର ଅସ୍ପଷ୍ଟ ଶବ୍ଦ ଶୁଭିଲା, ତା' ପରେ ସବୁ ଶେଷ। ବୁଢ଼ୀଟା ପଥି ରାନ୍ଧିଛି, ନାତୁଣୀକୁ ସେ ଜୀବନ ଠୁ ବଳି ସୁଖ ପାଏ। କିନ୍ତୁ ପାଠଟା ତା' ପାଇଁ ବିଷ। ଉଣ୍ଡାଳି ଉଣ୍ଡାଳି ବୁଢ଼ୀ ରେବତୀକି ପାଇଲା। ତା' ଦିହ ସାରା ହାତ ବୁଲେଇ ଆଣିଲା, ନାକରେ ହାତ ଦେଲା। ଗୋଟାଏ ଉତ୍କଟ ଶବ୍ଦ କରି ସେଇଠି ଟଳି ପଡ଼ିଲା। ରାତି ପହରକ ସମୟ ହେବ, ସାହି ପଡ଼ିଶା ଶୁଣିଥିଲେ- "ଲୋ ରେବତୀ, ଲୋ ରେବି, ଲୋ ନିଆଁ, ଲୋ ଚୁଲି" - ଏଇଠୁ କଥା ସଇଲା।

ଦୂରଦ୍ରଷ୍ଟା ଫକୀରମୋହନ। ସେଦିନ ରେବତୀକୁ ଖଡ଼ି ଧରାଇଲେ। ସେ କିଛି କିଛି ପଢ଼ିଲା ବି। ସ୍ରଷ୍ଟା ଜାଣିଥିଲେ, ଏ ଦିନ ରହିବନି। ଦିନ ଆସିବ, ତାଙ୍କ ରେବତୀମାନେ ଆଗକୁ ମାଇନର ପଢ଼ିବେ, ଉଚ୍ଚଶ୍ରେଣୀ, ଏମିତି ଢେର୍ ଢେର୍ ପାଠ ପଢ଼ିବେ। ଚାକିରି କରିବେ, ବାପା ଭାଇଙ୍କୁ ଟଙ୍କା ରୋଜଗାର କରିଦେବେ। ପୁରୁଷଙ୍କ ସହ ସମାନ ହେବେ। ନାଁ କରିବେ। ତାଙ୍କ କଥା ସତହେଲା। ଏବେ ଓଡ଼ିଆ ନାରୀ ବହୁ ଆଗରେ। ଫକୀରମୋହନ 'ରେବତୀ'କୁ ଭୁଲି ପାରିଲେନି ଉତ୍ତର ପିଢ଼ିର ଲେଖକ/ଲେଖିକା। କାହା କଲମରେ ସେ ଉଚ୍ଚଶିକ୍ଷିତା, କିଏ ବଡ଼ ଚାକିରି କରି ବିଡ଼ା ବିଡ଼ା ଟଙ୍କା କମଉଛି, ଭାଇକୁ ପାଠ ପଢ଼େଇଛି। ଆଉ କେଉଁଠି ରେବତୀର ସହରୀ ସଂସ୍କରଣ। ସେ ସ୍କୁଲରୁ ବାସୁ ସାର୍‌ଙ୍କ ସାଇକେଲରେ ବସି ଚାଲି ଯାଉଛି, ତାଙ୍କ ସହ ନିରୋଳାରେ ଦି' ଚାରି ଦିନ ଏକାଠି କଟାଉଛି। ପୁଣି ଗାଁକୁ ଫେରିଛି। ପାଠପଢ଼ା ଚାଲୁରଖିଛି। ଅନ୍ୟତ୍ର ଘର ସଂସାର କରିଛି। ଏବେ ସେ ନେତ୍ରୀ। ଏସବୁ ପରିପକ୍ୱ ସମୟର ଫଳ। ମାତ୍ର ଫକୀରମୋହନଙ୍କ 'ରେବତୀ' ହିଁ 'ରେବତୀ'। ନାରୀଶିକ୍ଷା, ସଂଯତ ପ୍ରେମ, ସାମାଜିକତା - ଏ ସମସ୍ତର ସଫଳ ରୂପାୟନ ଘଟିଛି ଗପଟିରେ। ସତରେ ! 'ରେବତୀ' ଅନନ୍ୟା, ଅସାଧାରଣ ମଧ୍ୟ। ଓଡ଼ିଆ ବାଣୀ ଭଣ୍ଡାରରେ ତା'ଦୃଶ ସୃଷ୍ଟି ବିରଳ !

■

ଏବେ ବି ଲୋଡ଼ା ପେଟେଣ୍ଟ ମେଡ଼ିସିନ୍ !

ଓଡ଼ିଶାରେ ଫିରିଙ୍ଗ ରାଜୁତି, ଉଗ୍ର ପାଶ୍ଚାତ୍ୟ ଚଳଣି ଆର୍ଦ୍ର ଜନଜୀବନ। ସୁରାପାନ, ବାରନାରୀ ବିଳାସର ଉଗ୍ରରୂପ। କ୍ରମେ ଓଡ଼ିଶୀ ପ୍ରଥା, ପରମ୍ପରା, ସଂସ୍କାର, ସଂସ୍କୃତି ଆଡ଼େ ବିପଦ ଘନେଇଲା। ପାଠୁଆ, ଅପାଠୁଆ, ଦରପାଠୁଆ ଭଳିଲେ। ସାମାଜିକ ପବିତ୍ରତା ହ୍ରାସ ପାଇଲା। ନିଶାସକ୍ତମାନେ ନାନାଦି କାଣ୍ଡକାରଖାନା ଭିଆଇଲେ, ମାନ ସମ୍ମାନ ସବୁ ଭୁଲିଲେ। ଶୁଣ୍ଡୀଘର, ବାଇଜୀ କେଳିକକ୍ଷରେ ସନ୍ଧ୍ୟାରେ ବାବୁମାନେ ଆଖଡ଼ା କଲେ। ଘରକୁ ଫେରିଲେ ଢେର୍ ରାତିରେ। ନିଶାରେ ଚୁର୍। ଏଣିକି ଚାଲିଲା ନିର୍ଯ୍ୟାତନା। କୁଳଲକ୍ଷ୍ମୀମାନେ ନାନାଦି କଷଣ ସହିଲେ। ପବିତ୍ର ଲୋକାଚାରରେ ବିଶ୍ୱାସୀ, ଏ ପ୍ରକାର ସାମାଜିକ ଭ୍ରଷ୍ଟାଚାରକୁ ସହଜରେ ଗ୍ରହଣ କଲେନି। ଜନଜୀବନରେ ପ୍ରତିକ୍ରିୟାମାନ ସୃଷ୍ଟି ହେଲା। ଅନେକ କୁପଥଗାମୀ ବହୁ ବିରୋଧର ସମ୍ମୁଖୀନ ହେଲେ। ତଥାପି କେହି କେହି ଘୋଡ଼ା ମଦୁଆ ରାସ୍ତାକଡ଼ରେ ପଡ଼ିଲେ, କାହା ପିଣ୍ଡାରେ ରାତି କାଟିଲେ। ହିନ୍ଦୁନାରୀଏ ଆପଣା ଆପଣା ପତିଙ୍କୁ ବାଟକୁ ଆଣିବାକୁ ନାନାଦି ଚେଷ୍ଟା କଲେ, କିଛି ସୁଫଳ ମିଳିଲା। ମାତ୍ର ଅନେକଙ୍କ ପ୍ରକୃତି ବଦଳିଲାନି। ଗାଳ୍ପିକ ଫକୀରମୋହନ ସେନାପତି, ତାଙ୍କ ପାଇଁ ଝାଡୁ ପାହାର ବ୍ୟବସ୍ଥା କଲେ। ଏଇଟି ନିଶାରୋଗ ପାଇଁ ମେଡ଼ିସିନ୍, ଲେଖକଙ୍କ ଭାଷାରେ 'ପେଟେଣ୍ଟ ମେଡ଼ିସିନ୍'। ସମାଜ ସଂସ୍କାରକାମୀ ଫକୀରମୋହନ। ଲେଖିଲେ 'ପେଟେଣ୍ଟ ମେଡ଼ିସିନ୍' ଗପ। ନିଶାଳି ସ୍ୱାମୀ ଚନ୍ଦ୍ରମଣି ବାଟକୁ ଆସିଲେ। ପତ୍ନୀ ସୁଲୋଚନା ତାଙ୍କ ନିଶାରୋଗକୁ ଛାଞ୍ଚୁଣି ପାହାରରେ ଛଡ଼ାଇଲେ। ଏହାହିଁ ଗପଟିର ସାରକଥା।

ଜମିଦାର ଘର ବୋହୂ ସାଆନ୍ତାଣୀ ସୁଲୋଚନା। ବାବୁ ଚନ୍ଦ୍ରମଣିଙ୍କ ପତ୍ନୀ। ହିନ୍ଦୁନାରୀ, ପତି ତାଙ୍କର ଇହକାଳ, ପରକାଳର ଦେବତା। କିନ୍ତୁ ସ୍ୱାମୀ ପୂରା ନିଶାଳି। ବାବୁଙ୍କ ବାପେ ଜମିଦାର ଶ୍ୟାମବନ୍ଧୁ ପଟ୍ଟନାୟକେ। ତାଙ୍କର ଖୁବ୍ ଗୋଟିଏ ବଡ଼

ଇଲାକା। ଭୋଗ କରିବାକୁ ଏକା ଚନ୍ଦ୍ରମଣି। ଶ୍ୟାମବନ୍ଧୁ ପୁଅକୁ ମାଷ୍ଟର ରଖି ପାଠ ପଢ଼ାଇଲେ, ସ୍କୁଲରେ ବି ପଢ଼ୁଥାଆନ୍ତି। ହେଲେ ପାଠର ମାନ ମହତ କିଛି ରଖିଲେନି। ବିଲାତି ପାଠ ସାଙ୍ଗକୁ ଇଂରାଜୀ ଢାଞ୍ଚା। ଚନ୍ଦ୍ରମଣି ବଦ୍‌ସଙ୍ଗରେ ପଡ଼ିଲା। ଦିନରାତି ବଦ୍‌ଖିଆଲି। ଚରିତ୍ର ଏକାବେଳେ ଗଲା। ରାତିଯାକ ମନ୍ଦ ଯାଗାରେ ବୁଲାବୁଲି। ଯେତେ ମତୁଆଲା ମନ୍ଦଲୋକ ସାଙ୍ଗ। ଘରୁ ମାଲମତା ନଗଦ ଚୋରି କରିନିଏ। ଦେଣା ପାଞ୍ଚଟଙ୍କା ନେଇ କୋଡ଼ିଏ ଟଙ୍କା ହେଣ୍ଡନୋଟ୍ ଲେଖିଦିଏ। ଗୋଟାପଣ ଅଯୋଗା। ଗାଁର ପାଞ୍ଚଜଣ ପରାମର୍ଶ ଦେଲେ। ଶ୍ୟାମବନ୍ଧୁ ବାବୁ ଚନ୍ଦ୍ରମଣିଙ୍କୁ ହାତକୁ ଦି' ହାତ କରିଦେଲେ। ବୋହୂ ସୁଲୋଚନା, ପରମା ସୁନ୍ଦରୀ, ଖୁବ୍ ଗୁଣବତୀ। କିନ୍ତୁ ପୁଅର କିଛି ବି ପରିବର୍ତ୍ତନ ହେଲାନି। ଜଗତଯାକର ମନ୍ଦ ବୁଦ୍ଧି। ମନ ବାଇନାଚ, ମଦଖଟି, ବେଶ୍ୟାଳୟରେ। ନିତି ସ୍ୱାମୀ ସ୍ତ୍ରୀଙ୍କ ରଦ୍‌ଖଦ୍, କଳି ତକରାଳ। ସୁଲୋଚନା କେତେ ଦିଅଁ ପୂଜିଲେ, ମାନସିକ କଲେ, ଦେବତାଙ୍କୁ ପ୍ରାର୍ଥନା କଲେ, ସବୁ ନିଷ୍ଫଳ। ତଥାପି ଚେଷ୍ଟାରୁ ବିରତ ହେଲେନି। ନାରୀ ସର୍ବସହଣୀ, ମା' ଧରିତ୍ରୀ ତୁଲ୍ୟା। ନିର୍ଯ୍ୟାତନା ସୀମା ଟପିଲେ ସହିବାର ଧୈର୍ଯ୍ୟ ଭାଙ୍ଗେ। ଶେଷରେ ସେ ଉଗ୍ରରୂପିଣୀ, ସଂହାର ମୂର୍ତ୍ତି ଧାରିଣୀ ପାଲଟେ। ଯେଉଁଠି ସ୍ନେହମମତା ମାତ୍ରାଧିକ୍ୟ, କ୍ରୋଧ ମଧ୍ୟ କମ୍ ନୁହେଁ। ଠିକ୍ ସେମିତି ସୁଲୋଚନା, ସୁଗୃହିଣୀ; କିନ୍ତୁ ଟିକେ ବଦ୍‌ରାଗୀ। ମଦୁଆ ସ୍ୱାମୀଙ୍କୁ ଝାଡ଼ୁ ମାଡ଼ରେ ସାବାଡ଼ କଲେ। ଏକଥା ବଖାଣିଲେ ଫକୀରମୋହନ। ଏଥି ସହିତ କେତେକ ସାମାଜିକ କୁସଂସ୍କାର, ଅନ୍ଧବିଶ୍ୱାସର ଚିତ୍ର ମଧ୍ୟ ପ୍ରଦାନ କରିଛନ୍ତି ଗପଟିରେ।

ପ୍ରତିଟି ମଣିଷ ଧର୍ମବିଶ୍ୱାସୀ। ନିଜର ବଡ଼ତି, ରୋଗ ବାଧିକାରୁ ମୁକ୍ତି, ମନସ୍କାମନା ପୂର୍ଣ୍ଣ ପାଇଁ ଦେବୋପାସନା କରନ୍ତି। ଏଥିରୁ ମଧ୍ୟ ସୁଲୋଚନା ବାଦ୍ ପଡ଼ିନାହାନ୍ତି। କେହି କେହି ଧର୍ମର ଦ୍ୱାହି ଦେଇ ଫାଇଦା ଉଠାନ୍ତି। ଚନ୍ଦ୍ରମଣି ଏହାର ନିଦର୍ଶନ। ସେଦିନ ଟୋକାଟାଏ ଆସିଲା, ହାତରେ ଖଣ୍ଡେ ଚିଠି ଧରିଛି। ବାବୁ ଭଲକରି ଅନାଇ ଦେଖିଲେ, "ଓହୋ, ଏତ ସେହି ଭଦରକିଆ ଟୋକାରେ'। ମନରେ ଭାରି ଖୁସିଟାଏ ହେଲେ। ଉସ୍‌ମାନ୍ ତାରା ବାଈ ଡକାଇଛି। କେତେ ମେହେରବାନୀ କରିବ। ଆଦର ସୁହାଗ ତା'ର କିଛି କମ୍ ନୁହେଁ। ତା' ସାଙ୍ଗକୁ ମିଳିବ ଲୁଣିଆ ବୁଟଭଜା, ଫରେନ୍ ରମ୍। ବାବୁ ଅସମ୍ଭାଳ। ଫନ୍ଦି କାଢ଼ିଲେ, ଗ୍ରହଦଶା, ଆଗକୁ ଭାରି ବିପତ୍ତି। ତିନିଦିନ ଯାକ ସବୁ ମନ୍ଦିରରେ ଦିଅଁ ଦର୍ଶନ କରିବେ। ଭୁବନେଶ୍ୱର, ଖଣ୍ଡଗିରି, ଉଦୟଗିରି ଯେତେ ମହାଦେବ ଅଛନ୍ତି ସମସ୍ତଙ୍କୁ ଦର୍ଶନ କରିବେ। କିଛି ଟଙ୍କା ଦରକାର। ବ୍ରାହ୍ମଣଙ୍କୁ ଦେବେ, ସେମାନେ ଶହେମାଠିଆ, ନା ନା ହଜାରେ କୁମ୍ଭ ନାହିଁ ନାହିଁ ସହସ୍ର କୁମ୍ଭ ପୂଜା କରିବେ। ସବୁ ଦୋଷ, ସବୁ ଗ୍ରହ ଅବଳ ଏକାବେଳକେ କଟିଯିବ।

ଖଡ଼ିରତ୍ନ ଏକଥା କହିଛନ୍ତି, ଆଉ ନିଶା ଫିଶା ଆଡ଼େ ମନ ବଳିବନି। ସୁଲୋଚନାଙ୍କୁ ଆଉ ଅଛପା ରହିଲାନି। ଏ ସବୁ ବାବୁଙ୍କ ବାହାନା। ସେଇ ଯେ ଗଞ୍ଜେଇ-ମଦ-ମଦତ ନିଆଁ ପାଉଁଶ। ନିଶା ଗୁଡ଼ା ଖାଇବେ। କେତେ ଚେଷ୍ଟାକରି ବାଟକୁ ଆଣିଛନ୍ତି, ପୁଣି ନିଶାଆଡ଼େ ମନ। ତିନିଦିନ ଲାଗି କେଉଁଠି ମତୁଆଲାମାନଙ୍କ ସାଙ୍ଗରେ ପଡ଼ି ମଦ ପିଇବେ, ନୋହିଲେ ତେଲେଙ୍ଗା ବଜାର, କାହା ଓଳିରେ ପଡ଼ିବେ। କଟକ ସହରର ଏଇ ଜାଗାଟିରେ ବାରନାରୀଙ୍କର ଆଡ଼ା। ଏକଥାକୁ ମଧ୍ୟ ଗାଳ୍ପିକ ତାଙ୍କ କାଳଜୟୀ ଉପନ୍ୟାସ 'ଛମାଣ ଆଠଗୁଣ୍ଠ'ରେ ଉଲ୍ଲେଖ କରିଛନ୍ତି। ଖଳନାୟିକା ଚମ୍ପା ଗୋବିନ୍ଦା ଭଣ୍ଡାରି ସହ ତଳ ତେଲଙ୍ଗା ବଜାରକୁ ଯିବାକୁ ମସୁଧା କଲା। ସେଠି ସବୁ ମିଳିବ। ଦେହ, ମନ ଭୋକ ମେଣ୍ଟିବ, ମଉଜ, ମଜଲିସ ଆଉ ଆଉ ପାର୍ଥିବ ସୁଖର ବି ଅଭାବ ନାହିଁ। ସହଜେ ତ ସୁଲୋଚନା କଟକୀ ବୋହୂ, ତେଲେଙ୍ଗା ବଜାର ବିଷୟରେ ଶୁଣିଥିଲେ। ଶେଷରେ ସିଦ୍ଧାନ୍ତ ହେଲା, ବାବୁ ଅଧିଆ ପଡ଼ିବେ ଗମ୍ଭୀରା ଘରେ; ସକାଳୁ ସଞ୍ଜଯାଏ। ମୁଣ୍ଡତଳେ ରଖିବେ ଟଙ୍କା ଗାଞ୍ଜିଆ। ସେ ଘରେ ତିର୍ଲାଲୋକ ଛାଇ ପଡ଼ିବନି। ତାହାହିଁ ହେଲା। ବାବୁ କମ୍ବଳ ଘୋଡ଼େଇ ହୋଇ ଶୋଇଲେ। ସୁବିଧା ଉଣ୍ଡି ଚାକର ଟୋକା ମକ୍ରାକୁ ହାତକଲେ, ମକ୍ରାର ସାଆନ୍ତାଣୀଙ୍କୁ ପ୍ରାଣେଭୟ। ବାବୁ ଚାରିଟଙ୍କା ଉତ୍କୋଚ ଦେଲେ, ମକ୍ରା କେନ୍ଦ୍ରାପଡ଼ା ମାମୁଘର ଯିବ। ଅଙ୍ଗାଟିଏ ବି ବାବୁ କିଣିଦେବେ। ଲାଞ୍ଚରେ ତ ଊଣା ଅଧିକେ ଅନେକ ବଶ, ମକ୍ରାମ ବି। ବାବୁଙ୍କ ଜାଗାରେ ମକ୍ରା ଶୋଇଲା, ବାବୁ ଚମ୍ପଟ। ସଞ୍ଜ ନଇଁଲା, ସୁଲୋଚନା ଖାଡ଼ା ଉପାସ। ପାଣି ଛୁଇଁ ନାହାନ୍ତି। ଏବେ ତ ଆଉ ଛାଇ ପଡ଼ିବନି ? ଦେଖିଚାହିଁ ଘରଭିତରେ ପଶିଲେ, ବାବୁଙ୍କ ପାଦସେବା କଲେ, ପିଠିରୁ ଝାଳ ପୋଛିଦେଲେ। ମୁହଁରେ ହାତ ମାଇଲେ, କିନ୍ତୁ ନିଶ କାହିଁ ? ଦେଖିଲେ ବାବୁ ନୁହେଁ ମକ୍ରା। ରାଗରେ ନିଆଁବାଣ। ବେଜାଏ ଗାଳିଦେଲେ। କଥା ପ୍ରଘଟ ହେବ। ସାହି ପଡ଼ିଶାରେ ହୁରି ପଡ଼ିବ, ଲୋକ ନିନ୍ଦା ହେବ। ସାଆନ୍ତାଣୀ ମକ୍ରାକୁ ଦେଲେ ଚାରିଟଙ୍କା। ମକ୍ରା ବାଟ ଖର୍ଚ୍ଚ କରିବ, ଖଜା କିଣିବ। ତା' ସହ ମାଣିଆବନ୍ଧ ପାଟଟିଏ ବି ତାକୁ ମିଳିବ। ମକ୍ରା ଚୁପ୍। ମକ୍ରା ଜାଗାରେ ଶୋଇଲେ ସାଆନ୍ତାଣୀ।ବାବୁ ଘରେ ପଶିଲେ। ଗୋଡ଼ ଟଳୁଛି, ପାଟି ଖନି ମାରୁଛି। ସାଆନ୍ତାଣୀଙ୍କୁ ଗାଳିକଲେ, ପୋଇଲିଟାଏ। ନାଁ ସୁଲୋଚନା, ସୁଲ ପୋଖରୀରେ ହୁଏ। ଚୂନା ଚକୁଳିପିଠା ହୁଏ। ଛି ଛି କି ଅପରିଛନିଆ। ଖାଇବାକୁ ଦିଏ ପୁରି, ସରଭଜା, କ୍ଷୀରି। ସେଗୁଡ଼ାକ ବିରାଡ଼ି ଖାଏ। ଆଉ ଉସ୍‌ମାନ୍ ତା-ରା, ସରଗ ହୀରା। ନାଁ ଯେମିତି କାମ ବି ସେମିତି। ତା'ର କେତେ ବୁଦ୍ଧି, କେତେ ମେହେର୍‌ବାନୀ। ଗୁଣ ତ ଗୁଣ, ଉସ୍‌ମାନତାରା – କ୍ୟା ମଜେଦାର। ଦେଖୁ ଦେଖୁ ଆଦର କଲା, ପାଖକୁ ଢଳି ପଡ଼ିଲା।

ବିଛଣାରେ ବସୁ ବସୁ ଲାଗିଲା ମାଲର ଧୁମ୍। ଟିପା ଗଞ୍ଜେଇ - ମଦତ୍ ହୁକା - ଦାରୁ ସବୁ ଠିକ୍। ଆଗ ଫିଟିଲା ମାଲ୍ ବୋତଲ। ଆସ୍କା ରମ୍ ନୁହେଁ; ଅସଲ ବିଲାତି ନମ୍ବର ଉଆନ। ଖାଲି - ର - ତୁଚ୍ଛା - ର, ଟୋପାଏ ବି ପାଣି ନାହିଁ। ଏମିତି ବାବୁ କେତେ କ'ଣ ଗପିଲେ। ସାଆନ୍ତାଣୀଙ୍କ ନାଟବନ୍ଦୀ ଟଙ୍କା ସିନ୍ଦୁକ, ଲୁହା କଣ୍ଟାରେ ସିନ୍ଦୁକ ଫିଟା ବି ଜାଣନ୍ତି। ଢେର୍ ଟଙ୍କା ନେବେ ଲୁଚେଇକରି, କଥା ଦେଇଛନ୍ତି, ନହେଲେ ଉସ୍‌ମାନ୍ ତାରା ମନ ଊଣା କରିବ। ତା'ର ତ ଟଙ୍କାର ଅଭାବ ନାହିଁ। ବଡ଼ ବଡ଼ ଗରାଖ, ସୁନା, ରୁପା, ଟଙ୍କା ପଇସା ବହୁତ ଦିଅନ୍ତି। ଚନ୍ଦ୍ରମଣି କଥା ରଖିବେ। ମରଦ କି ବାତ୍ ହାତୀକା ଦାନ୍ତ। ଉସ୍‌ମାନ୍ ତାରାଙ୍କୁ ଖୁସି କରିବେ। ପୁଣି ବକିଲେ, "ସୁଲୋଚନା ଏଇଟା କାଠ ମୂର୍ତ୍ତିଟାଏ ! ଆଜି ମାଲ ସଙ୍ଗେ ପେଟେ ଚାଟ୍ ପକେଇଛି। ତୋ ସାଆନ୍ତାଣୀ ବାପ ଶଳା ବି ସାତ ଜନ୍ମରେ ଦେଖି ନଥିବ।" "କ'ଣ କହିଲୁ, କ'ଣ କହିଲୁ ମଦୁଆ, ଯୋଗିନିଖିଆ। ମୋ ବାପା ତୋ ଶଳା - ସାଆନ୍ତାଣୀ ସାକ୍ଷାତ ରଣଚଣ୍ଡୀ। ହାତରେ ଝାଡୁ ପଡ଼ିଲା। ସେଇଟା ଧରି ପ୍ରହାର - ପ୍ରହାର - ମୁଣ୍ଡରେ, ପିଠିରେ, ହାତରେ ଯେଉଁଠି ବାଜୁ। ବାବୁ ଢୁଲକିନା ପଡ଼ିଗଲେ। ତା' ଉପରେ ବି ପାଣି ଅସରା ପରି ଛାଞ୍ଚୁଣି ପଡ଼ିଲା। ବାବୁଙ୍କ ନିଶା ଏକବାର ଗାଏବ।

ଚନ୍ଦ୍ରମଣିଙ୍କୁ ବାଡ଼େଇଲେ, ସାଆନ୍ତାଣୀ ଢେର୍ କାନ୍ଦିଲେ। ଯେତେ ଠାକୁର ଦେବତା ସମସ୍ତଙ୍କୁ ଡାକି କ୍ଷମା ମାଗିଲେ, "ହେ ଠାକୁର ଦେବତାମାନେ ! ମୋତେ କ୍ଷମାକର, ଆଉ ମୋ ସ୍ୱାମୀଙ୍କୁ ସୁ ବୁଦ୍ଧି ଦିଅ।" ଏତିକି ନୁହେଁ ଗରମ ମାଲପା ବାବୁଙ୍କ ଦରଜ ଜାଗାରେ, ଗୋଡ଼ ହାତରେ ଘଷି ଦେଲେ। ଚନ୍ଦ୍ରମଣି ହେଜିଲେ, ଉସ୍‌ମାନ୍ ତାରା ନୁହେଁ ସୁଲୋଚନା, ତାଙ୍କ ବିବାହିତ ପତ୍ନୀ ହିଁ ସରଗ ହୀରା। ପ୍ରତିଜ୍ଞା କଲେ, "ଆଜିଠାରୁ ସବୁ ନିଶା ଗୋରକ୍ତ ବିଷ୍ଠା।"

ଭାରତ ଉଷ୍ଣମଣ୍ଡଳୀୟ ଜଳବାୟୁ ଅନ୍ତର୍ଭୁକ୍ତ। ଏଠି ଉଷ୍ଣ ପ୍ରଦାୟୀ ପାନୀୟର ସ୍ଥାନ ବା କାହିଁ ? ବିଦେଶୀ ଚଳଣିର ଅନ୍ଧାନୁକରଣର ଏଇଟି ବିଷମୟ ଫଳ। ସ୍ୱାଧୀନତା ପୂର୍ବରୁ ନିଶାନିବାରଣ ପ୍ରୟାସ ଜାରି ରହିଛି। ଏଯାଏ ତାହା ସଫଳ ହୋଇନି। ଆଜିର ନାରୀ ଅଧିକ ସଚେତନ। ସମୂହ ଭାବେ ଅନେକତ୍ର ମଦଦୋକାନ ଭାଙ୍ଗୁଛନ୍ତି। ମଦୁଆଙ୍କୁ ପିଟୁଛନ୍ତି। କିନ୍ତୁ ମଦଦୋକାନୀ ସରକାରୀ ଲାଇସେନ୍‌ସ ପାଇଛନ୍ତି, ମାଦକଦ୍ରବ୍ୟ ବିକିବେ। ବିରୋଧ, ଭଙ୍ଗାରୁଜା କଲେ ଆଇନ୍‌କୁ ହାତକୁ ନେବା କଥା ଉଠେ। ପୁଲିସ ବାବୁମାନେ ଏଥିରେ ହସ୍ତକ୍ଷେପ କରିବାକୁ ବାଧ୍ୟ ହୁଅନ୍ତି। କେଉଁ ଆଇନ୍ ବା ନିଶା ନିବାରଣ କରିବାରେ ସମ୍ପୂର୍ଣ୍ଣ ସହାୟକ ହୋଇଛି ? ଏଥିପାଇଁ ଲୋଡ଼ା ଜନସଚେତନତା ସହିତ ସୁସ୍ଥ ଚିନ୍ତନ। ଯୁଗ ତ ବହୁ ଆଗରେ। ଶିକ୍ଷାଦୀକ୍ଷା ହାର ଅତି ଉଚ୍ଚରେ। ସେହି

ପରିମାଣରେ ନିଶାପାନ ହାର କିଛି କମ୍ ନୁହେଁ। ଆଜିର ନାରୀ ସ୍ୱାବଲମ୍ବନଶୀଳା। ସାହସିନୀ ମଧ୍ୟ। ଶତଚେଷ୍ଟା ସତ୍ତ୍ୱେ ଯେଉଁ ନିଶାଳି ସ୍ୱାମୀମାନେ ବାଟକୁ ଆସୁନାହାନ୍ତି, ସେମାନଙ୍କ ପାଇଁ ଫକୀରମୋହନଙ୍କର ପୁରଃସର ନିବେଦନ ମିଦଂ; ଏହି ପେଟେଣ୍ଟ ମେଡ଼ିସନ୍‌ଟା ଥରେ ଥରେ ପ୍ରୟୋଗ କରନ୍ତୁନା ! ସୁଫଳ ମିଳିବ ହିଁ ମିଳିବ।

■

ପୁରୁଷ ପୁଅର ବୟସଟା କ'ଣ ଧରୋଟ ଭିତରେ ?

ଝିଅ ଜନମ ପରଘରକୁ । ବିଭା ଦେଇଦେଲେ ବାପାର ଦାୟିତ୍ୱ ଶେଷ । ତା' ହାନି ଲାଭ, ସୁଖ ସଂସାର ପାଇଁ ଚିନ୍ତା ନାହିଁ । ବାପଟିର ଲୋଡ଼ା କନ୍ୟାସୁନା ଟଙ୍କା । ବର, ଘର, ଧନ ଦରବ, ଏପରିକି ପୁଅର ବୟସଟା କେତେ - ଏତେ କଥା ସବୁ କିଏ ପଚାରୁଛି ହେ ? ପୁରୁଷ ପୁଅର ବୟସ କ'ଣ ଧରୋଟ ଭିତରେ ? ଅଶୀବର୍ଷର ପୁରୁଷ ବି ବିଭା ହୋଇପାରେ । କନ୍ୟା ସୁନା ଗଣିଦେଲେ ପାତ୍ରୀର ଅଭାବ ନାହିଁ । ବାପଟି କୃପଣ ହେଲେ କଥା ଆହୁରି ଭୟଙ୍କର । ଝିଅ ପାଇଁ ସିନିହ ଶରଧା ତ ନ ଥାଏ, ଓଲଟା ଖୋରାକି ପୋଷାକି ବାବଦ ଟଙ୍କାକୁ ହିସାବ କରେ । ସବୁ ମିଶାଇ ହାଙ୍କେ କନ୍ୟାସୁନା । ପାକୁଆ ବରକୁ ସାତ ବରଷର କନିଆ । ବର ଦୁଇ ବିଭା କି ତିନି ବିଭା । ଝିଅଟି କମ୍ ବୟସରେ ବିଧବା ହୋଇଯାଏ । ଏଣିକି ତା' ପାଇଁ ବିଭା ନା । ସମାଜଟା ବି ଭାରି ନିଷ୍ଠୁର । ସବୁ ସୁବିଧା ପୁରୁଷ ପାଇଁ, ନାରୀଟି ଯେମିତି ଅଖୋଜା, ଅଲୋଡ଼ା । ଏ ପ୍ରକାର ମାନସିକତା ଢେର୍ କାଳ ଥିଲା । ଇଂରେଜମାନେ ଓଡ଼ିଶା ଅଧିକାର କଲେ । କ୍ରମେ ସ୍ଥିତି ବଦଳିଲା । ନାନାଦି କୁସଂସ୍କାର ବିଲୋପ ପାଇଁ ଆଇନ ତିଆରି ହେଲା । ଶିକ୍ଷିତ ଯୁବକମାନେ ଅଣ୍ଟା ଭିଡ଼ିଲେ । ଝିଅମାନେ କିଛି କିଛି ପଢ଼ା ଶୁଣା କଲେ । କନ୍ୟାସୁନା ପ୍ରଥାଟି କ୍ରମେ ଲୋପ ପାଇବାକୁ ଆରମ୍ଭ କଲା ।

କନ୍ୟାସୁନା ଏକ ଘୃଣିତ ପ୍ରଥା । ଏଇଟି ସଂସ୍କାରବାଦୀ ସ୍ରଷ୍ଟାଙ୍କୁ ବ୍ୟଥିତ କଲା । ତାହାକୁ ବିଲୋପ କରିବା ପାଇଁ ସେମାନେ ଲେଖନୀ ଚଳାଇଲେ । ସେମାନଙ୍କର ମଧ୍ୟରେ ଅଗ୍ରଗଣ୍ୟ କଥାସମ୍ରାଟ ଫକୀରମୋହନ ସେନାପତି । ଲେଖିଲେ ଗପ 'ମାଧ ମହାନ୍ତିଙ୍କ କନ୍ୟାସୁନା' । ଅର୍ଥରଙ୍କା ମାଧ ମହାନ୍ତିଙ୍କୁ ଲେଖକ ଶାସ୍ତି ଦେଲେ । ଏତିକିରେ ନିରବ

ରହିଲେନି। ତା' ଝିଅ ମାଳତୀକୁ ବିଭା କରାଇଦେଲେ। ବୁଢ଼ା ବର ନୁହେଁ; ସୁଧାର, ସୁନ୍ଦର ଯୁବକଟିଏ। ଅପାଠୋଇ ମାଳତୀ। ତଥାପି ସମାଜର ନାଲି ଆଖିକୁ ଡରିଲାନି। ବାପାଙ୍କର ସେ ବାଧ୍ୟ ଝିଅଟି ନୁହେଁ; ନିଜର ଜୀବନ ସଉଦା ପାଇଁ ନିଜେ ରାହା ଉଣ୍ଡିଲା। ଏଥିରେ ସଫଳ ହେଲା। ଏଇଟି ଥିଲା ସମୟର ପ୍ରଭାବ, ନାରୀର ବଦଳା ମାନସିକ ସ୍ଥିତି। ତାହାକୁ ପ୍ରାଞ୍ଜଳ ଭାବେ ଦେଖାଇଦେଲେ ଗାଳ୍ପିକ ଫକୀରମୋହନ।

ମାଧମହାନ୍ତି, ଘର ମଧୁପୁର। ଜାତିରେ ବଳରାମ ଗୋତ୍ରୀ। ବୟସ ସତୁରି ଭିତରେ। ଷାଠିଏ ବର୍ଷରୁ ରାଣ୍ଡୁରା, ପୁଣି ବାହା ହେବାକୁ ମନ ବଳେଇ ଥିଲା। ଦୁଇ ତିନି ବରଷଯାଏ ମନଟା ସକସକ ହେଲା, ହେଲେ କନ୍ୟାସୁନା ବାଡ଼ଟା ବଡ଼ ଟାଣ ପଡ଼ିଲା। ମାହାନ୍ତିଏ ଭାରି କୃପଣ, ତାଙ୍କର ଦି' ଝିଅ। ବଡ଼ଟା ମାଧବୀ। ସାଢ଼େ ଆଠ ବର୍ଷ ବୟସ। ଷାଠିଏ ବର୍ଷର ବୁଢ଼ାକୁ ବିଭା ଦେଲା। କନ୍ୟାସୁନା ରୋକଠୋକ ଆଣିଲା, ପୂରା ସାତଶହ ଟଙ୍କା। ଝିଅ ଏଗାର ବରଷରୁ ବିଧବା, ବାପଘର ମୁହଁ ଚାହୁଁନି। ଏବେ ପାଖରେ ସାନଝିଅ ମାଳତୀ। ମୂଳକର ଆଉ ଝିଅ ପରି ନୁହେଁ, ରୂପରେ, ଗୁଣରେ, ବାରିବାର ନୁହଁ। ଘର ପାଇଟି କରେ। ଗାଁ ଝିଅ ସହ ହେଁ-ହେଁ, ଫେଁ-ଫେଁ ହେବା କେହି ଦେଖିନି। କେବଳ ପାଣି ଆଣିବାକୁ ଯାଏ। ମୁଣ୍ଡରେ ସାନ ଓଢ଼ଣାଟି, ମାଠିଆଟି କାଖରେ, ଗାଁ ଗୋହିରିରେ, ଏକା ପାଖିଆ ଧୀରେ ଧୀରେ ଚାଲେ। ଗାଁର ପାଞ୍ଚ ମାଇପେ କହନ୍ତି- "ମାଳତୀର ଚାଲିବା କେଡ଼େ ସୁନ୍ଦର!" ମାଳତୀ ଖରା ଦିନେ ପାଣି ଆଣି ଗଛ ମୂଳରେ ଢାଳେ। ଉପରଓଳି ପାଣି ପାଇଁ ଯାଏ। ଗାଁ ପୋଖରୀ କୂଳରୁ ମଦରଙ୍ଗା, ସୁନୁସୁନିଆ, ହିଡ଼ମିଚା, କଳମ୍ବ, ପିତାଶାଗ, ଯେଉଁ ଦିନ ଯାହା ହାତରେ ପଡ଼େ ମୁଠାଏ ତୋଳି ଆଣେ, ସବୁ ଖାଲି ବାପା ପାଇଁ। ବାପା ମାଧ ମହାନ୍ତି, ମଫସଲ ଗାଁର ଥିଲା ବାଲା ଲୋକ। ସରବରି ଦୁଇବାଟି ଯାଏ ହାତଚାଷ, ଭାଗରେ ବି ବାଟିଏ ଖଣ୍ଡେ ନେଇଛି। ଛଅଟା ହଳ, ଗାଇଗୋରୁ ବି ଚାରି କୋଡ଼ି ସରିକି, ଗାଇ ଦୁହାଁଳ ହେଲେ ଦୁଧ ଗଉଡ଼ ନିଏ। ଖରଚ କିଛି ନାହିଁ, ଧାନବିକି ଖଜଣା ଗଣ୍ଡାକ ଦିଏ। ବାଡ଼ିରେ ଖଣ୍ଡେ କପା କରିଛି; ବାପଝିଅଙ୍କର ଲୁଗାବାଡ଼ଟା ଚଳିଯାଏ। ମହାନ୍ତି ଭଲ ଖାଏନି। ସକାଳୁ ତା' ମୁହଁ ଚାହିଁଲେ ଖାଇବାକୁ ମିଳେନା – ଏକଥା ଗାଁବାଲା କୁହାକୁହି ହୁଅନ୍ତି। ରୋଜିନା ଅଧସେର ଧାନ ବିକେ। ଧୂଆଁପତର ଗୋପିଆ ଦୋକାନରୁ ମାଳତୀ ଆଣେ। ପିକାଟା ବାପ ମୁହଁରେ ଲାଗିଥାଏ। ବିଲରୁ ଯାହା ଆମଦାନୀ, ବିକ୍ରିବଟା କରି କିଛି ଟଙ୍କା ମହାନ୍ତି ସଞ୍ଚିଲାଣି। ମାଳତୀକୁ ପନ୍ଦର ଧରିଲାଣି, ଲୋକେ କେତେ କ'ଣ କହୁଛନ୍ତି। ବିବାହ ପ୍ରସ୍ତାବ ପାଞ୍ଚ ଜାଗାରୁ ଆସିଲାଣି। ବର କମ୍ ବୟସର, କନ୍ୟାସୁନା କେହି ତିନିଶହ ଟପୁନାହାନ୍ତି। ନ' ବର୍ଷର ବଡ଼ ଝିଅଟାର ହେଲା ସାତଶହ, ପନ୍ଦର ବରଷର

ମାଳତୀ। ସାତଶହରୁ ପଇସାଏ ଊଣା ହେଲେ ବିଭା ଦେବନି, ମହାନ୍ତିର ଏକା ଜିଦ୍। ପ୍ରସ୍ତାବ ସବୁ ଭାଙ୍ଗିଗଲା। ଶେଷରେ ସୁଯୋଗଟାଏ ଆସିଲା। ବରଙ୍କ ନାମ ଶ୍ରୀ ଶ୍ରୀ ବିନୋଦ ବିହାରୀ ଗନ୍ତାଘରରାୟ। ଘର ମିଛିପୁର, ଜମିଦାରୀ ତାଲୁକେ ଆକାଶପୁର, ହେଲେ ବୁଢ଼ାବର। ପ୍ରଥମ ଦି' ବିଭା ସ୍ତ୍ରୀ ମରିଛନ୍ତି, ଏଇଟା ହେବ ତେହଲି ବିଭା। ଋଣ ଝଣ କରି ଭଲ ଲୋକୀ ଟଙ୍କା ଅଜାଡ଼ି ଦେଲେ, ପୂରା ସାତଶ, ପଇସାଏ ଅଧୁଲିଏ କମ୍ ନୁହେଁ, ବାକି ତିନି ଶହ ବରବରଣୀ ପୂର୍ବରୁ। ଏସବୁ କଥା ଛିଡ଼ିଲା। ବିଭା ଦିନ ଧାର୍ଯ୍ୟ, ମକର ସତର ଦିନ, ଶୁକ୍ରବାର, ଶୁକ୍ଳ ସପ୍ତମୀ। ଉହାଡ଼ରୁ ମାଳତୀ ସବୁ ଶୁଣୁଥିଲା। ମନ କଥା କାହାକୁ କହିବ? ଖାଲି ସକେଇ ସକେଇ କାନ୍ଦିଲା। ମନରେ ପାଞ୍ଚିଲା, ବୁଢ଼ାବରକୁ ସେ ବାହା ହେବନି। ଏମିତିକା ଲୋକ କେବଳ ମହାନ୍ତି ନ ଥିଲେ, ତାଙ୍କରି ପରି ହଜାର ହଜାର ମଣିଷ ମାଉଁସ ବିକା ବି ଥିଲେ। ଉପର୍ଯ୍ୟୁକ୍ତ ବର୍ଣ୍ଣନା କେବଳ ଉଦାହରଣଟିଏ ଯାହା!

ବିଂଶ ଶତାବ୍ଦୀର ଅୟମାରମ୍ଭ, ସେତେବେଳକୁ ସମୟ ବଦଳି ଗଲାଣି। କନ୍ୟାସୁନା ଆଡ଼େ ଅନେକ ମୁହଁ ମୋଡ଼ିଲେ। ତଥାପି ପ୍ରଥାଟି ବଳବତ୍ତର ଥିଲା। କଞ୍ଚାପଇସା ରୋଜଗାର ସୁବିଧା ଓଡ଼ିଆଙ୍କ ପାଇଁ ବିଶେଷ ନ ଥିଲା। କ୍ଷେତ ବାଡ଼ି କାମ ଅବା କେଉଁଠି କୁଲି ମଜଦୁର, ସେଇଥିରୁ ଯାହା ପଇସା ରୋଜଗାର। ବିଭା ପାଇଁ କନ୍ୟାସୁନା ଯୋଗାଡ଼ କରିବାକୁ ପଡ଼ିବ ହିଁ ପଡ଼ିବ। ଅନ୍ୟବାଟ ନାହିଁ। ମଧୁପୁର ଗାଆଁ, ଗୋପାଳଜୀଉ ମଠର ମହନ୍ତ ଲଛମନ ଦାସେ। ତାଙ୍କ କୋଠଘର ଚାକର ବିନୋଦିଆ, ବୟସ ବାଇଶି କି ତେଇଶି। ବିନୋଦିଆଟା ଭାରି ବିଶ୍ୱାସୀ ଚାକର, କୋଠାଘର କଞ୍ଚି, ମନ୍ଦିର ସରଘର, ଗନ୍ତାଘର, କାରବାରି ଘର - ସବୁର କଞ୍ଚି ତା' ପାଖରେ। ବିନୋଦିଆ ଗାଁକୁ ଯାଇଥିଲା, ମା' ବୁଢ଼ୀ ବେମାର, ଏକାଜିଦ୍, ବିନୋଦିଆ ତୁ ବିଭା ହଅ! ମରିବା ପୂର୍ବରୁ ମୁଁ ବୋହୂ ଦେଖିବି। ବିନୋଦିଆଟା ଆଜି କାଠପରି ବସିଛି। ମହନ୍ତଙ୍କ ଦି'ଗୋଡ଼ ଧରି ଢେର୍ କାନ୍ଦିଲା। ଆଉ ଚାକରି କରିବି ନାହିଁ କହିଲା। ଗାଁର ଆଉ ଆଉ ଭେଣ୍ଡିଆ ରେଳବାଇରେ କାମ କରୁଛନ୍ତି, ବହୁତ ପଇସା କମଉଛନ୍ତି। ସେ ବି କମେଇବ, କନ୍ୟାସୁନା ଯୋଗାଡ଼ କରିବ। ମହନ୍ତ ହୋଃ-ହୋଃ-ହୋଃ ହେଇ ହସିଲେ। କହିଲେ, "ଆରେ ବାୟା! ତୁ ତ ବାହାହେବୁ ଗଲା, ଟଙ୍କାରେ କ'ଣ ଅଛି, ଯେତେ ଟଙ୍କା ଲାଗିବ ମୁଁ ଦେବି।" ବିନୋଦିଆ ଭାରି ଖୁସିଟାଏ ହେଲା, କାମରେ ବି ମନଦେଲା। ମହନ୍ତ ମହାରାଜ, ଚାଲାଖ ଚତୁର; କିନ୍ତୁ ଟୋକା ବୁଦ୍ଧିଟା ଛାଡ଼ି ନାହାନ୍ତି। ପାଞ୍ଚ ଦଶ ଭେଣ୍ଡିଆ ପୋଷା, ରାମଲୀଳା, କୃଷ୍ଣଲୀଳା ଯାତ୍ରା ହୁଏ। ମଠ ପଛ ବଗିଚାରେ ବଡ଼ପୋଖରୀ, ପକ୍କା ଘାଟ। ସେଇଠି ଅଧରାତି ଯାଏ ମହନ୍ତ ବସନ୍ତି, ପାଞ୍ଚଦଶ ବଛା ବଛା ଟୋକା ସାଥିରେ। ଦ୍ୱରିତାନନ୍ଦ (ଗଞ୍ଜେଇର

ଇତିଭାଷା) ଢେର୍ ବେଳ ଚାଲେ। ମହନ୍ତ ଯାହାକୁ କଥା ଦିଅନ୍ତି, ତା' ତ ବେଦର ଗାର। ବିନୋଦିଆ କଥା ତ ବୁଝିବାକୁ ହବ। ହାତକଲେ ପଦୀ ଭଣ୍ଡାରୁଣୀକି।

ପଦୀ ଭଣ୍ଡାରୁଣୀଟା ବିଧବା। ଘରକୁ ଏକା। କାହାରିକୁ ତା'ର ଡର ନାହିଁ। ଗାଁ ଗୋଟାକ ଖଟେ, ମାଇକିନିଆଙ୍କ ନଖକାଟେ, ଗୋଡ଼ରେ ଅଳତା ଦିଏ, ତା' ବୁଦ୍ଧିଟା ଖୁବ୍ ଟାଣ। ସାକୁଲା ସାକୁଲି କରି ଗାଁ ଗୋଟାକ ମାଇକିନିଆଙ୍କୁ ହାତରେ ରଖିଛି। କାହାଘରେ ଫୁଟଣ ଫୁଟିଲେ ତାକୁ ବାସେ। ପଦୀ ଯାଇ ମାଧ ମହାନ୍ତି ଘରେ ହାଜର। ହାତରେ ମୁଠାଏ ଅନ୍ନ ମହାପ୍ରସାଦ। ମାଳତୀ ହାତରେ ଗୁଞ୍ଜିଦେଲା। ତାକୁ ଧରମ ଝିଅ କଲା। ତା' କାନରେ କ'ଣ ଚୁପ୍‌ଚାପ କରି କହିଦେଲା। ମାଳତୀ ଛାତି ଥରିଲା, ଧରମ ମା'କୁ ଖାଲି ବଲବଲ କରି ଚାହିଁଲା।

ଆଜି ବିଭା ଲଗ୍ନ, ମାଳତୀ ଦାଣ୍ଡ ଦୁଆର କିଳି କାନ୍ଦୁଛି। ବଡ଼ ଭଉଣୀ କଥା ମନେ ପକଉଛଛି। ତା'ର ବି ସେଇ ଦଶା ହେବ। ଆଗକୁ ଭାବି ପାରୁନି, କିଏ କବାଟ ଠକ୍ ଠକ୍ କଲା। ମାଳତୀ ଦେଖିଲା ପଦୀ ମା'। ମାଳତୀକୁ କହିଲା, ତୋ ଲାଗି ଅଧିଆ ପଡ଼ିଥିଲି। ମହନ୍ତ ପୂଜା କରୁଥିଲେ। କାଲି ରାତି ଅଧରେ ବର ମିଳିଲା। ମହାପ୍ରଭୁ ମହନ୍ତଙ୍କୁ ସପନେଇଲେ, 'ତୁ ମଠ ସରଘାରିଆ ବିନୋଦକୁ ବିଭା ହେବୁ। ପୃଥିବୀ ଟଳିଯିବ, ଠାକୁରଙ୍କ ହୁକୁମ ଅନ୍ୟଥା ହେବନି।' ତେଣେ ମାଧ ମହାନ୍ତିକି କହିଲା, "ଏ ସାଆନ୍ତ! ଗାଆଁ ଯାକର ଲୋକେ କହୁଛନ୍ତି, ଆପଣଙ୍କ କି କପାଳ। ଭଲ ମନମାଫିକେ ବନ୍ଧୁଟିଏ ପାଇଗଲେ। ଏଡ଼େ ଜମିଦାରୀ – ଘରେ ଟଙ୍କାସୁନା ଭରତି, ମରେଇକୁ ମରେଇ ଧାନ ବସିଛି, ଦଶବାଟି ଚାଷ, ଆପଣ ଉଛୁଣିକା କ'ଣ ପାରିବେ କି? ଜୁଆଇଁଟା ଯେମନ୍ତ ଦେବା ନେବାକୁ ଷଣ୍ଢ। ଆପଣ ଝିଅଟାକୁ ଶଙ୍ଖୁଳି ଗଲେ ବାଟ ଖରଚ କ'ଣ ଦି' ଶହ, ପାଞ୍ଚଶହ, ବାନ୍ଧି ନ ଆଣିବେ?" ମହାନ୍ତିଏ ହସି ହସି ପଚାରିଲେ- 'ସତ ନା ଲୋ ପଦୀ?' ବର ବାହାରିଲାଣି, ଜାତିଆଣ ଭାତ ନାହିଁ, ବନ୍ଧୁବାନ୍ଧବ ଡକା ନାହିଁ, ପଲେ ଆସିବେ, ଖାଇବାକୁ ଦେ, ପିଠା ଖଜା ଦେ। ଏତେ ଧନ୍ଦାରେ କିଏ ପଶିବ? ମାଧ ମହାନ୍ତି ବନ୍ଧୁ ଲୋଡ଼ିଲେନି। ଡଗଡଗ ହୋଇ ପଦୀକୁ କହିଲେ, "ମୁଁ ଝିଅକୁ ଖୁଆଇ ପିଆଇ ବଢ଼ାଇଛି। ଯେ କନ୍ୟାସୁନା ଯୋଡ଼ାଏ ଟଙ୍କା ମିଳିବ, ମୁଁ ନେବି, ତୁମକୁ ଖୁଆଇବି କ୍ୟାଁ?"

ମଧୁପୁର ଗାଁରେ ଚହଳ ପଡିଛି। ମାଳତୀର ବର ଆସିବ, ଜମିଦାର ବର, ରାତି ପାହା ପାହା, ଟିକିଏ ଝିଲିଝିଲିଆ ଅନ୍ଧାର ଅଛି। ମହାନ୍ତିଙ୍କ ଦ୍ୱାରେ କୋଡ଼ିଏ ତିରିଶିଟା ଢୋଲ, ତାଷା, ନାଗରା ବାଜା ଏକାବେଳକେ ଉଛୁଳି ପଡ଼ିଲା। ପାଲିଙ୍କିଟିଏ ଦୁଆର ଆଗରେ ଥୁଆ, ବର ଖଣ୍ଡିଏ ଖରଡ଼ରେ ପିଣ୍ଡାରେ ତୁନି ହୋଇ ବସିଛି। ଢେର୍ ବରଯାତ୍ରୀ,

ମାଧ ମହାନ୍ତି ଆଖି ମଳି ମଳି ଉଠିଲା, ଜମିଦାର ବର ନୁହେଁ, ବର ମଠ ସରଘରିଆ ବିନୋଦ। ମହାନ୍ତିଙ୍କ ମୁଣ୍ଡ କାମ କରୁନି, ଦୁଆର ବନ୍ଧଟା ବାଜି ମୁଣ୍ଡ ଫାଟି ଗଲାଣି, ରକତ ଧାରଧାର ବହୁଛି। ମହାନ୍ତି ରାଗରେ ନିଆଁବାଣ। ମୁହଁ ଚଳୁଚଳୁ ହାତ ଚଳିବା ଭଳି ହେଲାଣି। ବରପକ୍ଷ ନିରବ, ମଜା ଦେଖୁଛନ୍ତି। ସମସ୍ତଙ୍କ ମୁହଁରେ ମୁରୁକି ହସ। ଏତେବେଳେ ଆଠ ଦଶଟା ଢୋଲିଆ ମହାନ୍ତିଙ୍କୁ ବେଢ଼ିଗଲେ। ଅର୍ଦାଳିଆ ଢୋଲ ପିଟୁଛନ୍ତି, ମହାନ୍ତି ସାଆନ୍ତ ବଲ ବଲା ହୋ - ଜଲ ଜଲା ହୋ - ଆପଣଙ୍କ ଝିଅ ବାହାଘର ହୋଇଗଲା। ଆମକୁ ଦାରୁପିଆ ପଇସା ମିଳିଯାଉ। ମହୁରିଆଟା ବେଳେବେଳେ ମହାନ୍ତି କଚ୍ଛା ପାଖରେ ପେଁ ପେଁ କରି ମହୁରିଟା ବଜାଇ ଦେଉଛି। ମହାନ୍ତିଏ କାଳିସୀ ଲାଗିଲା ପରି ନାଚି ନାଚି ଦଉଡ଼ୁଛନ୍ତି। ତାଙ୍କ ମୁଖାଳାପ ଲୋକେ ଠୋ ଠୋ ହସୁଛନ୍ତି। ଦୁଷ୍ଟ ପିଲାଗୁଡ଼ା ବି କାମରେ ଲାଗି ଯାଇଛନ୍ତି। ମହାନ୍ତିଙ୍କୁ ଟାହୁଲି କହୁଛନ୍ତି - "କନ୍ୟାସୁନାର ବଡ଼ ମଜା / ମହାନ୍ତି ଖାଇବେ ନବାବ ଖଜା।" ମହାନ୍ତିଏ ଅସମ୍ଭାଳ। ଦଉଡ଼ି ଦଉଡ଼ି ମହନ୍ତଙ୍କ ପାଦତଳେ ପଡ଼ିଗଲେ। ମାଳତୀର ବିଭା ସରିଛି, ଶହେ ସିରିକି ଲୋକ ଗୁହା, ମହନ୍ତ ଜମାନବନ୍ଦୀ ନେଲେ, ସରଜମିନ ତଦନ୍ତ କଲେ। ଦେଖାଗଲା ବର ହାତରେ କଉତୁକ ସୂତ୍ର, ଦୂବ ବରକୋଳି ପତ୍ରବନ୍ଧା, ମୁଣ୍ଡରେ ମୁକୁଟ, ହାତରେ ଗୁଆକାତି, ବେଦୀ ଉପରେ ନଡ଼ିଆ ଗୋଟିଏ।" କନ୍ୟା ଆଠ କଳସ ମାଡ଼ିଛି, ଲାଜାଞ୍ଜଳି ଖଇ ପଡ଼ିଛି। କଳସ ଉପରେ ପୁଷ୍ପାଞ୍ଜଳି ପଡ଼ିଛି, ସଙ୍ଖୁଡି ବି ପଡ଼ିଛି। ଜାତି ଭାଇ ଭୋଜନ ଅଇଁଠା ପତ୍ର ଗଦା ହେଇଛି। ମଡୁଳା ଝିଅ, ଜାତି ଭାଇ ଅଡ଼ିଲେ। ମହାନ୍ତିଏ ଝିଅକୁ ବିଭା ନ ଦେଲେ ନିଆଁ ପାଣି ସବୁ ବନ୍ଦ। ଶେଷରେ ମହାନ୍ତି ରାଜି ହେଲା। ପୁରୋହିତ, ନାହାକ ଡକାହେଲେ। ଭଣ୍ଡାରୁଣୀ ନିଜେ ପଦୀ। କନ୍ୟା ବିଦା ବେଳ, ମାଳତୀ ଢେର୍ କାନ୍ଦିଲା, ବାପା ଗୋଡ଼ତଳେ ପଡ଼ି ନେହୁରା ହେଲା। ସେଇଠି ଝିଅ ଜ୍ୱାଇଁ ରହି ସେବା କରିବାକୁ କହିଲା। ମହାନ୍ତିଙ୍କ ରୋଷ ଦେଖେ କିଏ ? କନ୍ୟାସୁନା ପାଇଲାନି, ଦୂର୍ ! ଦୂର୍ ! ଦୂର୍ ! କଲା। ପାଲିଙ୍କି ସବାରି ଉଠିଲା। 'ହୁଁ ମେରି ଭାଇରେ' ଡାକ ଛାଡ଼ି ପାଲିଙ୍କି ଗାଁ ବାହାର ଗହୀର ବିଲରେ ଦାଖଲ।

କେଇଦିନ ଗଲା। ସାଇଭାଇ କବାଟ ତାଡ଼ି ଦେଖିଲେ, ମହାନ୍ତିଙ୍କ ଶବ ପଚିଗଲାଣି। ଫଟା ମୁଣ୍ଡରେ ପୋକ ସାଲୁବାଲୁ। ପୁରୋହିତ ମହାବିଷ୍ଣୁ ପଦୋଦକ ମନ୍ତ୍ର ଦେଲେ, ସେଇ ପବିତ୍ର ପାଣି ଛିଞ୍ଚା ହେଲା। ସାଇ ଭାଇ ମଡ଼ା ଉଠାଇଲେ। ପୁରୋହିତ ରଥେ, ଶାସ୍ତ୍ରରୁ ଉଦ୍ଧାର କରି କହିଲେ, "ବୁଢ଼ା ବରେ ଝିଅ ବିକେ ଯେ ଲୋକ / ଲୋକ ମୁଣ୍ଡରେ ପଡ଼ଇ ପୋକ।" ପ୍ରମାଣ ବି କରିଦେଲେ, ମହାନ୍ତି ମୁଣ୍ଡରେ ମାଛିଆ ପୋକ, ଗୋଡ଼ରେ ନୁହେଁ, ହାତରେ ନୁହେଁ, ମୁଣ୍ଡରେ। ପୁରାଣ ଶାସ୍ତ୍ର କ'ଣ ମିଛ ? ଝିଅ ଜ୍ୱାଇଁ

ଆସିଲେ, କ୍ରିୟା କର୍ମ କଲେ। ଜାତି, ଅଜାତି; ସମସ୍ତଙ୍କୁ ଖଜା, କାକରା, ପିଠା, ପାଲୁଅ, ତସ୍ମିକରି ଦୁଇ ତିନି ଥର ଖୁଆଇଲେ। ଏବେ ଗାଁରେ ଝିଅ ଜ୍ୱାଇଁଙ୍କି ଭାରି ପ୍ରଶଂସା। ମଠ ଚାକର ବିନୋଦିଆ, ଏବେ ଜମିଦାର ବାବୁ ବିନୋଦ ବିହାରୀ ମହାନ୍ତି। ଗୁମାସ୍ତା ଯୋଡ଼ିଏ, ସଦର ପାଇକ ଆଠ ଦଶଟା, ଚାରି ଖଞ୍ଜା ଧୂଳିଆ ଘର - ଲୋକେ କୁହାକୁହି, ମହାନ୍ତି ଘରେ ଦୁଇଲକ୍ଷ ଟଙ୍କା ପୋତା ଥିଲା। କଥାରେ ଅଛି - "ଅରଜି ସଞ୍ଚି କୃପଣ ମରେ / ଗୁଡ଼ ମାଠିଆ ମହୁଆ ମାରେ।" ଗପଟିର ଏଇଠି ସମାପ୍ତି।

ସ୍ରଷ୍ଟା ଫକୀରମୋହନ କନ୍ୟାସୁନା ପ୍ରଥାକୁ ଘୋର ବିରୋଧ କରିଛନ୍ତି। ଝିଅ ବିକୁଥିବା କଂସେଇଙ୍କ ଉପରେ ପ୍ରତିଶୋଧ ନେଇଛନ୍ତି। ମାଧ ମହାନ୍ତିଙ୍କ ଭଳି ବାପକୁ ଢେର୍ ଲୋକ ହସା କରିଛନ୍ତି। ଶେଷରେ ପୋକପଡ଼ି ମରିବା ଶାସ୍ତି ବିଧାନ କରିଛନ୍ତି। ଫକୀରମୋହନ ଆଜି ନାହାନ୍ତି; ନାହିଁ କନ୍ୟାସୁନା ପ୍ରଥା। ଏବେ ବି 'ମାଧମହାନ୍ତିଙ୍କ କନ୍ୟାସୁନା' ମନେ ପକେଇ ଦିଏ ସେବେକା ଅନୂଢ଼ା ଯୁବତୀର କରୁଣ କଥା ବ୍ୟଥାକୁ।

■

ଧନ୍ୟ ଇଂରେଜ ଗଭର୍ଣ୍ଣମେଣ୍ଟ !

୧୮୨୮ ମସିହା, ଲର୍ଡ଼୍ ଉଇଲିୟମ୍ ବେଣ୍ଟିକ୍ ଭାରତର ଗଭର୍ଣ୍ଣର ଜେନେରାଲ। ସେ ଜଣେ ଉଦାରଚେତା, ସଂସ୍କାରବାଦୀ ଶାସକ। ସେତେବେଳକୁ ଭାରତୀୟ ସମାଜ ନାନାଦି କୁସଂସ୍କାରଗ୍ରସ୍ତ। ଏକଥାକୁ ବେଣ୍ଟିକ୍ ଗମ୍ଭୀର ଭାବେ ଗ୍ରହଣ କଲେ। ପ୍ରଣୟନ କଲେ କେତେକ କୁସଂସ୍କାର ନିରୋଧନ ଆଇନ୍। ତାଙ୍କର ଏପ୍ରକାର ବଳିଷ୍ଠ ପଦକ୍ଷେପ ଅତୀବ ସ୍ୱାଗତଯୋଗ୍ୟ। ଭାରତବାସୀଙ୍କ ଦୀର୍ଘଦିନର ପରାଧୀନତା। ଜନଜୀବନ ସ୍ଥାଣୁ। ଜନତା ଭୀତତ୍ରସ୍ତ। ଧର୍ମଭୀରୁ ଭାରତୀୟ। ଏହାର ସୁଯୋଗ ନେଲେ ଧର୍ମଧ୍ୱଜୀ ସାଧୁ, ବାବା, ମହନ୍ତ; ଅନେକତ୍ର ସାଧୁବେଶୀ ଡକାଏତମାନେ ବି। ଧର୍ମକୁ ଆଶ୍ରୟ କରି ଗଢ଼ିଉଠିଲା ଠଗ ଡକାଏତ ଦଳ। ଏମାନେ ଥିଲେ ଭାରି ଦୁର୍ଦ୍ଦାନ୍ତ, ଅତି ନିଷ୍ଠୁର। ନିଜକୁ କାଳୀମାତା ସାଧକ ବୋଲି ପରିଚୟ ଦେଲେ। ଅତର୍କିତ ଭାବେ ପଥିକଙ୍କୁ ଲୁଟି ଚାଲିଲେ। ଯାତ୍ରୀମାନଙ୍କୁ କାଳୀଙ୍କ ନିକଟରେ ବଳି ଦେଲେ। ଠଗ ଆତଙ୍କ ଦିନକୁ ଦିନ ବଢ଼ିଲା। ବେଣ୍ଟିକ ଦୃଢ଼ ପରିକର ହେଲେ। ସେମାନଙ୍କୁ ଦମନ କଲେ। କର୍ଣ୍ଣେଲ ଉଇଲିୟମ୍ ସ୍ଲିମେନ୍। ତାଙ୍କ ନେତୃତ୍ୱରେ ଗଠନ କଲେ ଠଗଦମନ ବାହିନୀ। ସ୍ଲିମେନ୍ ଅତୀବ ଚତୁର। ଠଗଙ୍କୁ ଧରିବାକୁ ନାନାଦି କୌଶଳ ଅବଲମ୍ବନ କଲେ। କେବେ ସଶସ୍ତ୍ର ଚଢ଼ାଉ ତ କେବେ ଗୋଇନ୍ଦାଗିରି। ଶେଷରେ ଠଗମାନେ ମୂଳପୋଛ ହେଲେ (୧୮୩୦)। ଠଗ ସାମ୍ରାଜ୍ୟ ସମଗ୍ର ଭାରତବର୍ଷରେ ପରିବ୍ୟାପ୍ତ ଥିଲା। ଓଡ଼ିଶାରେ ବି ସେମାନେ ସକ୍ରିୟ ଥିଲେ। ବାବାଜୀ, ମହନ୍ତ, ସାଧୁ, ସନ୍ନ୍ୟାସୀ ବେଶରେ ଧନଜୀବନ ଲୁଟୁଥିଲେ। ଇଂରେଜ ପୁଲିସ ବାହିନୀ ସେମାନଙ୍କୁ ନିପାତ କଲା। ଏମିତି ଘଟଣାଟିଏ ଘଟିଲା ଖଣ୍ଡଗିରିରେ। ବାବାଜୀ ବେଶୀ ଡକାଏତମାନେ ଧରାହେଲେ। ଏହି ଘଟଣାଟି ରାଜ୍ୟରେ ଚହଳ ପକାଇଲା। ଫକୀରମୋହନ ସେନାପତି ଲେଖିଲେ ଗପ 'ମୌନା ମୌନୀ'। ଧନ୍ୟ ଇଂରେଜ ଗଭର୍ଣ୍ଣମେଣ୍ଟ। ସେମାନଙ୍କ ହସ୍ତରୁ ରକ୍ଷା କରିଛନ୍ତି – ଏକଥା ବି ଉଲ୍ଲେଖକଲେ ଗପଟିରେ।

ଉତ୍କଳର ନୈମିଷାରଣ୍ୟ ଖଣ୍ଡଗିରି । ଏହାର ଚତୁର୍ଦ୍ଦିଗ ଉପତ୍ୟକା ବିବିଧ ଜାତୀୟ ବୃକ୍ଷଲତାରେ ପରିପୂର୍ଣ୍ଣ ଥିଲା । କେବଳ ଗୁମ୍ଫା ସମୀପବର୍ତ୍ତୀ ସ୍ଥାନ ଉଦ୍ଭିଦ ଶୂନ୍ୟ, ପରିଷ୍କୃତ ପରିଚ୍ଛନ୍ନ । ସାଧୁ ସନ୍ନ୍ୟାସୀଙ୍କର ଆଶ୍ରମରେ ପରିପୂର୍ଣ୍ଣ । ଏଠାରେ ବିଭୂତି ଭୂଷିତ କୌପିନୀଧାରୀ ସାଧୁମାନେ ଧୁନି ଲଗାଇ ବସନ୍ତି । ବସ୍ତ୍ରଧାରୀ ସାଧୁଏ ନିର୍ଦ୍ଧୁନିକ । ସାଧୁମାନେ ବି ନାନା ଶ୍ରେଣୀର - ସନ୍ନ୍ୟାସୀ, ନାଗା, ଜମାଉତ ବା ଉପାଧି ରହିତ । ଥୋକେ କିଛିଦିନ ରହନ୍ତି, ଚାଲିଗଲେ ଆଉ ଦଳେ ଆସନ୍ତି । ସଦାବେଳେ ଖଣ୍ଡଗିରିରେ ସାଧୁଙ୍କର ସମାବେଶ । କିଏ ମୁଦ୍ରିତ ନେତ୍ର ଧ୍ୟାନମଗ୍ନ, ତୁଳସୀ ମାଳାଧାରୀ କିଏ ଭଜନରତ । କେହି ଗ୍ରନ୍ଥ ପଠନ, ଆଉ କିଏ ଗ୍ରନ୍ଥ ଶ୍ରବଣରେ ନିମଜ୍ଜିତ । କେହି ଗଞ୍ଜିକା ଟିପ୍‌ପନ ସେବନରେ ନିଯୁକ୍ତ । କେହି କେହି ସାଧୁ, ଖଟୁଲିରେ ପୁଷ୍ପମଣ୍ଡିତ ଦେବତା ବିଜେ କରାଇଛନ୍ତି । ତୀର୍ଥଯାତ୍ରୀ ଭକ୍ତମାନେ ଟଙ୍କା ଗଦା କରି ଦେଉଛନ୍ତି । ବାବାଜୀଏ ନିର୍ଲୋଭ, କାମିନୀ, କାଞ୍ଚନ ଆଡ଼େ ନିଘା ନାହିଁ । ବାସ୍ତବରେ ଏହା ଗୋଟିଏ ବିଚିତ୍ର ଦୃଶ୍ୟ । ଏ ପବିତ୍ରସ୍ଥାନ ଦର୍ଶନରେ ନିତାନ୍ତ ପାଷାଣ ହୃଦୟ ମଧ୍ୟ ଭକ୍ତିରସରେ ଆପ୍ଳୁତ ହେବ । ଏସବୁ ଉପର ଦେଖାଣିଆ କଥା, ଭିତରି କଥାଟା ପୂରା ଭିନ୍ନ ।

ସମୟ ସମୟେ ଜମାଉତ୍ ଦଳ ବି ଖଣ୍ଡଗିରି ଆସନ୍ତି । ଏମାନେ ଗୁମ୍ଫା ନିକଟକୁ ଯାଆନ୍ତିନି । ଖଣ୍ଡଗିରି ପାଦଦେଶରେ ଦୁଇ ଚାରିଦିନ ଧୁନି ପକାନ୍ତି । ସେମାନଙ୍କ ସଂଖ୍ୟା ଚାଳିଶ ପଚାଶ ଠାରୁ ହଜାର ଯାଏ । ସନ୍ନ୍ୟାସୀଙ୍କ ସାମାନ ବୋହିବା ନିମନ୍ତେ ଥା'ନ୍ତି ଓଟ, ଘୋଡ଼ା, ଗୋଟେ ଗୋଟେ ଦଳରେ ହାତୀ ଥା'ନ୍ତି, ଦୁହାଁଳିଆ ଗାଈ ବି । ଜମାଉତ ଅଧିକାରୀଙ୍କ ଉପାଧି ମହନ୍ତବାବା । ତାଙ୍କ ଆଜ୍ଞାରେ ଜମାଉତ ଚାଲେ । ସେମାନଙ୍କ ସହିତ ଜଣେ କୋଠରୀ, ସେ ଧନରକ୍ଷକ । ଖାଦ୍ୟ, ଅନ୍ୟାନ୍ୟ ଦ୍ରବ୍ୟ ଜିମାରେ ଥାଏ ଭଣ୍ଡାରିଟିଏ । ଅଧିକାଂଶ ଜମାଉତ ନିତ୍ୟ ଯାଯାବର, ଭାରତର ସବୁଆଡ଼େ ବୁଲନ୍ତି । ରାଜା, ଜମିଦାର, ଧନବନ୍ତ ଲୋକଙ୍କ ଠାରୁ ଅର୍ଥ ସଂଗ୍ରହ କରନ୍ତି । ସଂଗୃହିତ ଅର୍ଥ ଭାଗବାଣ୍ଟ ହୁଏ । ଗୋଟେ ସିଂହଭାଗ ଯାଏ ମହନ୍ତବାବା ଆଡ଼େ । ଅନେକ ଜମାଉତଙ୍କ ସ୍ଥାନେ ସ୍ଥାନେ ମଠ, ବିପୁଳ ସମ୍ପତ୍ତି ସେମାନଙ୍କର, କେହି କେହି ମହାଜନୀ ବି କରିଥା'ନ୍ତି । ଜମାଉତର ଆଗମନ ହେଲେ ଗାଁ ଥରହର । ସେମାନଙ୍କ ସେବା ରାଜବିଜେ ବିଶେଷ । ଗାଁ ବାଲା ଚାନ୍ଦାଭେଦା କରି ଦିଅନ୍ତି । ଧୁନି ସକାଶେ କାଠ ଲୋଡ଼ା । ନ ମିଳିଲେ ଗରିବ ପ୍ରଜାଙ୍କ ଘରର ଖମ୍ବ, ଶେଣୀ ଲୁଣ୍ଠିତ ହୁଏ । ଜମାଉତଙ୍କ ସେବାରେ ସମସ୍ତେ ଲାଗିଯାଆନ୍ତି । ବାଲଭୋଗ, ସାଧୁଙ୍କ ଗଞ୍ଜେଇ ଖର୍ଚ୍ଚ, ଦେବତାଦର୍ଶନୀ - ସବୁ ଦିଅନ୍ତି ଗାଁ ଲୋକ । ଏଇଟି ନିୟମ । ଜମାଉତମାନଙ୍କ ମଧ୍ୟରେ କେତେକ ପ୍ରକୃତ ସାଧୁ ଥିଲେ, ଆଉସବୁ ବ୍ୟବସାୟୀ । ଅନେକ ମଧ୍ୟ ଡକାଏତ । ବଙ୍ଗଳାରେ ଡକାଏତ, ପୂର୍ବ ସମୁଦ୍ର ଠାରୁ ଦିଲ୍ଲୀଯାଏ ସମସ୍ତ ଆର୍ଯ୍ୟାବର୍ତ୍ତରେ

ଲୁଣ୍ଠନକାରୀ ପାଣ୍ଡିର, ଭାରତବର୍ଷ ବ୍ୟାପୀ ଜମାଉତଙ୍କ ଉତ୍ପାତରେ ପ୍ରଜାମଣ୍ଡଳୀ ହନ୍ତସନ୍ତ । ଇଂରେଜ ସରକାର ହିଁ ଏମାନଙ୍କୁ ଦମନ କରିଥିଲେ ।

ବର୍ଣ୍ଣିତ ସମୟର ଖଣ୍ଡଗିରି କଥା । ଦଳେ ସାଧୁ ପହଞ୍ଚିଲେ । ଚାଲିଲା ଲୀଳା, ଧୁନି ପଡ଼ିଲା, ଘଣ୍ଟ ଘଣ୍ଟା, ଭେରୀ, ତୁରୀ ଶବ୍ଦରେ ଖଣ୍ଡଗିରି କମ୍ପିଲା । ରାତ୍ରି ପ୍ରହରକ ପର୍ଯ୍ୟନ୍ତ ଭଜନ, କାହିଁ ଖଞ୍ଜଣି ବାଦନ, ଗଞ୍ଜିକା ସେବନ ଇତ୍ୟାଦି । ତଦନ୍ତରେ ସବୁ ନିସ୍ତବ୍‌ଧ । ପୁଣି ପ୍ରାତଃକାଳରେ ନୂଆ ଲୀଳା । ମହନ୍ତ ମହାରାଜା ଧୁନି ଥାପି ବସିଛନ୍ତି । କିଞ୍ଚିତ୍ ଦୂରରେ କ୍ଷୁଦ୍ର ସିଂହାସନରେ ମହାବୀରଜୀ ଦେବତା ବିରାଜିତ । ପ୍ରତିଦିନ ଦେବତାଙ୍କୁ ନୂଆ ନୂଆ ଭୋଗ ଲାଗି ହେଉଛି । ବାଲଭୋଗ, ପକ୍‌କିମାଲ ଅର୍ଥାତ୍ ପୁରି, କଚୁରି, କ୍ଷୀରି, ଖେଚୁଡ଼ି- ଏମିତି ନୈବେଦ୍ୟ ଚାଲିଛି । ଦେବତାଙ୍କ ପାଇଁ କିଛି ଯାଚଞ୍ଚା ନାହିଁ । ମହାବୀରଙ୍କ ମହିମା, ଭକ୍ତମାନେ ମନ ଖୁସି ପ୍ରଣାମି ଦେଇ ଯାଉଛନ୍ତି । ଚେଲାମାନେ ପ୍ରଚାର କରିଦେଇଛନ୍ତି, ଧୁନିରୁ ନିତି ପ୍ରତି ସୁନା, ରୁପା ବାହାରେ । ଏଥିରେ ଦେବତାଙ୍କ ସେବା ଚଳିଯାଏ । ଭୁବନେଶ୍ୱରରୁ ପ୍ରତିଦିନ ବଣିଆମାନେ ଆସୁଛନ୍ତି । ଓଜନ ପାଜନ କିଛି ନାହିଁ, ସାଧୁଲୋକ, କି କଷାକଷି ଦାମ୍ କରିବେ ? ମହନ୍ତ କହନ୍ତି, "ଦେଓକା ମାଲ୍; ଦେଓ ଦିଆ । ଦେଓତକା ସେବା, ତୁମାରି ଧରମ୍ ।" ବଣିଆର ମନ ଖୁସି, ଯାହା ଇଚ୍ଛା ଦେଇ ସୁନା ରୁପା ନେଇଯାଏ । ପ୍ରତିଦିନ ଯାହା ବାହାରେ ସବୁ ଠାକୁର ସେବାରେ ଖର୍ଚ୍ଚ, ବାସି ରହିବ ନାହିଁ, ରହିଲେ ଆଉ ବାହାରିବ ନାହିଁ । ମହାବୀରଙ୍କ ଏସା ହୁକୁମ୍ । ସେ ଟଙ୍କାରେ ଖର୍ଚ୍ଚର ଗୋଟା ନିୟମ ରହିଛି । ଦିନକ ପାଇଁ ଗଞ୍ଜେଇ ଅଧସେର, ସେଥିର ଉପଯୁକ୍ତ ଧୂଆଁପତ୍ର ଆସେ । କେହି କେହି ପାଖଲଗା ଭକ୍ତ ବାବାଙ୍କୁ ଭେଟନ୍ତି । ତାଙ୍କ ଶେଯ ପାଖରେ ବୋତଲ (କାଚକୁମ୍ପି) ପଡ଼ିଥିବାର ବି ଦେଖିଛନ୍ତି । ପ୍ରକାଶ ଥାଉକି ଏଇ ମହନ୍ତବାବା ଜଣକ ଡକାଏତ ଦଳର ସର୍ଦ୍ଦାର । ଚୋରିମାଲ, ସୁନାରୁପା ଆଦି ଏଠାରେ କିଣାବିକା ହୁଏ । ଚେଲାମାନେ ବି ଗୋଟେ ଗୋଟେ ଡକାୟତ । ମନଗଢ଼ା କଥା କହିବାରେ ଧୁରନ୍ଧର । କିଏ କହେ ବାବାଙ୍କୁ ଅଢ଼େଇଶ ବର୍ଷ, ହଜାର ବର୍ଷ ବୟସର ସାଧୁ ବି କମ୍ ନାହାନ୍ତି । ଯଦି ଦର୍ଶନ ଇଚ୍ଛା ଯାଅ ଦୁଧପିଆ ବାବାଜୀଙ୍କୁ ଦେଖିବ । ବାବା ବାଲେଶ୍ୱରର । ସେ ପୁରୀମନ୍ଦିର ପ୍ରତିଷ୍ଠା ଭୋଜି ଖାଇଛନ୍ତି । ମୁଗଲିଆ ଅମଳରେ ଲଙ୍କାରେ ଥିଲେ । ଏସବୁ ମନଗଢ଼ା କାହାଣୀ, ଲୋକେ ବି ବିଶ୍ୱାସ କରୁଥିଲେ । ସେମାନଙ୍କ ଆଡ଼କୁ ଢଳୁଥିଲେ । ବାବା ଲୁଟୁଥିଲେ ।

ଖଣ୍ଡଗିରିରେ ଏବେ ଗୋଟେ ନୂଆ ଘଟଣା ଚାଲିଛି, ଲୋକେ କୁହାକୁହି - ଜମାଉତମାନେ ତ ଏତେଦିନ ରହନ୍ତିନି ! ସେହିଦିନ ଆସି ଚାଲିଯାଆନ୍ତି । ମାସାଧିକ କାଳ ଗଲାଣି । ଧୁନି ନାହିଁ, ହୁକୁମ ନାହିଁ, ବିଭୂତି ବଣ୍ଟା ନାହିଁ । ଜଣେ ସାଧୁ ମୁଦ୍ରିତ

ନେତ୍ରରେ ଧ୍ୟାନସ୍ଥ। ସାଙ୍ଗରେ ଯୁବତୀ ମାତାଟିଏ। ହାତୀ ଗୁମ୍ଫା ସମୀପବର୍ତ୍ତୀ ଆଉ ଗୋଟେ ଗୁମ୍ଫା। ତା' ଭିତରେ ବାବାଜୀ, ମାତାଜୀ, ସେମାନଙ୍କ ଦୃଷ୍ଟି ବ୍ୟାଧ-ଭୀତ ମୃଗବତ୍ ଚକିତ, ଭୀତି ବ୍ୟଞ୍ଜକ। ସଦାସର୍ବଦା ଗୁମ୍ଫା ମଧ୍ୟରେ ଆସୀନ। ମାତାଜୀ ଅତୀବ ସୁନ୍ଦରୀ। ପୃଷ୍ଠ ବ୍ୟାପୀ ନିତମ୍ବ ସ୍ପର୍ଶୀ ନବୀନ ନୀରଦ ସଦୃଶ କେଶରାଶି। ସଂକୀର୍ଣ୍ଣ ମଧ୍ୟଭାଗ, ପଦ ଯୁଗଳବର୍ଣ୍ଣ, ଚାଲିବା ଠାଣିରୁ ଏହା ବେଶ୍ ବାରି ହୋଇଯାଏ। ମାତା ପୂର୍ଣ୍ଣ ଯୌବନା ବିଶିଷ୍ଟା। ବାବାଜୀ ବୟସ ଆନୁମାନିକ ତିରିଶ ବା ବତ୍ରିଶ। ଦେହ ସୁସ୍ଥ ସବଳ, ଗଠନ ଯାହା ହେଉପଛେ, ଲୋକେ କହନ୍ତି ବାବା ଭାରି ସୁନ୍ଦର। ଏ ଦୁହେଁ କଥା କହନ୍ତି ନାହିଁ। ଲୋକ ମୁଖରେ ଏମାନେ ମୌନା ମୌନୀ। ସାଧୁର ଅନ୍ୟ ସାଧୁ ସହାୟକ, ସେମାନେ ବାବା ମାତାଜୀଙ୍କର ଆବଶ୍ୟକ ଦ୍ରବ୍ୟାଦି ଯୋଗାନ୍ତି। ମୌନା ମୌନୀ ସାଧୁ ଦମ୍ପତି। ଶ୍ରଦ୍ଧାଳୁଙ୍କୁ ଦେଖା ଦିଅନ୍ତିନି। କିଏ ବାଲଭୋଗ ପାଇଁ ଫଳମୂଳ କିଛି ଆଣିଦିଏ, ଗୁମ୍ଫା ଦୁଆରେ ଦଣ୍ଡବତ କରି ଚାଲିଯାଏ।

ସକାଳୁ ସକାଳୁ ଗରମାଗରମ ଖବରଟିଏ ବ୍ୟାପିଗଲା। ଖଣ୍ଡଗିରିରେ ଭାରି ହୁଲୁସ୍ଥୁଲ। ପୁରୀ ଜିଲ୍ଲାର ସ୍ୱୟଂ ମେଜେଷ୍ଟର ସାହେବ ଘଟଣାସ୍ଥଳରେ ଉପସ୍ଥିତ। ଖଣ୍ଡଗିରି ସମ୍ମୁଖରେ ଚାରି ପାଞ୍ଚଟା ଡେରା ଟଣା ଯାଇଛି। ଗୋଟାଏ ବଡ଼ ଡେରାରେ ସାହେବ ମେଡ଼ କୁର୍ଚ୍ଚି ଲଗାଇ ବସିଛନ୍ତି, କଚିରି ଚାଲିଛି। ସାଙ୍ଗରେ ଚାରିଜଣ ପୁଲିସ, ଦାରୋଗା, ଅଠରଜଣ ମୁନ୍‌ସି, ଗୁଡ଼ିଏ ଭଲ ଜମାଦାର, ଶଏ ପର୍ଯ୍ୟନ୍ତ ବରକନ୍ଦାଜ, ଦୁଇ କି ତିନିଶ' ଲମ୍ବ ଲମ୍ବ ବାଉଁଶ ଠେଙ୍ଗାଧାରୀ ଚୌକିଦାର। ପୋଲିସ କର୍ମଚାରୀ ହାତୀଧରା ଜଗତବେଢ଼ ପରି ଖଣ୍ଡଗିରିଟାକୁ ଘେରି ଅଛନ୍ତି, ବାହାରିବାର ବାଟ ନାହିଁ। ସେଠାରେ ଥିବା ସମସ୍ତ ସାଧୁ ସନ୍ନ୍ୟାସୀ ଧରାହେଲେ। ପୂର୍ବ ବର୍ଣ୍ଣିତ ମହନ୍ତବାବା ମହାବୀର ଦାସ, ତାଙ୍କ ସଙ୍ଗୀ ପଚିଶ ଜଣ ସନ୍ନ୍ୟାସୀ। ଆଉ ଦଶଜଣ ସାଧୁ, ସମସ୍ତଙ୍କ ହାତରେ ହାତକଡ଼ି ଦିଆଗଲା। ସମସ୍ତେ ତୁରଙ୍ଗରେ ଠୁଙ୍କା ହେଲେ। ମୌନା ବାବାଜୀଙ୍କର ସମଦଶା, ମୌନୀ ମାତା ପୁଲିସ ହାଜତରେ। ମୌନାବାବାଙ୍କ ଗୁମ୍ଫା, ହାତୀ ଗୁମ୍ଫା- ଏ ଦୁଇଟିରୁ ସୁନାରୁପା ଅଳଙ୍କାର, ଅନେକ ମୂଲ୍ୟବାନ ଲୁଗା, ଶାଲ୍ ପ୍ରଭୃତି ବରାମଦ ହେଲା। ପ୍ରକାଶ ଥାଉକି, ମହାବୀର ଦାସ ମହନ୍ତ ବଙ୍ଗଦେଶର ପ୍ରସିଦ୍ଧ ଜଗା ଗୁଆଲ। ଡକାଏତ ସର୍ଦ୍ଦାର। ଅନ୍ୟ ସାଧୁମାନେ ସଙ୍ଗୀ ଡକାଏତ। ମୌନା ବାବାଜୀ କଲିକତାର ଜଣେ ପ୍ରସିଦ୍ଧ ବଡ଼ଲୋକଙ୍କ ଗୁମାସ୍ତା। ମୌନୀ ମାତା ତାଙ୍କ ପରିବାରର ବିଧବା ବଧୂ। ଉକ୍ତ ବଡ଼ ଲୋକଙ୍କ ଘରୁ ଚୋରି ଯାଇଥିବା ବହୁମୂଲ୍ୟ ଦ୍ରବ୍ୟ। ଏଥିସହ ବଙ୍ଗଦେଶର ଅନେକ ସ୍ଥାନ ଡକାଏତି ମାଲ ବରାମଦ ହେଲା। ମେଜେଷ୍ଟର ସାହେବ; ସବୁ ଡକାଏତଙ୍କୁ ପୁଲିସ ହେପାଜତରେ କଲିକତା ଚାଲାଣ କଲେ।

ମୌନା ମୌନୀଙ୍କର ଦି'ଜଣ ବିଶ୍ୱସ୍ତ ଭକ୍ତ। ଖଣ୍ଡଗିରିରେ ତାଙ୍କର ଢେର୍ ସେବା କଲେ। ଶେଷରେ ବାବାଜୀ ମାତାଜୀଙ୍କୁ ଧରାଇଦେଲେ। ସେ ଦି' ଜଣ ଠଗି କମିଶନଙ୍କ ଡିଟେକ୍‌ଟିଭ୍ ପୁଲିସ। ସେମାନେ ବହୁ ଶ୍ରମ କଲେ, ଉଲ୍ଲେଖନୀୟ ସଫଳତା ବି ପାଇଲେ। ଏ ଘଟଣା ପରେ ଖଣ୍ଡଗିରିରେ ଆଉ ସାଧୁଙ୍କର ଦେଖା ଦର୍ଶନ ନାହିଁ। ଉତ୍କଳର ନୈମିଷାରଣ୍ୟ ଏବେ ସାଧୁଶୂନ୍ୟ।

ଫକୀରମୋହନ ସେନାପତି ଜଣେ ଦକ୍ଷ ପ୍ରଶାସକ। ଦେଖିଥିଲେ ଜନଜୀବନକୁ ଖୁବ୍ ନିକଟରୁ, ପଢ଼ି ନେଇଥିଲେ ଜନତାର ମତି-ଗତି-ପ୍ରକୃତିକୁ। ତାଙ୍କ ତୀକ୍ଷ୍ଣ ଦୃଷ୍ଟିରୁ ନକଲି ସାଧୁ, ସନ୍ନ୍ୟାସୀ ବି ବାଦ୍ ଯାଇ ନ ଥିଲେ। ସେଇମାନଙ୍କର ମୁଖାଖୋଲି ଦେଲେ ବିଭିନ୍ନ ସାହିତ୍ୟକୃତିରେ। ସହଜେ ତ କଳିଯୁଗ। ରୋଜଗାର ନାହିଁ, କାମଧନ୍ଦା ମିଳୁନି, ସହଜ ବାଟଟେ ଅଛି। ଏଣିକି ବାବାଜୀ ବେଶ। ଚିତା ଚଇତନ, ଜଟା କୌପିନୀ ଧାରୀ ହେଇଗଲେ କାମ ଶେଷ। ଜନତା ତ ଭୀରୁ। ଭଲ ମନ୍ଦ ବାଛ ବିଚାର ନାହିଁ। ସାଧୁସେବା ହିନ୍ଦୁର ପରମ ଧର୍ମ। ଏ ପ୍ରକାର ସରଳ ମାନସିକତାର ସୁଯୋଗ ନେଲେ ନକଲି ବାବାଜୀଏ। ଚୋରି, ନାରୀ, ଧପାବାଜି, ଚାରି ନିଶା ସେବନ - ଏମିତି ଅପକର୍ମରେ ଲିପ୍ତ ରହିଲେ। ବଢ଼ିଲା ସାମାଜିକ ଅପରାଧ। ସଂଖ୍ୟା କମ୍ ହେଲେ ବି ସତ ସାଧୁ ସନ୍ନ୍ୟାସୀ ବି ଅଛନ୍ତି। ଏମାନେ ଚିର ବନ୍ଦନୀୟ। ଫିରିଙ୍ଗି ଅମଳ, ଠଗମାନେ ଆତ୍ମରକ୍ଷା କରୁଥିଲେ ସାଧୁବେଶରେ। ଏବେ ତ ସାଧୁବେଶୀ ଠଗଙ୍କର ଅଭାବ ନାହିଁ। ଏମାନଙ୍କର ମୂଳପୋଛ ଏକାନ୍ତ ଜରୁରୀ। "ସାଧୁ ଯେ ମଳୟ ପବନ, କାଷ୍ଠକୁ କରଇ ଚନ୍ଦନ" - ଏହା ଭାଗବତର ବାଣୀ। ଏକଥାଟି ଅତୁଟ ରହିବା ଜରୁରୀ। ଭଣ୍ଡ ବାବାଏ ଏକଥା ବୁଝନ୍ତୁ, ନଚେତ୍ ମୌନା ମୌନୀ ଠକ ସାଧୁଦମ୍ପତିଙ୍କ ଦଶା ଭୋଗିବେ ହିଁ ଭୋଗିବେ।

■

ଏ ଅକ୍ଷରଟା ବଡ଼ ମୋଡ଼, ଲେଖି ଆସୁ ନାହିଁ

ଊନବିଂଶ ଶତାବ୍ଦୀର ପ୍ରଥମ ଚାଳିଶ ବର୍ଷ। ଏହା ମଧ୍ୟରେ ଜଣେ ବି ଓଡ଼ିଆ ଇଷ୍ଟ ଇଣ୍ଡିଆ କମ୍ପାନୀ ଅଧୀନରେ ଚାକିରି ପାଇ ନ ଥିଲେ। ଚାକିରିର ମାନଦଣ୍ଡ ଇଂରାଜୀ ଶିକ୍ଷା। ଓଡ଼ିଆମାନେ ଏ ଯୋଗ୍ୟତା ହାସଲ କରି ନ ଥିଲେ। ଏହାର ଦୁଇଟି କାରଣ - (୧) ଜନଜୀବନ ଇଂରାଜୀ ଶିକ୍ଷା, ସଂସ୍କୃତି ବିମୁଖ ଥିଲା। (୨) କଞ୍ଚା ପଇସା ରୋଜଗାର ମଜା ଓଡ଼ିଆଏ ପାଇ ନ ଥିଲେ। କ୍ରମେ ବାପାମାନେ ସଚେତନ ହେଲେ। ପିଲାଙ୍କୁ ଇଂରାଜୀ ପଢ଼ାଇଲେ। ଚାକିରି କଲେ ସହରରେ। ସହରୀ ହୋଇଗଲେ। ଭଡ଼ାଘରେ ରହିଲେ। ବିଭା ପାଇଁ ଖୋଜିଲେ ପାଠୋଈ ଝିଅ। ଏକଥାଟି କିନ୍ତୁ ସହଜ ନ ଥିଲା। ସେତେବେଳେ ଝିଅମାନଙ୍କୁ ପାଠପଢ଼ା ପୂରା ନା। ସେମାନେ ଏଣ୍ଡୁଣ୍ଡି ବନ୍ଧ ଡେଇଁ ପାରୁ ନ ଥିଲେ। ତାଙ୍କ ପାଇଁ ବାଳିକା ସ୍କୁଲଟିଏ ବି ନ ଥିଲା। ଏଣେ ପୁଅମାନଙ୍କ ସହ ଝିଅଙ୍କୁ ପଢ଼ିବାକୁ ଦିଆ ଯାଉ ନ ଥିଲା। କ୍ରମେ ମତିଗତି ବଦଳିଲା। କଟକ, ପୁରୀ, ବାଲେଶ୍ୱର ଜିଲ୍ଲାର ସଦର ମହକୁମା, ଏଠାକାର ବାପା ମା' ଝିଅମାନଙ୍କୁ ପଢ଼ାଇବାକୁ ମନ ବଳେଇଲେ। ନୂଆକରି ଖ୍ରୀଷ୍ଟିୟାନ ହୋଇଥିବା ପିତାମାତାଙ୍କର ବି ସମାନ ମାନସିକତା। ଏମାନେ ନିଜ ନିଜ ଘରେ ଖ୍ରୀଷ୍ଟିୟାନ ପାଠ ମା' ରଖିଲେ। ଝିଅଙ୍କୁ ଶିକ୍ଷା ଦେଲେ। ଊନବିଂଶ ଶତାବ୍ଦୀ ଶେଷ ହେଲା; କିନ୍ତୁ ମଫସଲି ଝିଅମାନଙ୍କର ପାଠପଢ଼ା ଆଖିଦୃଶିଆ ନ ଥିଲା। ପାଠୋଈ ବୋହୂ ବା କାହୁଁ ମିଳିବେ ? ବାପା ମା' ଖୋଜିଲେ ରୂପର ଗୁଣର ବୋହୂ। ପୁଅର ଇଚ୍ଛା ପାଠୋଈଟିଏ ପାଇଁ। ଏ ଦୁଇଟି ଅଲଗା ଅଲଗା ଚିନ୍ତାଧାରା। କେହି କେହି ପାଠୋଈ ବୋହୂ ପାଇଲେ, ନିଜକୁ ଭାଗ୍ୟବାନ ମଣିଲେ। ଯିଏ ନ ପାଇଲେ କର୍ମକୁ ଆଦରି ରହିଲେ। ଅନେକ ଆପଣା ଆପଣା ଚେଷ୍ଟାରେ ଅପାଠୋଈ ସ୍ତ୍ରୀକୁ ଘରେ

ପଢ଼ାଇଲେ। କେତେକ ସଫଳ ହେଲେ। ବିଫଳଙ୍କ ସଂଖ୍ୟା ଅଧିକ। ଅନୁରୂପ ଘଟଣାଟିଏ। ଝିଅଟେ, ପାଠ କ'ଣ ଜାଣି ନ ଥିଲା। ସ୍ୱାମୀକୁ ସହଯୋଗ କଲାନି। ଯେତେ ମାଠିବୁ ମାଠ, ମୁଁ ସେଇ ଦରପୋଡ଼ା କାଠ। ଏଇ ମତି ଗତିର ଅମାନିଆ ଭାର୍ଯ୍ୟାଟେ ସରସ୍ୱତୀ ଦେଈ। ପାଠୁଆ ସ୍ୱାମୀ ଗୋପାଳ ଚରଣ ପଟ୍ଟନାୟକ, ମୁକ୍ତାର ଚାକିରି, ବାଲେଶ୍ୱର ବସାଘରେ ରହନ୍ତି। ଅଫିସରୁ ଫେରି ସରସ୍ୱତୀକୁ ଅ, ଆ ଶିଖାନ୍ତି। ଶେଷରେ ସରସ୍ୱତୀ ଦେଈ ଭାରି ବିଗିଡ଼ିଗଲେ। କହିଲେ, 'ଏ ଅକ୍ଷରଟା ବଡ଼ ମୋଡ଼, ଲେଖି ଆସୁ ନାହିଁ।' ଏହି କଥାଟି ଲେଖିଛନ୍ତି ଫକୀରମୋହନ ସେନାପତି। ତାଙ୍କର ଗପ 'ପାଠୋଇ ବୋହୂ'। ଅପାଠୋଇ ସ୍ତ୍ରୀର ଅମୂଳକ ଚିନ୍ତା, ସମକାଳୀନ ସାମାଜିକ କୁସଂସ୍କାର, ଚାକିରିଆ ବାବୁଙ୍କର ସହରୀ ଚଳଣି ଭଳି ନାନାଦି ଘଟଣା ପାଠକେ ଗପଟିରୁ ପାଇଥା'ନ୍ତି।

ମୁକ୍ତାର ଗୋପାଳବାବୁ, ତାଙ୍କ ବାପେ କମଳଲୋଚନ ପଟ୍ଟନାୟକ। ବରଷକୁ ଚାଳିଶ ଟଙ୍କା, ଦୁଇ ଯୋଡ଼ ଖଦି, ଯୋଡ଼ାଏ ଗାମୁଛା ଦରମାରେ ଜଣେ କାପୁଡ଼ିଆର ଗୁମାସ୍ତା ଥିଲେ। ଦରମା ଗଣ୍ଡାକ ପେଟ ପିଠିକୁ ନିଅଣ୍ଟ। କମଳଲୋଚନ ଆରପାରିକି ବାଟ କାଟିଲେ, ପାଞ୍ଚବରଷ ହେଲାଣି। ଗୋପାଳ ପାଞ୍ଚବର୍ଷ କାଳୁ ବାପ ଛେଉଣ୍ଡିଆ, ମା' ପଦ୍ମାଦେଈ ବିଧବା, ତାଙ୍କ ପାଇଁ ଚାରି ଆଡ଼ ଅନ୍ଧାର। ତଥାପି ସାହସ ହାରିଲେନି, ୟା' ତା' ଘରେ ଢିଙ୍କିମାଡ଼ି, ପାଞ୍ଚ ପାଇଟି କରି, ବଡ଼ କଷ୍ଟରେ ପୁଅଟିକୁ ମଣିଷ କଲେ। ପିଲା ଗୋପାଳଟି ଖୁବ୍ ବୁଦ୍ଧିଆ, ପାଠରେ ମନରଖେ, ଏଥିପାଇଁ ମଣିଷ ହୋଇଗଲା। ଗୋପାଳବାବୁ ମୁକ୍ତାର ପାଶ୍ କଲେ। ଏବେ ଚାକିରି ବାଲେଶ୍ୱର ସହରରେ। ଘରେ ବୁଢ଼ୀମା'ଟା, ଏକା, ଚମ ଧୁଡୁଧୁଡୁ। ତଥାପି ଦିହରେ ପକାଇ ପାଇଟି ଉଠାଇ ନିଏ। ବୁଢ଼ୀ କେତେଥର କଥା ଉଠାଇଲାଣି, ବିଭା କଥାଟା ଶୁଣି ନ ଶୁଣିଲା ପରି ଗୋପାଳବାବୁ ପିଠେଇ ଯାଆନ୍ତି। ଇଚ୍ଛା ପାଠୋଇ ଝିଅଟିକୁ ବିଭା ହେବେ। କଚେରି ଦରବାର, ସବୁବେଳେ ଦାୟିତ୍ୱ। ଘରେ ପାଠୋଇ ସ୍ତ୍ରୀ ସହ ଟିକେ ବସିବେ। ହସଖୁସି ହେବେ। ତା' ବାଦ୍ କଚେରିରେ ତ ନିତି ଦି' ପଇସା ଉପୁରି। ଏସବୁର ହିସାବ ସେ ରଖିବ। ଭାଷାପତ୍ର ଖଣ୍ଡେ ଲେଖି ପାରିବ, ମୂର୍ଖ କନ୍ୟାଟେ ବିଭା ହେଲେ କ'ଣ ହେବ ? ପାଠୋଇ ବୋହୂଟିଏ ଢେର୍ ଖୋଜା ଚାଲିଲା। କିନ୍ତୁ ସବୁ ଚେଷ୍ଟା ବିଫଳ। ଶେଷରେ କନ୍ୟାଟେ ମିଳିଲା, ନୀଳଗିରି ଇଲାକା, ମୟୂରଭଞ୍ଜ ଦୋସମାଳି ଭାଲୁପୋଷି ଗାଁରେ। ଭାଲୁପୋଷି ପାହାଡ଼ ମୂଳିଆ ବଣ ଭିତିରିଆ ଗାଁ। ଗାଁରେ ସାନ୍ତାଳ ଚାଳିଶି ପଚାଶ ଘର। ବେପାରି, ତେଲୀ ମହାଜନ, ଦୋହରା ଘର ଯୋଡ଼ାଏ। ରାଜାଙ୍କ ଗଡ଼ ଠାରୁ ଗାଁଟି ଢେର୍ ଦୂର, ଖଜଣା ଅସୁଲ କରିବା ପାଇଁ ପିଆଦା ପଇଦଲରେ ଏକାକୀ ଯିବାକୁ ଡରନ୍ତି। ଚାରିଆଡ଼େ ବାଘଭାଲୁ। ଦୁଇ ତିନି ଜଣ ଗାଁକୁ ଗଲେ, ସାଆନ୍ତାଳମାନେ ଘରେ ପଶିଯାଆନ୍ତି। ବଣୁଆ ଗୁଡ଼ାକ,

ଖଜଣା ଦେବାକୁ ନାରାଜ, ଟିକିଏ ଟାଣ କଲେ ଗାଁ ଛାଡ଼ି ପଳାଇବେ, ନୋହିଲେ ଅମାନିଆ ହେବେ, ଗଣ୍ଡି ଫେରାଇ ଦେବେ। ସେମାନଙ୍କୁ କରଗତ କରିବାକୁ ରାଜା ଜଣେ ପ୍ରଧାନଙ୍କୁ ଦଶମାଣ ହେତା ଜମି ଦେବାକୁ ସ୍ଥିର କଲେ। ମୋହରେ ପଡ଼ିଲେ ରାମ ମହାନ୍ତି। ସେ ଗାଁରେ ଘରକରି ରହିଲେ। ତାଙ୍କ ପୁଅ ଘନଶ୍ୟାମ ମହାନ୍ତି। ସେ ବି ଦୋହରା ଘର କରୁ କରୁ ସେଇଠି ରହିଗଲେ। ତାଙ୍କ ଝିଅ ସରସ୍ୱତୀ। ଦେଖିଲା ପରି କନ୍ୟାଟାଏ, ଗୋଟିଏ ଚାଉଳରେ ଗଢ଼ା, ସାକ୍ଷାତ ଲକ୍ଷ୍ମୀ ମୂର୍ତ୍ତିଟିଏ। ଗୋପାଳବାବୁ ବିଚାରିଲେ, "ନ ପଢ଼ିଛି ତ ନାହିଁ, କ'ଣ କରାଯିବ, ତାକୁ ନ ହେଲେ ବସାରେ ପଢ଼ାଇବି।"

ଗୋପାଳବାବୁଙ୍କ ମା' ପଦ୍ମାବତୀ ଚାଲିଗଲେ। କ୍ରିୟା କର୍ମ ସରିଲା। ରୋଜ ସଞ୍ଜବେଳେ ସେ ସରସ୍ୱତୀ ଦେଈଙ୍କୁ ପାଖରେ ବସାନ୍ତି। ରାତି ଦି' ଘଡ଼ିଯାଏ ପଢ଼ାନ୍ତି। 'ଅ' ଅକ୍ଷରଟା ଲେଖିବାକୁ ମାସେକାଳ ବିତିଲା। ସରସ୍ୱତୀ, ମାସ ଦି'ଟା ଭିତରେ ଅ, ଆ ଶିଖିଗଲାଣି, ଇ ଅକ୍ଷରଟା କିନ୍ତୁ ହେଉନି। ମଡ଼େଇ ମଡ଼େଇ ଥକତ। ଛ' ସାତ ଦିନ ବିତିଲା, ମୋଟେ ହେଲାନି, ସରସ୍ୱତୀ କହିଲା- "ଏ ଅକ୍ଷରଟା ବଡ଼ ମୋଡ଼, ଲେଖି ଆସୁ ନାହିଁ।' ପନ୍ଦର ଦିନ ଗଲା, କିଛି ଫଳ ମିଳିଲାନି। ଗୋପାଳବାବୁ ମନରେ କଲେ- "ବୁଢ଼ୀ ଶାରୀକୁ ରାମ ନାମ ଶିଖାଇବା ସହଜ କଥା ନୁହେଁ।" ତା' ପରେ ସରସ୍ୱତୀ ଦେଈଙ୍କ ପାଠପଢ଼ା ଠପ୍। ସରସ୍ୱତୀ ମା'ଙ୍କ କାନରେ କଥାଟା ପଡ଼ିଲା। ସହଜେ ତ ବଣ ଜଙ୍ଗଲରେ ରହନ୍ତି। ନିଜର ନା ଝିଅର ପାଠ ଅଛି ? ପାଞ୍ଚ ଲୋକଙ୍କ ଆଗରେ କହିଲେ- "ବୁଦ୍ଧିରେ ମୋ ଝିଅପରି ଆଉ ଗୋଟାଏ ଝିଅ କାଢ଼ିଲ ଭଲା। ଭାତରନ୍ଧାରେ କିଏ ବାଛିବ ? ଶାଗ ସନ୍ତୁଳିଲେ ଗାଁ ଗୋଟାକ ମହକି ଯାଏ। ସବୁ ଗୁଣରେ ମୋ ଝିଅ ଫରାକିତ। ଚିତଉ ପିଠା କରିବାରେ ତା' ଆଗରେ କେଉଁ ଝିଅଟା ଠିଆ ହେଉ ତ ଦେଖେ। ଦୁଆରେ ଝୋଟି ଦେଇଥିଲେ ଦାଣ୍ଡ ଲୋକେ ଚାହିଁ ଚାହିଁ ଯାଆନ୍ତି।" ସରସ୍ୱତୀ ଭାବିଲା, ବାବୁ ବୋଧେ ଏକଥା ଜାଣନ୍ତିନି। ସବୁ କାମ ଛାଡ଼ି ସେ କ'ଣ ଖାଲି ହ୍ରସ୍ୱ ହ୍ରସ୍ୱ ଦି' ଘଣ୍ଟା ବସି କରି କହୁଥବ ? ଘର ପାଇଟି ଉଠାଇବ କିଏ ? ସେତେବେଳେ ସାମାଜିକ ଅବସ୍ଥା ଭିନ୍ନ ଥିଲା। ଘରକରଣା ଝିଅଟେ ଲୋଡ଼ା ପଡ଼ୁଥିଲା। ପାଠୋଇ ବୋହୂ କଥା ବିଶେଷ ଉଠୁ ନ ଥିଲା। ସେଇ କଥାକୁ ଫକୀରମୋହନ ଏଠାରେ ଉପସ୍ଥାପନ କରିଛନ୍ତି।

ସରସ୍ୱତୀ ଆଉ ପଢ଼ିଲାନି, ବାବୁ ମନ ଊଣା କଲେ। ତୁଚ୍ଛାଟାରେ କିଆଁ ଘରେ ବସିବେ ? ଗାଁ ମୁଣ୍ଡରେ ରାଧେ ବାବାଜୀ ମଠ, ନିତି ସଞ୍ଜବେଳେ ସେଠି ସଭାଟାଏ ହୁଏ। ଆୟୋଜନ କରିଥାନ୍ତି ଅମଲାମାନେ। ସଭାର ନାଁ, 'ଭକ୍ତିଦାୟିନୀ ସଭା'। ନିତି ଯିବା ଦେଖି ସରସ୍ୱତୀ ପଚାରନ୍ତେ, ବାବୁ ସଭାର ନାଁଟି କହିଲେ 'ଭକ୍ତିଦାୟିନୀ'। ସହଜେ ତ ଅପାଠୋଇ, ସରସ୍ୱତୀ ଧରିନେଲେ ଭଗବତୀ ଡାହାଣୀ, ବାବୁ ଟାହୁଲି କରି କହିଲେ

ସେ ବଡ଼ ଶୋଭାକର। ସରସ୍ୱତୀର ମୁଣ୍ଡ ଗରମ, ବାବୁ ପରନାରୀ ପ୍ରେମରେ ପଡ଼ିଲେଣି। କଥାଟା ପଚାରିଲେ ତାଙ୍କ ଅର୍ଜୁନା ଚାକରକୁ। ଅର୍ଜୁନା ଜାତିରେ ଭଣ୍ଡାରି, ତା' ଚତୁର ପଣିଆ ଦେଖାଇଦେଲା। ଦିନେ ସେ ବାବୁଙ୍କ ସଙ୍ଗରେ ଯାଇଥିଲା। ଝୁଲଣ ଯାତ୍ରା ଚାଲିଛି। ଶ୍ୟାମସୁନ୍ଦର ମନ୍ଦିରରେ ନାଚ ଜମିଛି। ଗୋଟାଏ ସୁନ୍ଦରୀ ମାଇକିନିଆ, ଠାକୁର ଆଗରେ ନାଚିନାଚି ଗୀତ ଗାଉଥିଲା। ମାଇକିନିଆ ଘର ଧାମରା, ଯୋର ଲୁଣାଦଣ୍ଡି ସମୁଦ୍ରକୂଳ ମଫସଲ। ସେଠାକାର ଆଉ ଆଉ ମାଇକିନିଆ ନାଚନ୍ତି। ସେମାନେ ଭାରି ସୁନ୍ଦରୀ। ମୁଣ୍ଡରେ ଅଳକା ନାଇଥାଆନ୍ତି। ବାବୁ ତାଙ୍କ ନିକଟରେ ବସିଥିଲେ -ଏମିତି ଅର୍ଜୁନା ଗାଇଗଲା। ଏ କଥାଗୁଡ଼ାକ ଶୁଣି ସରସ୍ୱତୀଙ୍କର ମୁଣ୍ଡ ବିଗିଡ଼ି ଗଲା। ଦେଖାଗଲା ନାନା ପ୍ରକାର ମାନସିକ ବିକାର। ଭାତହାଣ୍ଡି ବାଡ଼ା, ତରକାରି ହାଣ୍ଡି ଫୋପଡ଼ା, ରୋଷେଇ ଘରସାରା ଖପରା। ବଡ଼ ପାଟିରେ ବାହୁନିଲା, "ବୋଇଲା ମତେ କଂସେଇ ଖୁଣ୍ଟରେ ବାନ୍ଧି ଦେଇଛୁ ବୋଉଲୋ।" ଇତ୍ୟାଦି। ଲଥିକରି ପଡ଼ି ମୂର୍ଚ୍ଛା ହୋଇଗଲା। ପାଠୁଆ ଗୋପାଳବାବୁ ଡାକ୍ତର ଡାକିବାକୁ ଗଲେ, ମୁରବିମାନେ କହିଲେ ଏ ରୋଗକୁ ଗୁଣିଆ ଡାକ, ଡାକ୍ତର କ'ଣ କରିବ? ଡାକ ଶୁକ୍ରିୟା ମୁଖୀକୁ, ଭାରି ଗୁଣି ଗାରୁଡ଼ି ଜାଣେ, ସାଙ୍ଗେ ସାଙ୍ଗେ କାନିରେ ବାନ୍ଧି ନେଇ ପଳେଇବ। ଭୂତ, ପ୍ରେତ, ଡାହାଣୀ ଯେତେ ବଡ଼ ହେଉ ପଛେ।

ଶୁକ୍ରିୟା ମୁଖୀ ସେ ଅଞ୍ଚଳର ନାମ ଡାକ ଗୁଣୀ। ଲୋକଟା ବାଙ୍ଗରା, ଥୋଥମା ଥୁଥମୀ, ବାହୁ ଯୋଡ଼ାକ ଦେହକୁ ଚାହିଁ ବେଶୀ ଲମ୍ବା, ମୋଟା, କହୁଣି ଭିତରୁ ହାତ ପାପୁଲି ଯାଏ କିଛି ସାନ ଜଣାଯାଏ। ମୁହଁଟି ଖୁବ୍ ଚେପ୍‌ଟା, ବସନ୍ତ ଦାଗ ଭରା, ନାକଟି ଚେପା, ଆଉ ମୋଟା। ଚାଲିଲାବେଳେ ଜଙ୍ଘକୁ ଜଙ୍ଘ ଘଷିହୁଏ। ମୁଣ୍ଡରେ ଅଧୁଲିଟି ପରି ସିନ୍ଦୂର ଟୋପା। ଆଖିରେ ମନ୍ତା କଜଳ କଳା, ଦେହର ରଙ୍ଗଟା ବି ସେଇପରି। ମୁଣ୍ଡରେ ସାନ ପେଣ୍ଡାବାଳ, ତହିଁରେ ଅଷ୍ଟଲୋହି ଚେରବୁଟି ପୂରା ପାଞ୍ଚଟା ତେଉଁରିଆ ଝୁଲୁଛି। ଲୋକଟା ଦେଖିବକୁ ବିଟିକିଟିଆ। କହିଲା- "ଦେଖ ବାବୁ ମୁଁ କ'ଣ କରୁଛି।" ସରସ୍ୱତୀ ପଡ଼ିଛି, ପାଞ୍ଚହାତ ଦୂରରେ ବସି ଗୁଣିଆ ପଢ଼ିଲା, "ବୀର ବୀର ହନୁମାନ ତୁ ବୀର ଥିଲୁ କାହିଁ, ମୋ ଡାକ ଶୁଣି ଆଇଲୁ ଧାଇଁ, ବାନ୍ଧ ବାନ୍ଧ ଭୂତ ବାନ୍ଧ, ପ୍ରେତ ବାନ୍ଧ, ଡାହାଣୀ ବାନ୍ଧ, କାହାର ଆଜ୍ଞା, କାଉଁରୀ କାମଚଣ୍ଡୀ, ଭଗବତୀ ବାସୁଳୀଙ୍କ କୋଟି କୋଟି ଆଜ୍ଞା। ଆ-ଫୁଃ, ଆ-ଫୁଃ, ଆ-ଫୁଃ।" ତିନିଥର ଏମିତି ଫୁଙ୍କିଲା। ମୁଠାଏ ମନ୍ତା ବିରି ସରସ୍ୱତୀ ଦେହ ଉପରକୁ ଛାଟିଦେଲା। ରୋଗୀ ଅବସ୍ଥା ପୂର୍ବ ପରି। ଶେଷରେ ଧାଈମା' ଗଲେ, ଗେହ୍ଲେଇ କରି କେତେ କଥା କହିଲେ। ତା' ପେଟରୁ କଥା କାଢ଼ିଲେ। ଭଗବତୀ ଡାହାଣୀ, ତା' ସହ ଗୋପାଳର ଭାବ। ଧାଈମା' ବୁଝିଲେ ଏଇଟି ରୋଗର କାରଣ।

ଗୋପାଳ ରୋଜ୍ ସଞ୍ଜବେଳେ ଭଗବତୀ ଡାହାଣୀ ପାଖକୁ ଯାଆନ୍ତି । ବୋହୂକୁ ଆଗପରି ଭଲ ପାଆନ୍ତି ନାହିଁ । ସେଥିପାଇଁ ଏତେ କାଣ୍ଡ । ଧାଇମା' ଢେର୍ ହସିଲେ । ପ୍ରକୃତ କଥାଟି ବୁଝେଇ ଦେଲେ । ଏ ବୋହୂଟା କି ବଣ ପଶୁଟାଏ ? କି କଥାକୁ କ'ଣ କରି ପକାଇଲା । ଭଲଲୋକରେ ହଟହଟା କଲା - ଏହିପରି କେତେ ପ୍ରକାର ଗୋପାଳବାବୁ ଚିନ୍ତାକଲେ । ପାଠୋଇ ବହୂଟିଏ ହୋଇଥିଲେ, 'ଭକ୍ତିଦାୟିନୀ ସଭା'କୁ ଭଗବତୀ ଡାହାଣୀ ବୁଝି ନ ଥାଆନ୍ତା । ଶେଷରେ ଡାକ୍ତର ଆସିଲେ, ବୋହୂର ମୁଣ୍ଡ ଘା', ଗୋଡ଼ ଫୋଟକା, ବାବୁଙ୍କ ଆଣ୍ଠୁ ଘା' ଶୁଖାଇବାକୁ କୋଡ଼ିଏଟା ଭିଜିଟ୍ ପକେଟରେ ପୂରେଇଲେ । ଗପଟି ଏଇଠି ଶେଷ ।

ଝିଅ ପାଠ ପଢ଼ିଲେ କୁଳ ଉଜ୍ଜ୍ୱଳ ହୁଏ, ସ୍ୱାମୀସ୍ତ୍ରୀଙ୍କ ବୁଝାମଣା ଠିକ୍ ରହେ, ସଂସାର ହସିଲା ପୂରିଲା ହୋଇଯାଏ - ଏ କଥା ଫକୀରମୋହନ ବୁଝିଥିଲେ । ସେଇଥିପାଇଁ ରେବତୀକୁ ଖଡ଼ି ଛୁଆଇଁ ଥିଲେ । ଏବେ ରେବତୀମାନଙ୍କ ପାଠପଢ଼ାକୁ କେହି ଟପି ପାରିବେନି । ଏସବୁ ପରିପକ୍ୱ ସମୟର ଫଳ । ଝିଏ ପଢ଼ନ୍ତୁ, ଦେଶ ବଞ୍ଚାନ୍ତୁ - ଏକଥାଟି ଲେଖକ ଚାହୁଁଥିଲେ । ତାହାହିଁ 'ପୋଠୋଇ ବୋହୂ' ଗପର ମର୍ମକଥା ।

■

ଏଟା ମୂର୍ଖ, ଇଂରାଜୀ ଜାଣେନାହିଁ

ହିନ୍ଦୁ ପରିବାରରେ ପୁଅଟିର ଭାରି ଆଦର। ତା' ପାଇଁ କେତେ କେତେ ଦେ ଦେବତାଙ୍କୁ ମାନସିକ, ନାନାଦି ନୈବେଦ୍ୟ ଯଚାଯାଏ। ପୁଅଟିଏ ହେଲେ ସଂସାର ପୂରିଯିବ। ସାତପୁରୁଷ ଉଦ୍ଧାର ହେବେ, ପିଣ୍ଡପାଣି ପାଇବେ। ଏଥିପାଇଁ ପୁତ୍ର ସନ୍ତାନଟି ଅର୍ହ ବିବେଚିତ। ପୁରୁଷ ପ୍ରଧାନ ସମାଜ। ପୁଅମାନେ ପାଠଶାଠ ପଢ଼ିଲେ, ଚାକିରି ବାକିରି କଲେ। ଟଙ୍କା କମେଇଲେ। ଏଥିପାଇଁ ଅନେକ ଦମ୍ପତିଙ୍କର ପୁଅଟିଏ ପାଇଁ ନାହିଁ ନଥିବା ବ୍ୟଗ୍ରତା। ପ୍ରାକ୍ ସ୍ୱାଧୀନତା କାଳରେ ସ୍ଥିତି ମଧ୍ୟ ସେୟା। ପୁଅର ଆଖିରେ ବାପ କେତେ କ'ଣ ସପନ ଦେଖେ। ପଣତ କାଳକୁ ସେଇ ହେବ ସାହା ଭରସା। ତା' ପାଇଁ ସବୁ ପ୍ରକାର ସୁବିଧା, ଖିଆପିଆ, ପାଠଶାଠ କେଉଁଥିରେ ଅଭାବ ରହେନି। ପିତାମାତା ମରିପଡ଼ି ସବୁ ବ୍ୟବସ୍ଥା କରିଦିଅନ୍ତି। ପୁଅ ଇଂରାଜୀ ପଢ଼ିବ, ବଡ଼ ହାକିମ ହେବ, ଟଙ୍କା ରୋଜଗାର କରି ପାଞ୍ଚ ଜଣରେ ଜଣେ ଗଣା ହେବ। ଏମିତି ମାନସିକତା ସବୁଠି। ଇଂରାଜୀ ପଢୁଆ ପୁଅ ବାପା ମା'ଙ୍କର ଗର୍ବ ଗୌରବ, କୁଳର ଟେକ। ପୁଅକୁ ନେଇ ଏମିତି ନାନାଦି ଆଶା, ବିଶ୍ୱାସ। ଅନେକତ୍ର ସେଇ ଆଶା ଆଶାରେ ରହିଯାଏ। ପାଠୁଆ ପୁଅର ହଜିଯାଏ ଦେଶୀ ହୃଦୟ ଖଣ୍ଡକ। ଏପରିକି ବାପାକୁ 'ବାପା' ସମ୍ବୋଧନ କରିବାକୁ ଥୋକେ ପାସୋରି ଦିଅନ୍ତି। ଏ ପ୍ରକାର ସାମାଜିକ ସ୍ଖଳନ ଉଗ୍ର ରୂପ ନେଲା। ବହୁଭାବରେ ଚିନ୍ତିତ, ବ୍ୟଥିତ ହେଲେ ସମାଜ ସଂସ୍କାରକ, ସାହିତ୍ୟିକ ମାନେ। ତଟସ୍ଥ ହୋଇ ଆଙ୍କିଦେଲେ ଇଂରେଜ ପାଠର ବିଷମ ସ୍ଥିତିକୁ। ସେମାନଙ୍କ ମଧ୍ୟରେ ଅଗ୍ରଗଣ୍ୟ କଥାସମ୍ରାଟ ଫକୀରମୋହନ ସେନାପତି। ଲେଖିଲେ 'ଡାକମୁନ୍‌ସି' ଗପ। ଗୋପାଳ ଚନ୍ଦ୍ର ସିଂହ ଓରଫ୍ 'ଡାକମୁନ୍‌ସି', ଇଂରାଜୀ ପଢ଼ିଛି, ସବ୍ ପୋଷ୍ଟମାଷ୍ଟର ଚାକିରି, ବାପା ହରି ସିଂହ ମୂର୍ଖ, ଅପାଠୁଆ। ଡାକମୁନ୍‌ସି, ଖୁବ୍ ବୁଦ୍ଧିଆ, ବାପାକୁ ଦେଖିଲେ ଖାଲି ସିଂ ସିଂ ହୁଅନ୍ତି। "ଏଟା ମୂର୍ଖ, ଇଂରାଜୀ ଜାଣେ ନାହିଁ – ମୂଳିଆ-ମଳିଆ ଲୁଗା ପିନ୍ଧିଥାଏ; ଏଟାକୁ ବାପ ବୋଲି ଡାକିବି,

ଲୋକେ କ'ଣ କହିବେ ?"-ଏ ପ୍ରକାର ମନୋଭାବ କେବଳ ଗୋପାଳ ସିଂହର ନୁହେଁ; ବରଂ ସମକାଳୀନ ମାତ୍ରାଧିକ୍ୟ ପାଠୁଆ ଏଇ ସଂକୀର୍ଣ୍ଣ ମାନସିକତାର ଶିକାର ହେଲେ। ସେଇ ସବୁ କଥା। ଭଣା ଅଧିକେ ଆପଣାର କାଳଜୟୀ କୃତିରେ ଦେଖାଇଦେଲେ ଫକୀରମୋହନ। ଗୋଟେ ବିପର୍ଯ୍ୟସ୍ତ ସମାଜରେ ସ୍ତ୍ରୀହରା ବୁଢ଼ା ବାପାର କରୁଣ କାହାଣୀ ହିଁ 'ଡାକମୁନ୍‌ସି'। ଗପଟି ଯେ କେହି ଦରଦୀ ପାଠକଙ୍କୁ ଛୁଇଁବ - ଏକଥା କହିବା ବାହୁଲ୍ୟ ମାତ୍ର।

ଲେଖକ ଗପଟିରେ ସେବେକା ତଳିଆ କର୍ମଚାରୀଙ୍କ ଅଭାବ ଅନଟନ ସଂସାର କଥା ବଖାଣିଛନ୍ତି। ସେମାନଙ୍କର ପ୍ରଭୁଭକ୍ତି, କର୍ତ୍ତବ୍ୟନିଷ୍ଠା, ବଡ଼ ହାକିମଙ୍କ ପ୍ରତି ଥିବା ଅନୁରୁକ୍ତିକୁ ମଧ୍ୟ ଦେଖାଇ ଦେଇଛନ୍ତି। ସେମିତି ତଳିଆ କର୍ମଚାରୀଟେ ହରିସିଂହ। ପୋଷ୍ଟପିଅନ, ଭଲ କାମ କଲେ, ପ୍ରମୋଶନ ପାଇଲେ। ଏବେ କଟକ ସଦର ପୋଷ୍ଟ ଅଫିସ୍‌ର 'ହେଡ୍ ପିଅନ'। ଦରମା ମାସକୁ ନ'ଅ ଟଙ୍କା, କଟକ ସହର, ନିଆଁ ପାଣି ସବୁ କିଣା, ଟାଣିଟୁଣି ହେଇ ଚଳିଲେ ପାଞ୍ଚଟଙ୍କାରୁ କମ୍ ଖର୍ଚ୍ଚ ନୁହେଁ, ବାକି ଚାରିଟଙ୍କାରେ ଘର ଚଳେ। ଘରେ ସ୍ତ୍ରୀ, ଆଠବର୍ଷର ପୁଅ ଗୋପାଳ। ଗୋପାଳ ଅପର ପ୍ରାଇମେରୀରେ ପଢ଼ିଲା, ମାସକୁ ଦରମା ଦି' ଅଣା। ତହିଁ ବାଦ୍ ଆଜି ବହିଖଣ୍ଡେ, କାଲି ସ୍ଲେଟ୍, ପେନ୍‌ସିଲ୍‌ଟାଏ କିଣିବାକୁ ପଡ଼େ। ଏପରି ଉପୁରି ଖରଚ ପଡ଼ିଗଲେ ଚଳିବା ବଡ଼ କଷ୍ଟ। ବୁଢ଼ାକୁ ଦିନେଦିନେ ଉପାସ ରହିବାକୁ ହୁଏ। ଉପାସ ହେଉପଛେ, ଗୋପାଳଟି ପଢ଼ୁ, ସେ ବାବୁ ହେଲେ ସବୁ କଷ୍ଟ ମେଣ୍ଟିଯିବ। ଜମିବାଡ଼ି, ବାସନକୁସନ, ଗହଣାଗାଣ୍ଠି - ସବୁ ବିକିବାକୁ ବୁଢ଼ା ପ୍ରସ୍ତୁତ। ଗୋପାଳ ଇଂରାଜୀ ପଢ଼ି ସବ୍-ପୋଷ୍ଟମାଷ୍ଟର ହେଲେ, ଏ ଦିନ କ'ଣ ଆଉ ରହିବ ?

ଇଂରେଜ ଶାସନ, ଚାକିରିଟାଏ ପାଇଁ ଇଂରାଜୀ ପାଠ ଲୋଡ଼ା, ନିଜେ ନ ପଢ଼ିଲେ କ'ଣ ହେବ, ହରି ସିଂହ ଏକଥା ଜାଣନ୍ତି। ତାଙ୍କ ଅଫିସ୍‌କୁ ବଡ଼ ବଡ଼ ହାକିମ, ଏପିରିକି ସୁପରିଟେଣ୍ଡେଣ୍ଟ ବି ଆସନ୍ତି। ହୁକା ପିଅନ୍ତି, ଢେର୍ କଥାବାର୍ତ୍ତା, ସବୁ ଇଂରାଜୀରେ। ସବ୍ ପୋଷ୍ଟମାଷ୍ଟର, ଇଂରାଜୀ ନ ପଢ଼ିଲେ ତେଡ଼େ ବଡ଼ ଚାକିରିଟା ମିଳିବା ମୁସ୍କିଲ। ମଫସଲରେ ସୁବିଧା ନାହିଁ, ଗୋପାଳକୁ କଟକ ଆଣି ଇଂରାଜୀ ପଢ଼ାଇବାକୁ ହେବ, ଏକେ ତ ପେନ୍‌ସନ୍ ବୟସ ହେଲା, ପାଖାପାଖି ପଞ୍ଚାବନ, ଆଉ କେଇଟା ମାସପରେ ଅବସର, ପୁଣି ପେନ୍‌ସନ୍ ହେବ ସମୁଦ୍ରକୁ ଶଙ୍ଖେ। ହରି ସିଂହ ସଦର ପୋଷ୍ଟମାଷ୍ଟରଙ୍କର ଭାରି ବିଶ୍ୱସ୍ତ। ବସାରେ ମୁକରିର ଚାକର, ତଥାପି ସେ ସନ୍ଧ୍ୟାରେ ବାବୁଙ୍କ ବସାକୁ ଯାଆନ୍ତି, ଦି' ପାଇଟି କାମ କରିଦିଅନ୍ତି। ପୋଷ୍ଟମାଷ୍ଟର ବାବୁ ଚୌକିରେ ପଡ଼ି ଇଂରାଜୀ ଖବର କାଗଜ ପଢ଼ନ୍ତି। ନିଶା ଖାଆନ୍ତି। ହରି ସିଂହ ଅତି ସୁଚାରୁ ରୂପେ ବାବୁଙ୍କ ଚିଲମ

ସଜାଡ଼ି ଦିଅନ୍ତି। ମିଠା କଡ଼ା ଗୁଡ଼ାଖୁ ହୁକା, ଏ କଥା ଆଉ କାହାକୁ ଜଣାନାହିଁ। ସେଦିନ ସଞ୍ଜରେ ଭଲକରି ହରି ସିଂହ ଚିଲମଟା ବାବୁଙ୍କ ହାତକୁ ବଢ଼ାଇ ଦେଲେ। ବାବୁ ଭକ୍ ଭକ୍ ପରି ଧୂଆଁ ଛାଡ଼ିଲେ, ଇଞ୍ଜିନ୍‌ରୁ ବାହାରିଲା ପରି ଧୂଆଁ ବାହାରୁଛି। ଟିକିଏ ଟିକିଏ ଆଖି ବୁଜି ଆସିଲା। ବେଳ ଉଣ୍ଡି ସିଂହେ ଗୋଡ଼ ତଳେ ଦଣ୍ଡବତ ହୋଇ, ହାତ ଯୋଡ଼ି ଖୁବ୍ ଭକ୍ତିରେ, ଖୁବ୍ ଧୀରେ, ଖୁବ୍ ବିନୟରେ, ଖୁବ୍ ମିଠା କଥାରେ ଆପଣା ଦୁଃଖ ହାଲ ଚୁମ୍ବକ ଚୁମ୍ବକ ସମସ୍ତ କଥା ଜଣାଇଲେ। ବାବୁ ନୟନ ମୁଦ୍ରିତାବସ୍ଥାରେ କହିଲେ, "ଆଚ୍ଛା ଦରଖାସ୍ତ ଖଣ୍ଡେ ଲେଖିଆଣ।" ହରି ସିଂହ ତ ପୁରୁଣା ଲୋକ। ଢେର୍ ହାକିମ ହୁକୁମା ଅମଳ କଲେଣି। କାହାର କି ରକମ ମିଜାଜ, କିଏ କେଉଁଥିରେ ସୁଖି ତାଙ୍କୁ ଜଣା। ପୋଷ୍ଟ ଅଫିସ୍‌ରେ ଉପର ହାକିମ ବି ନିଶାପାନ କରନ୍ତି। କେବେ ବାନ୍ତି ଫାନ୍ତି କରନ୍ତି, ହରି ସିଂହେ ସୋଡ଼ା, କାଗଜି ଲେମ୍ବୁ ପ୍ରଭୃତି ହାଜର କରନ୍ତି, ଯେତେ ବଡ଼ ଘଟଣାଟାଏ ହଉ ସମ୍ଭାଳି ନିଅନ୍ତି। ହରି ସିଂହଙ୍କ ଦରଖାସ୍ତ ପିଠିରେ ପୋଷ୍ଟମାଷ୍ଟ୍ରେ ଭଲକରି ସୁପାରିଶ ଲେଖିଦେଲେ। ଉପରକୁ ପଠାଇ ଦେଲେ। ଅଳ୍ପଦିନ ମଧ୍ୟରେ ଏକ୍‌ଷ୍ଟେନସନ୍ ହୁକୁମ ଆସିଲା। ହରି ସିଂହ ଆନନ୍ଦରେ ଫାଟି ପଡ଼ିଲେ। ଘରକୁ ଖୁସିରେ ଚିଠି ଲେଖିଲେ। କିନ୍ତୁ ଘରୁ ପାଲଟା ଚିଠି ଆସିଲା। ସିଂହେ ଏକା ନିଶ୍ୱାସରେ ଘରକୁ ଦଉଡ଼ିଲେ, ବୁଢ଼ୀ ସନ୍ନିପାତ ରୋଗରେ ଛଟପଟ, ସ୍ୱାମୀଙ୍କ ପାଦଧୂଳି ଟିକେ ମୁଣ୍ଡରେ ମାରିଲେ। ତା' ପରେ ସବୁ ଶେଷ। ଗୋପାଳଟା ମା' ଛେଉଣ୍ଡ ହେଇଗଲା। ସିଂହେ ମାଲମତା ଦୁଇଖଣ୍ଡ ବିକି ଦେଲେ। ଏକାମୁହାଁ ହୋଇ କଟକ ଫେରିଲେ। ମଣିଷ ତ ସର୍ବଦା ବର୍ତ୍ତମାନ ସର୍ବସ୍ୱ, ଉପସ୍ଥିତ ସୁଖରେ ବିମୋହିତ। ଭବିଷ୍ୟତ ବିଧାତା କ'ଣ କରୁଛନ୍ତି ସେ ଆଡ଼କୁ ନିଘା ନାହିଁ। ସିଂହଙ୍କର ଏତେ ବଡ଼ ଆନନ୍ଦଟା ପାଣି ଫୋଟକା ପରି ମିଳେଇଗଲା। ସୁଖ ବାଟ କାଟିଲା, ଏଣିକି ଦଶଦିଗ ଶୂନ୍ୟ। ସବୁ ଯାଉ ପଛେ 'ଗୋପାଳଟା ମଣିଷ ହୋଇ ଯାଉ' - ଏଇ ଚିନ୍ତା ସିଂହେଙ୍କୁ ଘାରିଲା।

ଚାକିରିରେ ଯୋଗଦାନ ସତ୍ୟ; କିନ୍ତୁ ଅବସରଟା ଧ୍ରୁବ ସତ୍ୟ। ହରି ସିଂହଙ୍କ ଏବେ ଚାକିରି ନାହିଁ, ମାମୁଲି ପେନ୍‌ସନ୍ ପଇସା। ଗୋପାଳଟା ବି ଉପର କ୍ଲାସ୍‌ରେ ପଢ଼ିଲା, ଖର୍ଚ୍ଚ ବଢ଼ିଲା। ସିଂହେ ଘରେ ଯାହା ଲୋଟା, କଂସା ଦି'ଖଣ୍ଡ ଥିଲା ବିକିଦେଲେ। ଚାକିରି ବେଳେ ମାସକୁ ଦୁଇଚାରିଅଣା ସଞ୍ଚି ସେଭିଙ୍ଗ୍‌ସ ଖାତାରେ ରଖିଥିଲେ। ତାକୁ ଉଠାଇଲେ। ଗୋପାଳର ପଢ଼ାଖର୍ଚ୍ଚ କଷ୍ଟେମଷ୍ଟେ ମେଣ୍ଟିଲା। ଗୋପାଳ ମଧ୍ୟ ଖୁବ୍ ଭରସା ଦେଇ କହିଲାଣି, "ବାପା, ଧାର କରଜା କରି ମତେ ପଢ଼ାଅ, ଚାକିରି କରି ସୁଝିବି।" ହରି ସିଂହଙ୍କର ଆର୍ତ୍ତ ପ୍ରାର୍ଥନା ଦୀନବନ୍ଧୁ ପ୍ରଭୁ ଭଗବାନ ଶୁଣିଲେ। ଗୋପାଳ ମାଇନର ପାଶ୍ କଲା। ପୋଷ୍ଟମାଷ୍ଟର ତ ଚାକିରିରେ ଥିଲେ। ବୁଢ଼ା ଉପରେ ଉପର ହାକିମଙ୍କ କିଛି

କିଛି ଅନୁଗ୍ରହ ଥିଲା। ଗୋପାଳକୁ ନିଯୁକ୍ତି ମିଳିଲା। ଏକାବେଳକେ ମକ୍ରାମପୁର ପୋଷ୍ଟ ଅଫିସ୍‌ରେ ସବ୍‌ପୋଷ୍ଟ ମାଷ୍ଟର। ବେତନ କୋଡ଼ିଏ ଟଙ୍କା। ସଦର ପୋଷ୍ଟ ଅଫିସ୍‌ରେ ଚାରିମାସ କାମ ଶିଖିବ, ତା'ପରେ ମଫସଲ ଯିବ। ଗୋପାଳ ଚାକିରି ପାଇବା ଦିନ ବୁଢ଼ା ସିଂହେ ଢେର୍ କାନ୍ଦିଲେ, ବୁଢ଼ୀ କଥା ମନେ ପଡ଼ିଲା। ସେ ଥିଲେ କେଡ଼େ ଆନନ୍ଦଟାଏ ହୋଇଥା'ନ୍ତା ! ସିଂହେ ମନକୁ ବୁଝାଇ ଦେଲେ। ଗୋପାଳ ହାକିମ ହେଲା। ପ୍ରଭୁ ଗୋପାଳଟିକୁ ରକ୍ଷା କରନ୍ତୁ।

ସିଂହେଙ୍କ ଗୋଡ଼ ତଳେ ଲାଗୁନି। ପୁଅ ହାକିମ, ଇଂରାଜୀରେ କଥା କହୁଛି। ଏତେ ଗୁଡ଼ିଏ ଟଙ୍କା, ପ୍ରଥମ ମାସର ଦରମା। ଗୋପାଳର ବି ପିତୃଭକ୍ତି କିଛି କମ୍ ନୁହେଁ। ଟଙ୍କାତକ ବାପାଙ୍କ ହାତରେ ଦେଲା। ଜୁତା, ଛତା, ଲୁଗା - ଯାହା ଯାହା ଦରକାର କିଣା ହେଲା, ଗୋପାଳ ଏବେ ହାକିମ। ଭେକ ଦେଖି ଭିକ। ଛିଃ ! ସେ କି ଆଉ ଲୁଗା ପିନ୍ଧିବ ? ଗୋପାଳଟା ପରା ବାବୁ ! ଅନ୍ୟମାନଙ୍କ ସହ ମିଶି ଇଂରାଜୀ ଲେଖନ୍ତି। ବାବୁମାନଙ୍କ ସହ ସବୁବେଳେ ବରାବର ବସନ୍ତି। ସମସ୍ତେ ଡାକନ୍ତି ଡାକମୁନ୍‌ସି, ପୂରା ନାମ ଗୋପାଳ ଚନ୍ଦ୍ର ସିଂହ। ହରି ସିଂହେ ଗୋପାଳର ସବୁ ପାଇଟି ଉଠାନ୍ତି। ଦିନରାତି ତା'ରି କାମରେ, ତା'ରି ଚିନ୍ତା ସବୁବେଳେ। ବୁଢ଼ା ପୁରୁଣା କାଳିଆ, ମଫସଲି, ଉଠି ପଡ଼ି ହେଡ୍ ପିଅନ, କୁରତା ପିନ୍ଧନ୍ତିନି। ସେଦିନ କେତେଜଣ ଶିକ୍ଷିତା ସ୍ତ୍ରୀଲୋକ ସେମିଜ ପିନ୍ଧି ଛିଡ଼ା ହୋଇଥିଲେ। ବାବୁ ଗୋପାଳଙ୍କ ମୁଣ୍ଡ ତଳକୁ ହେଇଗଲା, କି ଲଜ୍ଜା, କି ଲଜ୍ଜା ! ଏଣିକି ବୁଢ଼ାଟାକୁ ବସାରୁ ତଡ଼ିବାକୁ ପଡ଼ିବ।

ଇଂରାଜୀ ପାଠୁଆ ବାବୁମାନେ ବିଦେଶୀ ଚଳଣିକୁ ଆପଣେଇ ନେଲେ। ଏମାନଙ୍କୁ 'ବାବୁ' ଆଖ୍ୟା ମିଳିଲା। ସେଇ ତଥାକଥିତ ବାବୁମାନେ ଆଚାର, ବିଚାର, ସଂସ୍କାର ଭୁଲିଲେ। ବିଦେଶୀ ମୋହରେ ଭଳିଲେ। ଏଇଟା ଇଂରାଜୀ ପାଠର ଦୋଷ ନ ଥିଲା। ଦୋଷଥିଲା ଶିକ୍ଷିତ ବାବୁମାନଙ୍କର। ସେମାନେ ଆପଣା ଆପଣା ପରିବାରକୁ ଭୁଲିଲେ। ବାପା ମା'ଙ୍କୁ ଅଣଦେଖା କଲେ। ତାଙ୍କର ଆଦର ଯତ୍ନ ପାସୋରିଲେ। ଏହାର ଉଦାହରଣ ଡାକମୁନ୍‌ସି। ବାପା ହରି ସିଂହଙ୍କୁ ରୋକଠୋକ କହିଲେ, "ଦେଖ, ତୁମେ ମୋର କିଛି ଉପକାର କରିନାହଁ। ଇଚ୍ଛା ହେଲେ ବସାରେ ରୁହ, ନୋହିଲେ ଚାଲିଯାଅ। ଆଉ ଦେଖ, ବାବୁମାନେ ଆମ ଦୁଆରକୁ ଆସିଲେ ତୁମେ ଘରୁ ବାହାରିବ ନାହିଁ।" ବୁଢ଼ା ବିଶ୍ୱାସ କରିପାରିଲାନି। ଏ ତ ସେଇ ମଫସଲିଆ ଗୋପାଳିଆ କଥାନୁହେଁ, ସବ୍ ପୋଷ୍ଟମାଷ୍ଟର ବାବୁ ଡାକମୁନ୍‌ସିର କଥା ? ତା' କାନମୁଣ୍ଡ ଭାଁ ଭାଁ କଲା, ଗୁମ୍ ହୋଇ ବସିପଡ଼ିଲା - କାହାକୁ କହିବ ପୁଅ କଥା ? ଅଜାଗା ଘା' ଦେଖି ହୁଏ ନାହିଁ କି ଦେଖେଇ ହୁଏ ନାହିଁ। ବୁଢ଼ା ମୁହଁ ପୋଛିଲା, ଆଉ କାନ୍ଦିଲାନି। ଗୋପାଳର କାଳେ ଅମଙ୍ଗଳ

ହେବ। ଏତିକି ନୁହେଁ, ବାବୁ ଗୋପାଳ ସିଂହ ମଫସଲ ବାହାରିଲେ। ବାବୁ ପୋଷାକ, କାଖରେ ଛତା, ବାଡ଼ି ଘୂରାଇ ଘୂରାଇ ଚାଲିଲେ। ଗୋଟାପଣ ସାହେବ। ଏଣେ ବାପାକୁ ତାଗିଦ୍, "ଏ ବାବା, ମୁଁ ମଫସଲ ବାହାରିଲି, ଏହି ଜିନିଷପତ୍ର ସବୁ ଘେନିଆସ, କେତେ ବା ଜିନିଷ ? ବୁଝି ଖବରଦାର୍, ମୂଲିଆ କରିବ ନାହିଁ; କଲେ ତୁମେ ଜାଣ, ମୁଁ ପଇସା ଦେବି ନାହିଁ।" ବାବୁଙ୍କ ଆଜ୍ଞା ଶିରୋଧାର୍ଯ୍ୟ, ଥକାମାରି ଚାଲିଲେ ପଛେ ପଛେ। ଡେରି ହେବାରୁ ଗୋପାଳ ଢେର୍ ଫଜିତ୍ କଲେ। ମଫସଲ ଜାଗା, ସିଂହେଙ୍କ ଦିହରେ ସେଠା ପାଣି ଚଳିଲାନି, ରାତିସାରା କାଶ, ବାବୁ ଶୋଇବାରେ ହରକତ ହେଲେ। ପିଅନକୁ କହିଲେ, "ବୁଢ଼ାଟାକୁ କିଆବାଡ଼ରେ ଫୋପାଡ଼ି ଦେଇ ଆସ।" ପିଅନ ଇଂରାଜୀ ପଢ଼ିନି, ବାପା ମା'ଙ୍କୁ ଭକ୍ତି କରେ, ତା'ର ଗୋଟାଏ ଦେଶୀ ହୃଦୟ ଅଛି। ଚିନ୍ତାକଲା, "କ'ଣ ଏ ? ବୁଢ଼ା ରୋଗୀଟିକୁ କିଆବାଡ଼ରେ ଶୁଆଇ ଦେବି ?" ବୁଢ଼ାର ଥଣ୍ଡାକାଶ ବଢ଼ିଲା, ଗୋପାଳବାବୁ ଭାରି ଖପା ! ବୁଢ଼ା ଛାତିରେ ଦୁଇଟା ଇଂରାଜୀ ଘୁଷି ମାରିଲେ, ବିଛଣାପତ୍ର ବାହାରକୁ ଫୋପାଡ଼ି ଦେଲେ। ଏବେ ହରି ସିଂହେ ଗାଁରେ, ଜମି ଦି' ମାଣ ଥିଲା। ଭାଗବଖରା ଦେଲେ, ସେଇଥିରୁ ବେଶ୍ ଚଳି ଯାଆନ୍ତି। ସନ୍ଧ୍ୟାରେ ପିଣ୍ଡାରେ ବସି ଖଞ୍ଜଣି ଭଜନ ଗାଆନ୍ତି, ହରିନାମ କରନ୍ତି। ବାପ ଖୁସି, ଏଣେ ପୁଅ ବି।

ପାଶ୍ଚାତ୍ୟ ଶିକ୍ଷା ଛଡ଼େଇ ନେଲା ଯୌଥ ପରିବାରର ସ୍ନେହ, ସୋହାଗ, ସିନିହ ଟିକକ। ପାଠୁଆ ବାବୁ ମାନେ ହେଇଗଲେ ଆତ୍ମକେନ୍ଦ୍ରିକ। ପିତା-ପୁତ୍ରର ମଧୁର ସମ୍ପର୍କ ଭଙ୍ଗା ପଡ଼ିଲା। ନକଲି ଚାକଚକ୍ୟ, ବେଶ ପୋଷାକ ଆଡ଼େ ଆକର୍ଷଣ ବଢ଼ିଲା। ସ୍ୱାଧୀନତାର ଢେର୍ ବର୍ଷପରେ ବି ଅନେକତ୍ର ସେଇ କଥା। ଏବେ ବି ବାବୁମାନେ ଭାବନ୍ତି, ଅପାଠୁଆ ମଳିମୁଣ୍ଡିଆ ମାନେ ସେମାନଙ୍କ ଠାରୁ ବହୁ ନିମ୍ନରେ। ଏ ପ୍ରକାର ମାନସିକତାକୁ ପରିହାର କରିବାକୁ ପଡ଼ିବ। ପାଠୁଆ ବାବୁମାନେ ଏକପ୍ରକାର ସହର ମୁହାଁ, ଗାଁ କଥା ବିସ୍ମୃତ ହେଲେଣି। ଏଇ ପାଠ, ଏଇ ପାଠ, ଗୋଟାଏ ବିରାଟ ପାଚେରି ତିଆରି କରିଛି, ସେପଟେ ସହର, ଏପଟେ ମଫସଲ। ସହରୀବାବୁ ଡାକମୁନ୍‌ସି, ମଫସଲର ମଣିଷ ପରି ମଣିଷ ହରି ସିଂହ। ଭଲ ମଣିଷଟାଏ ହେବା ପାଇଁ କ'ଣ ଇଂରାଜୀ ପଢ଼ିବା ଏକମାତ୍ର ପନ୍ଥା ? ମଣିଷ ପଣିଆଟା ପାଠର କଥା ନୁହେଁ, ହୃଦୟର ଗାଥା। ତାହା ହିଁ 'ଡାକମୁନ୍‌ସି' ଗଳ୍ପର ମୁଖ୍ୟ କଥା। ଏବେ ବି ସମାଜରେ ଗୋପାଳ ସିଂହ ମାନଙ୍କର ଅଭାବ ନାହିଁ। ତାଙ୍କରି ପାଇଁ ଫକୀରମୋହନଙ୍କ ଚେତାବନି- ଇଂରାଜୀ ପଢ଼; କିନ୍ତୁ ବିପଥଗାମୀ ହୁଅନାହିଁ। ଡାକମୁନ୍‌ସି ଏକ କାଳଜୟୀ କୃତି, ଏହାର ସାମାଜିକ ମୂଲ୍ୟବୋଧ ସବୁ କାଳରେ ଅତୁଟ ରହିବ, ଏହା ନିଃସନ୍ଦେହ।

■

ଏ ଖାଉନ୍ଦ ! ମତେ ଭଲ ପାଇଟି ଶିଖାଇଦିଅ

ଗାଁ, ନଈ ସେପାରି ମାଣିକୀପାଟଣା ଅବା ଦୂରିଆ ଗାଁ ଭୁଷଣ୍ଡପୁର, ଏମିତି ଆଉ ଆଉ ଗାଁ। ଏଗୁଡ଼ିକ ଭାରି ମିଠା। ଢେର୍ ଭଲ। ସେଠି ଜୀବନ ଅଛି। ସବୁଜ ଶାଗୁଆ କ୍ଷେତବାଡ଼ି, ହସିଲା ପୂରିଲା ସଂସାର, ହିଂସା ନାହିଁ, କପଟ ନାହିଁ, ନାହିଁ ପର ଆପଣା ଭେଦଭାବ। ଯେଝା ଧନ୍ଦାରେ ଯେଝା। ଗାଁ ଗୋଟାକରେ ଛତିଶ ପାଟକ, ମିଳିମିଶି ଚଳନ୍ତି। ହେଲେ ଜାତିଆଣ ଭାବଟା ଟିକେ କଡ଼ା। ତଥାପି କିଏ ରୋଗବାଧିକା ପଡ଼ିଲା, କାନରେ ପଡ଼ିଲା ମାନେ ଧାଇଁ ଆସନ୍ତି। କେହି ବଇଦ କତିକି ଦଉଡ଼ି ଗଲାଣି ତ କିଏ ଚେରମୂଳିକା, ତୁଟୁକା ତୁଟୁକି ବଟେଇଲାଣି। କେଉଁ ପୋଖତୀ କଷ୍ଟ ପାଉଛି; କିଏ ପତର କେରାଏ ଚୁଲିରେ ପୂରେଇ ଦିଏ, ଗରମ ପାଣି ଟିକେ ବସାଇ ଦିଏ। ଜଣକର କଷ୍ଟ ଯେମିତି ସାରା ଗାଁର କଷ୍ଟ। ଖାଲି ସେତିକି ନୁହେଁ, ପୁନେଇଁ ପରବରେ କାହାଘରେ ପିଠା ପୁଞ୍ଜାଏ ତ କାହାଘରେ ତରକାରୀ ଟିକେ କିଏ ଦେଇଆସେ। ଦିଆ ନିଆ, ଖିଆ ପିଆରେ ଭାବ - ଏଇଟି ଗାଁ ଲୋକେ ଜାଣନ୍ତି। ବାହାଘର ନିଅଣ କଥା ଅଲଗା। ଭୋଜିଭାତ ହେଲେ, ଗାଁଯାକ ପଙ୍ଗତରେ ବସିବେ। ପିଲା ମାଇପେ ବି ବାଦ୍ ପଡ଼ିବେନି। ସେତେବେଳେ ନ ଥିଲା କଞ୍ଚାପଇସା, ଲୋକେ ଇଂରାଜୀ ଶିକ୍ଷାର ଧାର ଧରି ନ ଥିଲେ। ତଥାପି ହସଖୁସିରେ ଦିନ କଟେ। ଧାନ, ବିରି, କୋଳଥ, ମାଣ୍ଡିଆର ସଂସାର, ବରଷକର ଖରଚ ଏଇଥିରୁ। ଝିଅ ବାହାଘର, ସାହୁକାର କରଜ ଶୁଝିବା, ସବୁ ସେଇ କ୍ଷେତବାଡ଼ି ଉପରେ ନିର୍ଭର। ତଥାପି ଗାଁ ଘିଅ ମହୁରେ ଭାସୁଥିଲା। ଜୀବନ ଚହଟୁଥିଲା।

ଗାଁ ଟିଏ, ନାଁ ଭୁଷଣ୍ଡପୁର। ସେଇ ଗାଁର ବିଦିଆ ପାତ୍ର। ଏଡ଼େବଡ଼ ଗାଁ, କଣ୍ଡରା ବୋଇଲେ ଏକା ବିଦେଇ, ଗାଁ ଚୌକିଆ। ପାଞ୍ଚହତା ମରଦ, ହାତରେ ଚିତାଏ

ଉଞ୍ଚା ଠେଙ୍ଗା । ସେଇଟିକି କାନ୍ଧରେ ପକେଇ ଚାଲେ । ତାକୁ ଦେଖିଲେ ଚୋରର ପିଳେହି ପାଣି । ବିଦିଆ ରାତିଯାକ ପହରା ଦିଏ । ଘଡ଼ି ଘଡ଼ି ଡାକମାରେ "ଏ ରାମ ପଇଡ଼େ ଜାଗତା, ଏ ନାଇକ ଘର ହୁସିଆର", ଲୋକମୁଖରେ ବିଦିଆର ଭାରି ପ୍ରଶଂସା । ଲୋକଟା ରିସପତଖୋର ନୁହେଁ, ଧାର୍ମିକ, ନିତି ଭାଗବତ ଟୁଙ୍ଗୀକି ଯାଏ । ପିଣ୍ଡାତଳେ ବସି ପୁରାଣ ଶୁଣେ । ମୁଖରେ ଖାଲି ହରିନାମ । ବିଦିଆ ପୁଅ ସପନା, ତା'ର ବିଭା ହେଲା, ବୋହୂ ଆସିଲା । ବୋହୂ ନାଁ ଚେମୀ । ଦେଖିବାକୁ ଗୋଟାଏ ଚାଉଳରେ ଗଢ଼ା । ବେଶ୍ ଡଉଲ ଡାଉଲ, କିଏ କହିବ କଣ୍ଡରା ଘର ଝିଅ ? ପାଠ ଦି' ଅକ୍ଷର ସିନା ପଢ଼ିନି, ଘରକରଣା ବୁଦ୍ଧିରେ ତାକୁ କେହି ପାରିବେନି । ଦିନେ ବିଦିଆ ପୁଅବୋହୂକୁ ପାଖକୁ ଡାକିଲା, କହିଲା, "ଆରେ ସପ୍ନା, ମୋ ସାଙ୍ଗରେ ଯାଉ, ପିଲାଦିନୁ ପୁରାଣ ଶୁଣିଛୁ । ଢେର୍ କଥା ମୁଁ ଶିଖେଇଛି, ମନେ ରଖିବୁ - ଚୋରି ନାରୀ ଖୁଣି - ନକରି ରହି ଯା ପୁଣି । ଲୋଭ ନ କରିବୁ ପରଧନେ - ମିଛ ନ କହିବୁ କଦାଚନେ ।" ବୋହୂକୁ କହିଲା- "ଏଇ ସପ୍ନି ହେଲା ତୋ ଖାଉନ୍ଦ - ତୋ ଠାକୁର ଦେବତା - ଏୟା କଥା ଏଡ଼ିବୁ ନାହିଁ ।" ସପନା ବି କଥା ଦେଲା । ସବୁ କଥା ହରି ଦେଖିବ, ଅଳିଆ କାମ କଲେ ଦୁଃଖ ଦବ, ବାପ ଲୋ ! ମୁଁ ସେମିତି କାମ କରିବି ନାହିଁ, ତମ ପରି ସବୁବେଳେ ହରିକି ଡାକିବି । ଚେମୀ କହିଲା, "ଏ ଖାଉନ୍ଦ ! ମତେ ଭଲ ପାଇଟି ଶିଖାଇଦିଅ । ମା' କହିଛି, ତମ କଥା ମାନିବି - ତମେ ଯାହା କହିବ ସବୁ ଶୁଣିବି ।" ବିଦିଆ ଏ କଥା ଶୁଣୁଥିଲା । ହରି ହରି କହି ଆଖି ବୁଜିଲା । ସପନାର କାନ୍ଦ ବୋବାଳି, ଚେମୀଟା ବୁଢ଼ା ଗୋଡ଼ ଦି'ଟାକୁ ଜାବୁଡ଼ି ଧରିଛି । ବଡ଼ ପାଟିକରି ବାହୁନୁଛି, ଗାଁ ଲୋକେ ହାୟ ! ହାୟ ! କହିଲେ, କିଏ କହିଲା ନୀଚ କୁଳରେ ଏମିତିକା ସତ୍ୟବନ୍ତ ଧାର୍ମିକ ଲୋକ ଦେଖି ନାହିଁ । ଏମିତି ଏକ ଘଟଣାକୁ ନେଇ ଫକୀରମୋହନ ସେନାପତିଙ୍କ ଗପ 'ବଗଲା-ବଗୁଲୀ' । ଗୋଟେ ନିପଟ ମଫସଲର ନିଛକ ଚିତ୍ର ଗପଟିରେ ସ୍ଥାନିତ ।

ବିଦିଆଟା ଥିଲା ଭାରି ସୁଧାର, ରାଗ ହିଂସା ଟିକିଏ ନାହିଁ । ସପନା ବାହାଘରକୁ ବନ୍ଧୁ ବାନ୍ଧବ, ସାଇଭାଇ ସମସ୍ତଙ୍କୁ ଲୋଡ଼ିଲା । ପାତ୍ର ବୁଢ଼ା, ସାନରୁ ବଡ଼ଯାଏ ସବୁ ଜାତିପୁଅଙ୍କ ହାତ ଧରୁଥାଏ, ଗୋଡ଼ ଧରି କହୁଥାଏ, "ସାଆନ୍ତମାନେ, ଗୋସେଇଁମାନେ, ପଞ୍ଚୁ ଠାକୁରମାନେ, ଏ କାମ ଆପଣମାନଙ୍କର, ପୁଅ ଆପଣ ମାନଙ୍କର, କାମ ତୁଲେଇ ନିଅନ୍ତୁ ।" ବୁଢ଼ା କଥାରେ ସମସ୍ତେ ଭୋଳ, ଏକଜୁଟ ହୋଇ ବିଭା କାମଟା ଉଠାଇ ନେଲେ । ଲୋକେ କୁହାକୁହି, "ଜାତିରେ ଏମିତି କାର୍ଯ୍ୟଟା କେହି କରିନାହିଁ । ଖୁଆଇ ପିଆଇ ବିଭୋର କରିଦେଲା । ତାଟିଆକୁ ତାଟିଆ ବିରିଡାଲି, ବାଛୁରୀ ପରି ବଡ଼ ବଡ଼ ପୁଞ୍ଜାଏ ଗାରଡ଼ ବାନ୍ଧିଦେଲା, ଚାରି ମାଠିଆ ତାଡ଼ି । କେତେ ପିଇବ ପିଅ । ଧନ୍ୟ ଧନ୍ୟ

ସେମିତିକା ସାଆନ୍ତମାନଙ୍କୁ ଖଟିଛି ଏକା।" ଅତିଥିଟିଏ ଭଗବାନ, ତାଙ୍କ ସେବା ଯତ୍ନକଲେ ଈଶ୍ୱର ପ୍ରାପ୍ତି - ଏ କଥାଟି ଗାଁ ଲୋକେ ଜାଣିଥିଲେ। ଭୋଜିଭାତ ହୁଏ, ଆଦରରେ ସାଇଭାଇ, କୁଣିଆ ସାଆନ୍ତଙ୍କ ଚର୍ଚ୍ଚା କରନ୍ତି। ଏଇ କଥାଟି ଲେଖକ ଦେଖାଇ ଦେଇଛନ୍ତି।

ଆଗ କାଳିଆ କଥା, ଝିଅଟିର ପାଠ ପଢ଼ିବା ସୁବିଧା ନ ଥିଲା। ପିଲାଦିନରୁ ମା'ମାନେ ସେମାନଙ୍କୁ ସାଣ୍ଡୁଣା ଶିଖାନ୍ତି। ପିଠାଗଢ଼ା, ଝୋଟିଦିଆ, ନ' ତରକାରୀ, ଛ' ଭଜା- ଏସବୁ ଅଭିଆଡ଼ୀ ଝିଅ ଶିଖେ। ଏ ସବୁ କାମ ଚେମୀ ଜାଣିଛି। ତା' ହାତ ଶାଗ ଖରଡ଼ା, ଚେଙ୍ଗମାଛ ତିଅଣ, କଙ୍କଡ଼ା ସିଝା ଯିଏ ଖାଇଚି, ପାଶୋରି ପାରିବ ନାହିଁ। ଘଷି ସାଉଁଟିବା, ଗୁଣ୍ଡିକାଠ ଗୋଟେଇବା, ଗାତ ଭିତରୁ କଙ୍କଡ଼ା ଧରି ଆଣିବା, ସବୁ ଗୁଣରେ ପୂରା, ଶଶୁରକୁ ସେବା ଦେବାରେ ବି ଊଣା ନାହିଁ। ସଞ୍ଜେ ସକାଳେ ବୁଢ଼ାକୁ ଜୁହାର ହୁଏ, ଠେକିଏ ପାଣିରେ ଗୋଡ଼ଧୋଇ ଦିଏ। ଗୋଡ଼ ହାତରେ ମାଲପା ଟିକେ ମାଲିସ୍ କରିଦିଏ। ଗାଁ ଗାଁ ବୁଲି ବିଦିଆ କହେ, "ବୋହୂଟା ଏକା ସୁନାମୁଣ୍ଡା।"

ସପନା, ଚେମୀ - ଗିରସ୍ତ ଭାରିଜା ଦି' ପ୍ରାଣୀ। ଛାଡ଼ବାଡ଼ ନାହିଁ। ସବୁବେଳେ ଏକା ସାଙ୍ଗରେ ଥାଆନ୍ତି, ଜଣେ ଆରଜଣକୁ ନ ପଚାରି କିଛି କରେନା, ଜଣକ ମନରେ, ଦିହରେ ଟିକେ ଦୁଃଖ ହେଲେ ଆରଜଣକ କାନ୍ଦି ପକାଏ। ସପନା ପାଞ୍ଚମାଣ ଧାନ ମୂଲପାଏ, ବୁଢ଼ା ଅମଳରୁ ଗୋଟାଏ ଭଙ୍ଗା ମାଣ ଅଛି। ଚେମୀ ମାପି ରଖିଦିଏ। କହେ, "ଏ ଖାଉନ୍ଦ ! ଦେହ ଅଛି ପା' ଅଛି, ଘରେ ବସି ଖାଇବା।" ମାଣେ ଧାନ ଦେଇ ତେଲ ପାହୁଲାକର, ଲୁଣ ପାହୁଲାକର, ଧୂଆଁ ପତର ଅଧ ପାହୁଲାଏ, ହଳଦୀ ଅଧ ପାହୁଲାଏ - ସବୁ ହିସାବ ଚେମୀ କରେ। ସପନାକୁ ଧାନ ଦେଇ ତେଲୀ ମହାଜନ ପାଖକୁ ପଠାଇ ଦିଏ। ଭାରି ହିସାବରେ ଚଳେ, ଦୋକାନ ସଉଦା ଭଲକରି ସାଇତି ରଖେ, ରୋଷେଇରେ ଲାଗିଯାଏ। ଟୋପାଏ ତେଲ ଦେଇ ଶାଗଟା ଖରଡ଼ି ପକାଏ, କଙ୍କଡ଼ା ଛେଚି ଦେଇ ଟୋପାଏ ତେଲଲୁଣ ଗୋଳେଇ ଦିଏ, ମାଛ ଥିଲେ ଟୋପାଏ ତେଲ ପକାଇ ତିଅଣ କରିଦିଏ। ରାଣ ନିୟମ ପକାଇ ସପନାକୁ ବଳେଇ କରି ଖୁଆଏ, ତା' ଅଇଁଠା ଥାଳିରେ ନିଜେ ଖାଏ। ସପନା-ଚେମୀ - ଦି' ଜଣ ବେଶ୍ ଆନନ୍ଦରେ ଚଳନ୍ତି। ସାହୁର ଦେଣା ନାହିଁ କି ରାଜାର ଖଜଣା ନାହିଁ। କେବେ ସୁଦ୍ଧା ଘରେ ଅନ୍ନଛୁଟଣ ନାହିଁ। ହସ ଖୁସିରେ ଦିନ ଯାଏ, ସଞ୍ଜଆସେ। ଚେମୀ ରନ୍ଧାବଢ଼ା କରେ। ସପନା ହରିଣୀ ସ୍ତୁତି, ଗଜସ୍ତୁତି ଗାଏ। ଭାଗବତରୁ ବି ଢେର୍ ପଦ ଶିଖିଛି, ଏଠୁ ସେଠୁ ଗାଏ। ଚେମୀ କାନଡେରି ଶୁଣୁଥାଏ। ପଢ଼ାପଢ଼ି ସରିଲେ, "ଠାକୁର ହରି, ଦୟା କର, କହି ଓଳଗି ହୁଏ, ସପନା ପାଦତଳେ ମୁଣ୍ଡିଆ ମାରେ। ଗାଁର ବୁଢ଼ା ବୁଢ଼ା ଅଜା ସାଆନ୍ତ,

ଟାପରା କରି କହନ୍ତି, "କିରେ ସପ୍ନା, ତୁମେ ଦୁଇଟା ଯେ ବଗଲା-ବଗୁଲୀ ପରି ବସିଛ।" ଏକଥା ଶୁଣି ଗାଁ ଲୋକେ ବି ସପ୍ନାକୁ ଡାକିଲେ ବଗଲା ପାତ୍ର। ମାଇକିନିଆମାନେ କହିଲେ, "ଆଲୋ ବଗୁଲୀ, ତୋ' ବଗଲା ଲାଗି କ'ଣ ରାନ୍ଧିଥିଲୁ ?" ଶେଷରେ ଗାଁରେ ତାଙ୍କ ନାମ ହୋଇଗଲା - ବଗଲା-ବଗୁଲୀ। ବର୍ଷାଦିନେ ବଗଲା-ବଗୁଲୀର ଭାରି ଆନନ୍ଦ। ସପ୍ନାର ମୂଲ ପାଞ୍ଚମାଣ, ଚେମୀର ଚାରିମାଣ। ଖାଇପିଇ ପାଞ୍ଚମାଣ ଧାନ ବଳିପଡ଼େ। ଚାଷୀବନ୍ଦୀ ପରିବାରର ଏଇ ତ ଜୀବନଧାରା! ଏସବୁ କଥାକୁ ଫକୀରମୋହନ ଲେଖିଛନ୍ତି। ଗାଁ ଗଣ୍ଡାର ଚାଷ ବେଉଷଣର ଚିତ୍ର ବି ପ୍ରଦାନ କରିଛନ୍ତି।

ସେ ବର୍ଷ ଭାରି ଭଲ ବର୍ଷଟିଏ। ଅର୍ଜନ ଚାରିଆଡ଼େ, ପଛୁଆଣିଆ ବରଷା, ଚାଷକାମ ଏକା ସମୟରେ ଲାଗିଗଲା। ମୂଲିଆ ମିଳୁ ନାହାନ୍ତି। ମୂଲ ବଢ଼ିଗଲା, ସପ୍ନାର ମୂଲ ଛ'ମାଣ, ଚେମୀର ପାଞ୍ଚମାଣ। ଘରେ ଗୋଟାଏ ମାଠିଆ, ଯୋଡ଼ାଏ ତାଡ଼ିଆ ଭର୍ତ୍ତି। ସପନା ଆଉ ଗୋଟାଏ ଓଳିଆ ବାନ୍ଧି ଦେଲା, ଲକ୍ଷ୍ମୀ ଆଲିଙ୍ଗନ କଲେ, ଚାରିଆଡ଼ୁ ଅର୍ଜନ ମିଳେ। ବିଲ ବଛାରେ ହାତରେ ବି କଙ୍କଡ଼ା ଚେଙ୍ଗ ପଡ଼ିଯାଏ, ହାତ ବୁଲେଇ ଆଣିଲେ ଶାଗ କେରାଏ, ହିଡ଼ ମୂଳରେ ମଦରଙ୍ଗା, କନିସିର ଶାଗ ବଲବଲ, ଚେମୀ ସାଥିରେ ନେଇ ଯାଇଥାଏ ଖଇଁଚିଟାଏ। ପାଣି ମାହାରା, ହିଡ଼ମୂଳେ ବସେଇ ଦିଏ, କାମ ଉଠାଣି ବେଳକୁ ଚେଙ୍ଗ, କଟୁରୀ, କଉ, ଟିପିରି, ଶେଉଳ, ପହଣା ଖଇଞ୍ଚିରେ ଭର୍ତ୍ତି। ଦିନେ ଦିନେ ଖଇଁଚିଟା ଦି' ତିନିଥର ଝାଡ଼ିବାକୁ ପଡ଼େ। ଚେମୀ ଦି' ନଉତି ସରିକି ପିତାଶୁଖୁଆ ସାଇତିଲାଣି, ଚାରିମାସ ତିଅଣ ଚଳିଯିବ। ଅଶିଣ ମାସିଆ ଦିନ, ପାଣି କାଦୁଅରେ ପଚରପଚର ବିଲବାଡ଼ି। ଗୋଡ଼ହାତ ସବୁ ପାଣି ଖାଇଗଲାଣି। କରଞ୍ଜ ତେଲଟିକେ ଘଷିଦେଲେ ତା' ପରଦିନ ଘା' ଶୁଖିଯାଏ। ଚେମୀ ଗୁଡ଼ାଏ ବିଲମାଛ ବୁଢ଼ୀ ପରିଡ଼ାଣୀକୁ ଦେଲା, ମାଟି କୁମ୍ପାରେ କୁମ୍ପାଏ କରଞ୍ଜତେଲ କିଣି ଆଣି ଘରେ ଥୋଇ ଦେଇଛି। ମଫସଲରେ କରଞ୍ଜ ତେଲର ଭାରି ଆଦର। ଚାଷବନ୍ଦି ଘର, ବିଲବାଡ଼ିରୁ ଆସିଲେ କରଞ୍ଜ ତେଲଟିକେ ଲୋଡ଼ା। ଗାଁରେ ତେଲୀଘର। ଗାଁ ଲୋକେ ଖରାଦିନେ କରଞ୍ଜ ପେଡ଼ି ଆଣନ୍ତି, ବର୍ଷା ଦିନକୁ ସାଇତି ରଖନ୍ତି। ଦିନକର କଥା। ଚେମୀ ସପ୍ନାର ଗୋଡ଼ ଆଙ୍ଗୁଳି ସନ୍ଧିରେ କରଞ୍ଜ ତେଲ ଲଗେଇ ଦଉଛି। ଧାନବିକି ପଇସା ଆଣିବା କଥା ପଡ଼ିଲା। ଚେମୀ କହିଲା - "ଏ ଖାଉନ୍ଦ ଏ - ସେ ବଡ଼ ଅଳିଆ କଥା। କେତେ ଧାନକୁ କେତେ ପଇସା ଗଣି ଜାଣିଲ ନାହିଁ, ଆଉ ପଇସା ରଖିଲେ ଚୋର ଟସକର ଦୁଆରକୁ ଆସିବେ। କେଉଁଠି କେମିତି ପୋତି ପକେଇଲେ, ଭୁଲିଗଲେ ଗଲା।" ଏମିତି ବଗଲା-ବଗୁଲୀଙ୍କ କଥାଭାଷା, ଶେଷରେ କଥା ଛିଡ଼ିଲା। କାବୁଲି ପଠାଣ ଆସିଲେ ଖଣ୍ଡେ ରଙ୍ଗ

କମ୍ବଳ କିଣିବେ, ଆଉ ଶୀତ ଦିନେ ଖଡ଼ିକା ହେଁସ ଘୋଡ଼େଇ ହେବେନାହିଁ। ଏମିତି ଢେର୍ କଥା ହେଲେ, ସେଦିନ ନିଦରେ ଶୋଇଗଲେ। ଆଜିକାଲି ଦି' ପ୍ରାଣୀ ଭିତରେ ଆନନ୍ଦର ସୀମା ନାହିଁ।

ବେଳ ଦି' ଘଡ଼ି ହେଲାଣି, ଚେମୀ ଉଠିନି, ସପ୍ନା କହିଲା, "କିଲୋ ବୋଉ, ତୋ ଦିହଟା ତାତିଲା ଲାଗୁଛି; ଜର ହେଲା କିରେ?" ସପନାର ବି ଦିହରେ ତାତି। କ'ଣ ତାଙ୍କୁ ଜର ହେଲା କି? ଚେମୀ ମୁଣ୍ଡ ବୁଲେଇ ଦେଲା, ହାଉଳି ଖାଇଲା। "ଆଲୋ ମା'ଲୋ! ଆଲୋ ବାପାଲୋ! କ'ଣ କରିବିଲୋ। ଠାକୁର ହରି! ମୋ ବାପ ଗାଁ ମଙ୍ଗଳା। ମୋ ଖାଉନ୍ଦକୁ ଭଲ କରିଦେ।" ଦଉଡ଼ିଲା ବୈଦ୍ୟ ନକୁଳ ନାୟକେ ଘରକୁ। ଗାଁରେ ରୋଗ ବାଧିକା ହେଲେ ସେଇ ଏକା ସାହା ଭରସା। ବୈଦ୍ୟ ସବୁ ଶୁଣିଲେ, ସପନାକୁ ଛ' ଦିନ ହେଲା ଜର। ଘୋର ସନ୍ନିପାତ, ବୈଦ୍ୟ ବଟୁଆ ଫିଠାଇଲେ। ଗୋଟାଏ ଟସର କୁଆ ଭିତରୁ ଚାରିଟା ଜ୍ୱର ରାଘବ ବଟିକା କାଢ଼ିଲେ। ତୁଳସୀ ରସ, ଜିରପାପଡ଼ା ରସ ଗୋଳି ଦେଇ ଚାରି ପହରେ ଚାରିପାନ ଦେବାକୁ କହିଲେ। ଚେମୀ ଘରକୁ ଦୌଡ଼ିଲା, ଦେଖିଲା ସପନା ଖାଲି ବିଳିବିଳଉଛି, କେତେବେଳେ ଗୀତ ଗାଉଛି, ଭାଗବତ ପଢ଼ୁଛି, ବିଲ କଥା କହୁଛି, ଆଖି ଯୋଡ଼ାକ କୋଚିଆ ରକ୍ତ ପରି ଲାଲ୍। ସପ୍ନାକୁ ଘୋର ସନ୍ନିପାତ ଧରିଲାଣି। କସ୍ତୁରୀମୃଗ ଭୈରବ ବଟିକା ଲୋଡ଼ା, ଦାମ୍ ଚାରିଟଙ୍କା। ଟଙ୍କା ବା କାହୁଁ ଆସିବ? ଚେମୀ ଧାନତକ ନେଇ ବୈଦ୍ୟ ଆଗରେ କୁଢ଼େଇ ଦେଲା, ଅଢ଼େଇ ମସା ଓଜନର ରୁପା ମୁଦିଟାଏ, ଘୋରି ହୋଇଯିବ, ଚେମୀ ଲଗାଏ ନାହିଁ, ସେ ମୁଦିଟା ବୈଦ୍ୟକୁ ଦେଲା। ବଟିକା ନେଇ ଘରକୁ ତରତର କରି ଆସିଲା। ଦେଖିଲା ସପନା ପାଟି ଆଁ କରି ପଡ଼ିଯାଇଛି, ଟିକିଏ ତା'ର ଜ୍ଞାନ ଥିଲା। ଚେମୀ ମା' ମଙ୍ଗଳା କହି ସପ୍ନା ଗୋଡ଼ତଳେ ଦୁଲକରି ପଡ଼ିଗଲା।

ତହିଁ ଆରଦିନ ଚହଳ ପଡ଼ିଗଲା। ବଗଲା-ବଗୁଲୀକି ଜର ହୋଇଥିଲା। ଦି' ଦିନ ହେଲା ତାଟି ଫିଟି ନାହିଁ। ସମସ୍ତେ ଧାଇଁଲେ, ହାୟ, ହାୟ କଲେ। ଜମିଦାର ବାବୁ, ସପ୍ନା ଶଶୁରଘର ଗାଁକୁ ଧାଉଡ଼ିଆ ପଠାଇଦେଲେ। ଦି' ଜଣଙ୍କ ଶବ ମଶାଣିକୁ ଯାଉଛି, ସମସ୍ତେ ହୁଳହୁଳି, ହରିବୋଲ ପକେଇଲେ। ସମସ୍ତଙ୍କ ମୁହଁରେ ଏକ କଥା - ଧନ୍ୟ ଧନ୍ୟ ସ୍ୱାମୀ-ସ୍ତ୍ରୀ ପ୍ରେମ। ନୀଚ କୁଳରେ ବି ଏମନ୍ତ ଧର୍ମ, ଏମନ୍ତ ପ୍ରେମ ଥାଏ!

ସପ୍ନା ସ୍ତ୍ରୀକୁ ଡାକେ ଲୋ ବୋଉ! ତା'ଠାରୁ ସ୍ତ୍ରୀ ସୁଖ ପାଏ, ମା' ପଣତର ଅଭୟ ବି। ଚେମୀ ସପନାକୁ ଡାକେ - ଏ ଖାଉନ୍ଦ, ସେ ତା'ର ଇହକାଳ, ପରକାଳର ଦେବତା, ହର୍ତ୍ତା କର୍ତ୍ତା, ରକ୍ଷା କର୍ତ୍ତା ମଧ୍ୟ। ଦୁହିଁଙ୍କ ମଧ୍ୟରେ ଅନାବିଳ ପ୍ରେମ, ନାହିଁ ପାଠଶାଠ; କିନ୍ତୁ ବୁଝାମଣା ଠିକ୍, ଗରିବ କୁଡ଼ିଆରେ ପ୍ରେମର ମନ୍ଦାକିନୀ ଧାରା ଚିର

ପ୍ରବହମାନ। ଆଜିକା ସ୍ଥିତି ଅଲଗା, ସହରୀ ଜୀବନ, ସଭ୍ୟତା ନାଁରେ ଅପସଂସ୍କୃତି। ସ୍ୱାମୀ-ସ୍ତ୍ରୀ-କିଏ ସ୍ୱେଚ୍ଛାଚାରୀ ତ କିଏ ସ୍ୱେଚ୍ଛାଚାରିଣୀ। ଏମିତି ଘର ଉଜୁଡ଼େ, ଆଉ ସଜାଡ଼ିବାର ନୁହେଁ। ନବ୍ୟସଭ୍ୟ-ଶିକ୍ଷିତ, ଶିକ୍ଷିତାମାନେ ପଢ଼ନ୍ତୁ ବଗଲା-ବଗୁଲୀ ଗପ। ସେଇ ଦୁଇଟି ଚରିତ୍ର କ'ଣ ତାଙ୍କର ଆଦର୍ଶ ହୋଇ ପାରିବେନି ? ଅହଂକାର ଛାଡ଼ିଦେଲେ, ସ୍ୱାମୀ ସ୍ତ୍ରୀଙ୍କ ମଧ୍ୟରେ ଏତେ ଛାଡ଼ବାଡ଼ ହେବନି କି ମାନ୍ୟବର ନ୍ୟାୟାଳୟଙ୍କୁ ଏଥିରେ ମୁଣ୍ଡ ଖେଳାଇବାକୁ ପଡ଼ିବନି।

■

ଏବେ ବି ସେଇ ଧୂଳିଆ ବାବା

କଥା ସମ୍ରାଟ ଫକୀରମୋହନ ସେନାପତି। ଜନ୍ମ ତାଙ୍କର ବାଲେଶ୍ୱର ଜିଲ୍ଲା ମଲ୍ଲିକାଶପୁର ଗାଁରେ (ଜାନୁଆରୀ ୧୩ ତାରିଖ ୧୮୪୩ ମସିହା, ଶୁକ୍ରବାର, ମକର ସଂକ୍ରାନ୍ତି)। ଓଡିଆ ଭାଷା ସୁରକ୍ଷା ଆନ୍ଦୋଳନର ସେ ଥିଲେ ମୁଖ୍ୟ ପୁରୋଧା। କେବଳ ସେତିକି ନୁହେଁ; ଓଡିଆ ସାହିତ୍ୟର ବିଭିନ୍ନ ବିଭାଗରେ ଲେଖନୀ ଚାଳନା କଲେ, ହେଲେ ଯଶସ୍ୱୀ। ବିଶେଷ କରି ଗଳ୍ପ, ଉପନ୍ୟାସରେ ତାଙ୍କର କୀର୍ତ୍ତି, କୃତି ଅବିସ୍ମରଣୀୟ। ଜଣେ ସମାଜ ଶିଳ୍ପୀ ଭାବରେ ସେ ପଢ଼ିଲେ ଓଡିଆ ଜାତିକୁ, ବୁଝିଥିଲେ ପ୍ରତିଟି ଓଡିଆର ପ୍ରାଣସ୍ପନ୍ଦନକୁ। ପ୍ରାକ୍ ସ୍ୱାଧୀନତା କାଳୀନ ଜନ ଜୀବନରେ ଦେଖା ଦେଇଥିଲା ନାନାଦି କୁସଂସ୍କାର, ଶୋଷଣ, ପେଷଣ। ଅତ୍ୟାଚାର ମାତ୍ରା ବଢ଼ିଲା। ଏସବୁକୁ ଲେଖକ ନିଖୁଣ ଭାବେ ଆଙ୍କିଛନ୍ତି ଆପଣାର ଗଦ୍ୟ ସାହିତ୍ୟରେ। ସେବେକା ନକଲି ବାବାମାନେ ସାଧାରଣ ମଣିଷକୁ ନାନା ଭାବରେ ଶୋଷୁଥିଲେ, ଭଣ୍ଡୁଥିଲେ। ତା'ର ଏକ ମାର୍ମିକ ଚିତ୍ର, ଫକୀରମୋହନ ପ୍ରଦାନ କରିଛନ୍ତି ତାଙ୍କ କାଳଜୟୀ ଗଳ୍ପ 'ଧୂଳିଆ ବାବା'ରେ।

ଚେଲ୍ ବାବା କାନ୍ଥଡା ଚେଲ୍! – ଏଇଟି 'ଧୂଳିଆ ବାବା' ଗଳ୍ପର କିୟଦଂଶ। ଅତିରଞ୍ଜିତ, ହାସ୍ୟାସ୍ପଦ ଏଇ କଥାଟି। ଦେ ଗାଁ ମଠ ମହନ୍ତ ମହାରାଜ ହନୁମାନ ଦାସ। ଏହାକୁ କୁହାଇଛନ୍ତି ଆପଣା ସଂପର୍କରେ। ତାଙ୍କ ଚେଲା ମର୍କଟ ଦାସ, ତାଙ୍କ ଅନ୍ତେ ମଠ ମହନ୍ତ ବାନ୍ଦର ଦାସ ଓରଫ ଧୂଳିଆ ବାବା। ଏମାନଙ୍କର ଭାରି କରାମତି। ତାଙ୍କ ଆଦେଶରେ କାନ୍ଥଡା ଚାଲେ। କେଉଁ ମହନ୍ତ ବାଘ ଛାଲ ଉପରେ ବସି ନଈ ପାର ହୁଅନ୍ତି; ଆଉ କିଏ କେବେ ଗଞ୍ଜେଇ ଚିଲମ ଧରି ହୁକୁମ ଦିଅନ୍ତି ତ ଧୁନି ଜାଳି ଅଗ୍ନି ଦେବତାଙ୍କ ଆଶୀର୍ବାଦ ପ୍ରାପ୍ତ ହୁଅନ୍ତି। ଭକ୍ତଙ୍କର କୁଆଡେ ମଙ୍ଗଳ ହୁଏ। ନିରୀହ ଜନସାଧାରଣ ଭେଳିକିରେ ପଡନ୍ତି। ଧାଡି ଲାଗନ୍ତି ବାବାଙ୍କ ପାଖରେ। କେଉଁ ତିରିଲା ପା' ପୂଜା ପଠାନ୍ତି, କାହାର ପୁଅ ହେଉ ନାହିଁ; ବାବା ହୁକୁମ ଦେବେ, ପୁଅ ହେବ। ଝିଅ

ବାହାଘର, ଗାଈ ହଜିଲା, ମାଲିମକଦ୍ଦମା- ସବୁ ପାଇଁ ସାହାଭରସା ମଠ ମହନ୍ତ। ବାବାଙ୍କର ବି ପୁଷମାସ। ସେତେ ବେଳକା କଥା। କିଏ ଅଧୁଲିଟି, ସୁକୀଏ ବାବାଙ୍କ ଥାଳିରେ ପକାଏ। ସାହୁକାର ମହାଜନଙ୍କ କଥା ଅଲଗା, ଢେର୍ ଢେର୍ ଚିଜ ଦିଅନ୍ତି; ସୁନା, ରୁପା, ଗହଣା ଗାଣ୍ଠି। ବାବାଙ୍କ ଆର୍ଶୀର୍ବାଦ ଟିକିଏ ପାଇଁ ଏମନ୍ତ କଥା। ସମାଜ ଶିଳ୍ପୀ ଫକୀରମୋହନ। ବାବାମାନଙ୍କ ଏ ପ୍ରକାର ଭଣ୍ଡାମି, ଶୋଷଣ, ଅତ୍ୟାଚାର- ତାଙ୍କୁ ବିବ୍ରତ କଲା। ସେ ଟାଉଟର, ପ୍ରବଞ୍ଚକ ମଠ ମହନ୍ତଙ୍କର ଅସଲ ମୁଖା ଖୋଲି ଦେଲେ 'ଧୂଳିଆ ବାବା' ଗଳ୍ପରେ। ୧୯୧୩ ମସିହା, ଗପଟି ପ୍ରକାଶ ପାଇଲା ଉତ୍କଳ ସାହିତ୍ୟରେ (୧୧ଶ ସଂଖ୍ୟା, ୧୬ ତମ ବର୍ଷ)। ହାସ୍ୟରସ, ପ୍ରଚ୍ଛନ୍ନ ବ୍ୟଙ୍ଗ ମାଧ୍ୟମରେ ସମାଜ ସଂସ୍କାର - ଏ ପ୍ରୟାସଟି ଜାରି ରହିଛି ଗପଟିରେ। ବିଂଶ ଶତାବ୍ଦୀର ପହିଲି ଦଶକରେ ରଚିତ ଏଇ ଗପଟି। ମାତ୍ର ଏହାର ସର୍ବକାଳୀନ ମୂଲ୍ୟବୋଧ ଏବେ ବି ଅତୁଟ। ଅଧୁନା ଶହଶହ ଧୂଳିଆ ବାବା, ନୂଆ ରୂପ ଭେକରେ। ସେମାନଙ୍କ ଶୋଷଣ ପ୍ରବୃତ୍ତି କୁତ୍ସିତ, ଚଞ୍ଚକତାରେ ପରିପୂର୍ଣ୍ଣ। ନକଲି ବାବାମାନେ ସମାଜର କଳଙ୍କ, ଗୋଟେ ଗୋଟେ ବିଷବୃକ୍ଷ; ଏଗୁଡିକ ସମୂଳେ ଛେଦନ ହେବା ଜରୁରୀ- ତାହା ହିଁ 'ଧୂଳିଆ ବାବା'ର ଆତ୍ମକଥା।

ମରହଟ୍ଟା, ଫିରିଙ୍ଗିଙ୍କ ଶାସନ। ସେଇ ସମୟ ବାବାଙ୍କର କଥା କହିଛନ୍ତି ଲେଖକ। ମରହଟ୍ଟାମାନେ ଭାରି ଦୁର୍ଦାନ୍ତ। ନାଗପୁର ଫୌଜଦାର ଶୁଣିଲେ। ମହନ୍ତ ମହାରାଜ ହୁନମାନ ଦାସ ବଡ ପ୍ରତାପୀ, ହାତୀପିଠିରେ ବିଜେ ହେଲେ ସାକ୍ଷାତ ପାଇଁ। ଏ କଥାଟି ଜାଣିଲେ ବାବା। କାନ୍ଥଡା ଉପରେ ବସି ଚିଲମ ଭିଡୁଥିଲେ। ଆଦେଶ ଦେଲେ- ଚେଲ୍ ବାବା କାନ୍ଥଡା ଚେଲ୍! ଚାଲିଲା କାନ୍ଥଡା। ଫୌଜଦାର ଆବାକ୍, ଲମ୍ବ ଲମ୍ବ ଗୋଡ ତଳେ ପଡିଗଲା। ସାଙ୍ଗେ ସାଙ୍ଗେ ତମ୍ବା ପାଟିଆରେ ବାରବାଟୀ ଜମି ଆକାରରେ ସନନ୍ଦ କରିଦେଲା। ଫିରିଙ୍ଗି ଅମଳ, କଟକ ସାହେବ୍ କହିଲା- "ହିନ୍ଦୁ ଫକିରଟା ଖଜଣା ନ ଦେଇ କେଉଁ ଏତେଗୁଡାଏ ଜମି ମହାଳିଆ ଖାଏଗା ? ବୋଲାଓ ଉସ୍‌କୋ ହାମ୍ ଦେଖେଙ୍ଗା।" ଆସିଲା ପରବାନା, ମହନ୍ତ ବିଜେ ଘୋଡା ପିଠିରେ; ବାନା ବୈରଖ ଉଡୁଛି। ହରିବୋଲ ପଡୁଛି। କୀର୍ତ୍ତନ ଲାଗିଛି, ଚାଲିଲେ ବାବା ଥାଟପଟାଳି ନେଇ। ଆଗରେ ବଢନ୍ତା ମହାନଦୀ, ନାଉରିଆ ନାଆ ଫିଟାଇଲାନି। ବାବା ବାଘ ଛାଲରେ ବସି ଆଦେଶ ଦେଲେ। ନଈରେ ଚାଲିଲା ଛାଲ। ସାହେବ ଦେଖି ତାଟଙ୍ଗା, ମୁଣ୍ଡରୁ ଟୋପି ତଳେ ରଖି, ତିନି ସଲାମ କରି ବୋଇଲା ଯାଓ ଫକିର! ତୁମରା ଜମିନ୍ ବାହଲ। ମର୍କଟ ଦାସଙ୍କ ପରେ ମହନ୍ତ ବାନ୍ଦର ଦାସ। ଏ ବଡ଼ ବିଚିତ୍ର ସ୍ୱଭାବର। ଏମନ୍ତ ପୁରୁଷ କାହିଁ ଦେଖା ନ ଥିବ! ପାଞ୍ଚହତା ମରଦ, ଗାଲ ଛାତିରେ ଲାଗିଯାଇଛି, ବେକ ଦିଶେ ନାହିଁ। ବାହୁ ଆଉ ଲୋକଙ୍କ ଜଂଘ ପରି, ମୋଟା

ପେଟଟି ଗୋଟିଏ ଦଶ ନୌତିଆ ଘୁମ। ଚାଖଣ୍ଡେ ଚଉଡା ଦେଢ଼ ହାତ ଲମ୍ବ ଖଣ୍ଡେ କନା କୌପିନ ମାରିଥାନ୍ତି। ମହନ୍ତଙ୍କ ଅଦ୍‌ଭୁତ ଖିଆଲ, ମନ୍ଦିରରେ ଖଟ, ପଲଙ୍କର ଅଭାବ ନାହିଁ, ଧୂଳିରେ ସବୁବେଳେ ଗଡୁଥାନ୍ତି। ଲୋକେ ତାଙ୍କୁ ଡାକନ୍ତି ଧୂଳିଆ ବାବା। ଅଳତା ଫଡା ପରି ଉପରେ ସର ପଡିଥିବା ଦଶ ସେର ନିରୁତା ଦୁଧ, ଆଉଟି ଆଉଟି ପାଞ୍ଚସେର; ଏ ମହନ୍ତଙ୍କ ଦୈନିକ ଖୋରାକି। ଲଡ୍ଡୁ, ମିଠା ଖଜାରେ ମହନ୍ତଙ୍କ ମନ ନାହିଁ, ଲୋଡା ନିତିପ୍ରତି ତୋଳାଏ ଆପୁ, ପାଏ ଗଞ୍ଜେଇ। ତାଙ୍କ ଗଞ୍ଜେଇ ଚିଲମଟା ହାତେ ଲମ୍ବ। ବାବା ବଡ଼ ନିଶାଳି, ହେଲେ ମହିମା ଅପାର। ଆଗ ଆଗ ମହନ୍ତ ମହାରାଜମାନେ ଆଗତ ଭବିଷ୍ୟ କଥା ଲେଖିଥିଲେ। ଭୂର୍ଜ ପତ୍ରରେ ଦେବନାଗରି ଅକ୍ଷର, ରକ୍ତ ଚନ୍ଦନ ବୋଳା। ଏବେ ସବୁ ସିଂହାସନ ତଳେ। ଧୂଳିଆବାବା ପଢ଼ି ବିଶ୍ୱାସୀ ଲୋକଙ୍କୁ କହନ୍ତି। କଥା କଥାକେ ବାବାଙ୍କ ଗାଲୁ। ପୁରୀ ମନ୍ଦିର ପ୍ରତିଷ୍ଠା ହେଲା। ଅଯୋଧ୍ୟାରୁ ହଜାରେ ଆଠ ମୂର୍ତ୍ତି ବାବା ଆସିଥିଲେ। ଏ ବି ସେମାନଙ୍କ ମଧ୍ୟରେ ଥିଲେ। ଚେଲାମାନଙ୍କ ଭକ୍ତି ଏଡି ନପାରି ରହିଗଲେ। ଆଉ ଏ ମିଛୁଆ ଦେଶୁଟା ଭଲ ଲାଗୁନି। ଅଯୋଧ୍ୟାର ହନୁମାନ ଗାଦିକୁ ଲେଉଟି ଯିବେ- ଏକଥା ଶୁଣି ଚେଲାଏ ଗୋଡ଼ ତଳେ ପଡ଼ି ଗଡ଼ନ୍ତି- ବାବା ରହିଗଲେ। ଏମିତି ମିଥ୍ୟା କହିଲେ ବାବା। ଲୋକଙ୍କ ମନ କିଣିଥିଲେ।

ମହନ୍ତଙ୍କ ଆୟ ଢେର୍, ପଲ ପଲ ଗାଈ ମଇଁଷି, ଧାନ ଟଙ୍କାର ଅଭାବ ନାହିଁ। ମୁଗ, ବିରି, କୋଳଥକୁ ବା ପଚାରେ କିଏ ? ଏ ସବୁ ସମ୍ଭବ ହୁକୁମ ଯୋଗୁଁ। ମାଲି ମକଦ୍ଦମା ହେଲେ, ଉଭୟ ପକ୍ଷ ବାବାଙ୍କ ପାଖରେ। ଅଲଗା ଅଲଗା ମହନ୍ତଙ୍କ ଆଦେଶ ହୁଏ। ମୁଦେଇ ଅବା ମୁଦାଲା ଯାହାର ହେଲେ ଡିଗ୍ରୀ ହେବ। ତା' ପାଖକୁ ବାବା ଲୋକ ପଠାନ୍ତି। ମାନସିକ ମୁତାବକ ଟଙ୍କା ଅସୁଲ ହୁଏ। ବିତ୍ତ ବଢ଼ିଲା ଲୋଭ ବି। ରାମ ସାଉ, ଶାମ ସାଉ - ଦୁଇ ମହାଜନ, ଉଭୟଙ୍କ ମଧ୍ୟରେ ମାମଲା ଚାଲିଲା। ରାମ ସାଉ ପ୍ରଭୁଙ୍କ ଠାରେ ମାନସିକ କଲା। ଶାମ ଆସିଲାନି, ପାଞ୍ଚ ଜଣଙ୍କ ଆଗରେ ରୋକଠୋକ କହିଲା, "ଏ ତ କଳିକାଳ, ମହନ୍ତଙ୍କ କରାମତି କାହିଁ ଯେ ମାନସୀବାକୁ ଯିବି ?"। ଏ କଥା ମହନ୍ତଙ୍କୁ କ୍ଷୁବ୍ଧ କଲା। କଥାଟାଏ ଚିପି ଚିପି କହିଲେ "ଦେଖ ଚେଲାମାନେ, ଆମେ ହୁକୁମ କରିବୁ,ଏ ଚିଲମ ନିଆଁ କଥା କହିବ।" ଶାମ ହାରିଯିବା ଭୟରେ ମହନ୍ତଙ୍କ ଠାରେ ଆତ୍ମ ସମର୍ପଣ କଲା, ବଡ଼ ପୂଜାଟାଏ ଦେଲା। ଧୁନି ଜଳିବ, ଠାକୁରଙ୍କ ହୁକୁମ ହେବ, ଅଗ୍ନି ଦେବତା ବର ଦେବେ। ଶୁଣିବା ପାଇଁ ଆଖ ପାଖ ଗାଁରୁ ଲୋକଙ୍କ ଧାଡ଼ି ଛୁଟିଲା। ମଠରେ ମେଳା ମଉଛବ ପରି ଭକ୍ତ ସମାଗମ। ମଠ ଘରପାଖ ସରଘରେ ଧୁନି ଲାଗିଛି। ମହନ୍ତଙ୍କ ମନରେ ଭାରି ଆନନ୍ଦ, ଖୁବ୍ ଟଙ୍କା ରୋଜଗାର

ହେବ। ତୋଳାଏ ଆପୁ ଉପରେ ସଞ୍ଜବେଳେ ଆଉ ତୋଳାଏ ପକାଇଛନ୍ତି, ଗଞ୍ଜେଇ ବି ବେଶି କରି ଭିଡିଛନ୍ତି। ଧୁନି ହୁତୁହୁତୁ ହୋଇ ଜଳୁଛି। ମାଟିତଳୁ ମହନ୍ତଙ୍କ କଥାର କେହି ଉତ୍ତର ଦେଉନାହାନ୍ତି। ନିଜ କରାମତି ମହନ୍ତ ଦେଖାଇଲେ। ହାତରେ ଧରିଥିଲେ ଦଶ ସେରିଆ ଲୁହା ଚିମୁଟାଟା। ପକାଇଲେ ପାହାରେ। ଘର ଭିତରେ ଛାତିଏ ଗହିର ଗୋଟାଏ ଗାତ। ଗାତ ଅଧାଅଧି ପୂରି ନିଆଁ ଜଳୁଛି। ତା ଭିତରେ ଦୁଇ ଜଣ ଲୋକ, ଭାରି ଗୋଟାଏ ଧରାପରା ଲାଗିଛନ୍ତି। ମଢ଼ା ପୋଡାର ଉତ୍କଟ ଗନ୍ଧ। ମହନ୍ତ ସହ ଚେଲା ବି ପୋଡ଼ି ମଲା। ଧୁନି ଗାତଟି ଅଢ଼େଇ ଅଢ଼େଇ ହାତ ଚଉଡ଼ା, ଅଢ଼େଇ ହାତ ଗହିଡ଼ା। ତା' ଉପରେ ଚାଖଣ୍ଡେ ମାତ୍ର ମାଟି, ସେହି ମାଟି ଉପରେ ଧୂନି ଜଳେ। ହୁଣ୍ଡା ଦାସ ନାମକ ଜଣେ ଗଞ୍ଜୋଡ଼ ଚେଲା, ସେହିଠି ରହି ମହନ୍ତଙ୍କ କଥାର ହୁଁ ନାହିଁରେ ଜବାବ ଦିଏ। ନିଶାଗ୍ରସ୍ତ ମହନ୍ତଙ୍କ ଅଜ୍ଞାନ କାଣ୍ଡରୁ ଉଭୟ ମଲେ- ଏ ଥିଲା ପୋଲିସ ଦାରୁଗା ବାବୁଙ୍କ ଇନ୍‌କ୍ୱାରି ରିପୋର୍ଟ। ଏହି ଗପଟି ଆଂଶିକ ସତ୍ୟ ଉପରେ ଆଧାରିତ। ଘଟଣାଟି ଦଶପଲ୍ଲାର। କିନ୍ତୁ ସେ ମହନ୍ତ ପୋଡ଼ି ମରି ନ ଥିଲା। ଗୁଡ଼ାଏ ଧନ ଉପାର୍ଜନ କରି ଧରାପଡ଼ିଥିଲା। ଫକୀରମୋହନ ଜାଣିଥିଲେ ଏ ସମାଜର ଧୂଳିଆ ବାବା ଗଳଗ୍ରହ। ତାଙ୍କୁ ଆଉ ବଞ୍ଚିବାକୁ ଦେଲେନି। ଧୁନିରେ ଆତ୍ମ ବିସର୍ଜନ କରାଇଦେଲେ।

ବାବାବାଦର ଉନ୍ମେଷ ପ୍ରାକ୍ ସ୍ୱାଧୀନତା କାଳରୁ। ମଳିମୁଣ୍ଡିଆ ମୂରୁଖମାନେ ସେମାନଙ୍କ ଶିକାର ହେଉଥିଲେ। ଏବେକା ଧୂଳିଆ ବାବା ଧୂଳିଧୂସରିତ ନୁହଁନ୍ତି; ପ୍ରଲେପ, ପ୍ରସାଧନ ନେଇ ଗୋଟେ ଗୋଟେ ଚଳଚ୍ଚିତ୍ର ତାରକା। ଧୁନି ନୁହେଁ, ଯଜ୍ଞ। କବଚ, ଉଉଁରିଆ ତିଆରି କରନ୍ତି। ଢେର୍ ପଇସା କମାନ୍ତି। ସେମାନଙ୍କର କୂଟ ଚକ୍ରାନ୍ତ, ପାଠୁଆ ମାନେ ବି ଭଳିଲେଣି। କେଉଁ ବାବା ସିମେଣ୍ଟ ଗାଈରୁ କ୍ଷୀର, ହାତରୁ ବିଭୂତି, ପାଦରୁ ମହୁ ଝରାଇଲାଣି ତ ଆଉ କିଏ ଅଚ୍ୟୁତ ପୋଥି ପଢ଼ି ହୁକୁମ ଦେଲାଣି। ବାବୁଭାୟା, ନେତା, ମନ୍ତ୍ରୀ, ଯନ୍ତ୍ରୀଏ, ସେମାନେ ବାବାଙ୍କ ପାଖରେ; ନତଜାନୁ ହୁଅନ୍ତି। ଆଶୀର୍ବାଦ ଭିକ୍ଷା କରନ୍ତି। ସାଧାରଣ ଜନତାଙ୍କ କଥା ନ କହିଲେ ଭଲ। ଧୂଳିଆ ବାବା ଆପୁ ଖାଏ, ଗଞ୍ଜେଇ ଟାଣେ। ଆଜିକା ବାବାଙ୍କ ବିଦେଶୀ ମଦ- ହ୍ୱିସ୍କି, ଲିକର୍‌ରେ ଭାରି ମନ। ଏଥିସହିତ ସୁନ୍ଦରୀ-ରମଣୀ- ରମଣ ଲିପ୍ସା ପ୍ରବଳ। ଝିଅ ବୋହୂଙ୍କୁ ଭୁଲେଇ ନାଇଟ୍ କଲେଜ କରନ୍ତି। ସେମାନଙ୍କ ସହ ନାମୀ ଦାମୀ ହୋଟେଲ୍‌ରେ ରାତ୍ରୀ ଯାପନ କରନ୍ତି। କେହି ପ୍ରତାରିତା ଗୁହାରି କଲେ ତା କଥା କେହି ଶୁଣନ୍ତିନି। ପ୍ରଶାସନକୁ ଏମାନେ ପ୍ରଭାବିତ କରିଦିଅନ୍ତି। କେତେକ ସଚେତନ ପ୍ରଶାସକ, ଦକ୍ଷ ପୁଲିସ ଅଫିସର। ଏମାନଙ୍କ ପାଇଁ ଅନେକ ଭଣ୍ଡବାବା କାଠଗଡାରେ। ତଥାପି ବ୍ୟଭିଚାରୀ ବାବାଙ୍କ ଚେର କାହିଁ କେତେ ଗହିରିରେ। ଠିକ୍ ଓହଳ ଲଗା ବରଗଛ ପରି। ମୂଳ ତାଡିବା

କାଠିକର ପାଠ। ଏମାନଙ୍କର ମୂଳପୋଛ ପାଇଁ ଲୋଡ଼ା ଜନସଚେତନତା। ସମାଜ ସଂସ୍କାରକ ଫକୀରମୋହନ। ଏହି ବାର୍ତ୍ତାଟି ଦେଇଛନ୍ତି। ଆଜିର ପାଠୁଆମାନେ। ଏଥିରୁ କାଣିଚାଏ ଶିଖନ୍ତୁ। ବାବାବାଦର ଅସ୍ତିତ୍ୱ କ୍ରମେ ବିଲୋପ ହେବ! ଅନ୍ତତଃ ପକ୍ଷେ ଫକୀରମୋହନଙ୍କ ଆତ୍ମା ଶାନ୍ତି ପାଇବ। ଆଜି ପବିତ୍ର ମକର ସଂକ୍ରାନ୍ତି। ସେଇ ମହାନ ସାରସ୍ୱତ ସାଧକଙ୍କ ପବିତ୍ର ସ୍ୱନକ୍ଷତ୍ର ଦିବସ। ତାଙ୍କୁ ଏ ଜାତିର କୋଟି କୋଟି ପ୍ରଣାମ।

■

ଏଇଟା କଳନ୍ତରଖିଆ ସାଇଲକ୍

ବିଲାତର ବିଖ୍ୟାତ ନାଟ୍ୟକାର ସେକ୍‌ସପିଅର । ଲେଖିଲେ 'ମର୍‌ଚାଣ୍ଟ ଅଫ୍ ଭେନିସ୍' ନାଟକ, ଖଳନାୟକ ସାଇଲକ୍, ବୃତ୍ତିରେ ବେପାରି । ଟଙ୍କା ରୋଜଗାର କରିବା ଫନ୍ଦି ତାକୁ ବେଶ୍ ଜଣା । ଭାରି ଅସାଧୁ । ଅଭାବୀ ଲୋକଙ୍କୁ କର୍ଜ ଦିଏ । ସୁଧ କଳନ୍ତର ଆଦାୟ କରେ । ଅନେକ ଦେଣା ସୁଝି ପାରନ୍ତିନି । ସେମାନଙ୍କ କପାଳ ଫାଟେ । ସାଇଲକ୍‌ର ଦୟାମାୟା ଟିକେ ବି ନାହିଁ । ଯାହା ପଛରେ ପଡ଼େ ତଳି ତଳାନ୍ତ କରିଦିଏ । ତା'ର ପ୍ରତିପକ୍ଷ ବେପାରିଙ୍କୁ ଉଠିବାକୁ ଦିଏନା । ଥରେ ଆଣ୍ଟୋନିଓକୁ ଟଙ୍କା ସୁଧିଆ ଦେଲା । କାଗଜପତ୍ର ବି ପକ୍‌କା କରି ନେଲା । ଋଣ ସୁଝି ନ ପାରିଲେ ତା' ଦିହରୁ ମାଉଁସ କାଟିନେବାକୁ ଲେଖେଇ ନେଲା । କିନ୍ତୁ ଏ ଯୋଜନାଟିକୁ କାର୍ଯ୍ୟକାରୀ କରିପାରିଲାନି । ଶେଷରେ ଅଦାଲତରେ ହାର୍ ମାନିଲା । କୋର୍ଟରେ ଆଣ୍ଟୋନିଓର ଓକିଲ (ଆଣ୍ଟୋନିଓର ପ୍ରେମିକା) ପରସିଆ କହିଲେ, "ମାଂସ କାଟିବ ତ କାଟୁ, କିନ୍ତୁ ରକ୍ତ ଟୋପେ ବି ବାହାରିବନି" - ଏହା ତ ଅସମ୍ଭବ କଥା । ସାଇଲକ୍ ଶେଷରେ ଉଚିତ୍ ଶିକ୍ଷା ପାଇଲା । ଖଳ, ଟାଉଟର, ଲାଞ୍ଚୁଆ, ଖଚୁଆ, ପରଟଙ୍କା ହଡ଼ପକାରୀ । ଏମାନେ ସାଇଲକ୍ । ଏ କଥାଟି କହିଛନ୍ତି କଥା ସମ୍ରାଟ ଫକୀରମୋହନ ସେନାପତି । ତାଙ୍କ ଗଳ୍ପ 'ଅଧର୍ମ ବିତ୍ତ' । ଏହାର ଦୁଷ୍ଟ ଚରିତ୍ର କୁବେର ସାହୁ । ଲୋକେ ଡାକନ୍ତି ସାହୁ ମହାଜନ । ତା'ର ଚକ୍ରାନ୍ତ ବି ସାଇଲକ୍ ଠାରୁ କିଛି କମ୍ ନୁହେଁ । ବେଶି ପାଠଶାଠ ପଢ଼ିନି । କିନ୍ତୁ ଶୋଷଣର ସବୁ କୌଶଳ ତାକୁ ଜଣା । କେତେ ଲୋକଙ୍କ ଘର ଛଡ଼ାଇ ନେଇଛି, ଜମି ହଡ଼ପ କରିଛି । ତାକୁ ଠିକଣା ଜବାବ ଦେଇପାରିନି ରଇତଟି । ଲେଖକ ତାକୁ ଛାଡ଼ି ନାହାନ୍ତି । ବିଧାତା ହାତରେ ଶାସ୍ତି ଦେଇଛନ୍ତି । ଅଧର୍ମ କରି ଅରଜିଥିବା ସବୁ ସମ୍ପତ୍ତି ଯାଇଛି । ଆସିଥିଲା ଜୁଆର ପରି, ଏବେ ସବୁ ଭଟ୍ଟା । ସାହୁକାର, ରଇତଙ୍କ ଭିତରେ ରଦଖଦ - ଏମିତି ରହିଆସିଛି ବହୁ କାଳରୁ । ଇଂରେଜମାନଙ୍କ ଓଡ଼ିଶା ଶାସନ

ବେଳ। ତାହା ଉଗ୍ରରୂପ ନେଲା। ସେଇ କଥାଟି ଦେଖାଇ ଦେଲେ ଫକୀରମୋହନ 'ଅଧର୍ମ ବିତ୍ତ' ଗପଟିରେ।

ଊନବିଂଶ ଶତାବ୍ଦୀ ଶେଷ ହେଲା। ସେତେବେଳକୁ ଫିରିଙ୍ଗିମାନେ ଓଡ଼ିଶା ଶାସନ କରିଥିଲେ ୯୭ ବର୍ଷ। ସେମାନଙ୍କ ଶାସନ ଥିଲା ଅପରିଣାମଦର୍ଶୀ। ଓଡ଼ିଶାର ପରିବେଶ, ପାଣିପବନ, ସାମାଜିକ ଜୀବନ - ଏ ସବୁ କଥାକୁ ମୋଟେ ବିଚାରକୁ ନେଲେନି। ଆପଣା ଢାଞ୍ଚାରେ ରାଜୁତି ଚଳାଇଲେ। ଆରମ୍ଭ କଲେ ଅସ୍ଥାୟୀ ବନ୍ଦୋବସ୍ତ (୧୮୩୬)। ୩୦ ବର୍ଷ ଥିଲା ଏହାର ଅବଧି; ମାତ୍ର ପ୍ରାକୃତିକ ବିପର୍ଯ୍ୟୟର ଆଳ ଦେଖାଇ ଘୁଞ୍ଚାଇ ଦେଲେ ଆଉ ୬୦ ବର୍ଷ। ଲର୍ଡ଼ କର୍ଣ୍ଣୱାଲିସ ବିଲାତର ଜଣେ ପ୍ରଖ୍ୟାତ ଭୂମ୍ୟାଧିକାରୀ। ଭାରତର ଗଭର୍ଣ୍ଣର ଜେନେରାଲ ଦାୟିତ୍ୱ ନେଲେ। ଆରମ୍ଭ କଲେ ଚିରସ୍ଥାୟୀ ବନ୍ଦୋବସ୍ତ। ଏହାର କୁପରିଣାମ ଭୋଗିଲେ ଓଡ଼ିଶାର ଚାଷୀକୁଳ। ବିଲାତି ଢାଞ୍ଚାରେ ଗୋଟେ ଲର୍ଡ଼ ବା ଜମିଦାର ଗୋଷ୍ଠୀ ସୃଷ୍ଟି ହେଲା। ସରକାର, ଜମିଦାର ଉଭୟଙ୍କ ଚାପରେ ଓଡ଼ିଶା ଚାଷୀଏ ହେଲେ ହନ୍ତସନ୍ତ। ସରକାର 'ସୂର୍ଯ୍ୟାସ୍ତ ଆଇନ' କଲେ। ଅନେକ ଜମିଦାରୀ ହରାଇଲେ। ଯେଉଁ ଜମିଦାରମାନେ ରାଜସ୍ୱ ଦେଲେ, ସେମାନେ ପ୍ରଜାଙ୍କ ଠାରୁ ଅତ୍ୟଧିକ କର ଆଦାୟ କଲେ। ଏଇ ଦାୟିତ୍ୱ ନ୍ୟସ୍ତ ହେଲା ଗୁମାସ୍ତାଙ୍କ ଉପରେ। ଏମାନେ ଥିଲେ ଖୁବ୍ ଅସାଧୁ। ସେମାନେ ପ୍ରଜାଙ୍କ ଉପରେ ଜୋର୍ ଜୁଲମ କଲେ, ଅନେକଙ୍କୁ ମାରଧର କଲେ। ଏଥିରୁ ବର୍ତ୍ତିବା ପାଇଁ ବିଚରା କୃଷକଟି ଦଉଡ଼ିଲା ମହାଜନ, ସାହୁକାରଙ୍କ ପାଖକୁ। ସାହୁକାର ତାକୁ ଋଣଦେଲେ। କେବଳ ସରକାରୀ ଟିକସ ପାଇଁ ନୁହେଁ, ଝିଅବିଭା, ରୋଗବାଧିକା, ଫସଲହାନି ପାଇଁ ସେ ଋଣ କଲା। ତା ବାଦ୍ ବଢ଼ି, ମରୁଡ଼ି, ଦୁର୍ଭିକ୍ଷ ରହିଛି। ଚାଷୀର ସବୁଦିନେ ତ ଅଭାବ। ଏଣିକି ସାହୁକାର ତା'ର ମାଲିକ, ପ୍ରଭୁ, ଭର୍ତ୍ତା - ସବୁକିଛି। ଅନ୍ୟପକ୍ଷରେ ମହାଜନମାନେ ଥିଲେ ନିର୍ଦ୍ଦୟ। ନାନାଦି ଅନ୍ୟାୟ କରି ରଇତକୁ ଶୋଷୁଥିଲେ। ଶେଷରେ ଜମି ଘରବାଡ଼ି ନିଲାମ କରି ନେଉଥିଲେ। ଏ ପ୍ରକାର ସାମାଜିକ ଦୁଃସ୍ଥିତିକୁ ଫକୀରମୋହନ ଦେଖାଇ ଦେଲେ ଗପଟିରେ। ତତ୍‌ସହିତ ସମକାଳୀନ ନଈ ନାଆ, ବେପାର ବଣିଜର ଚିତ୍ର ବି ଏଥିରେ ସ୍ଥାନିତ। ଗପଟି ଅତ୍ୟନ୍ତ ରୋଚକ, ମନଛୁଆଁ ବି।

ଦିବାକର ଦ୍ୱିବେଦୀ। ତାଙ୍କ ବାପା ମଝିଆଁ ଝିଅର ମଙ୍ଗଳକୃତ୍ୟକୁ ଗଲେ କୁବେର ସାହୁ ପାଖକୁ। ଖଣ୍ଡେ ତାଳପତ୍ର ଗୁଜା ଲେଖା ହେଲା। ଶହେ ଟଙ୍କା କରଜ ଆଣିଲେ। ଏଣିକି ଦ୍ୱିବେଦୀଏ ସାହୁ ପାଲରେ। ଏବେ ଯିବେ କୁଆଡ଼େ ? ତହିଁ ଆର ବରଷକୁ ସୁଧ କଳନ୍ତର ଢେର୍ ବଢ଼ିଗଲା। ପାଞ୍ଚଶହ ଟଙ୍କା ଘେନି ଦ୍ୱିବେଦୀ ସାହୁ ପାଖକୁ ଗଲେ। ମନେ କରିଥିଲେ, କଳନ୍ତର ଛଡ଼ାଇ ଦେବେ। ମୂଳକୁ ପଏଠ କରିଦେବେ। ମହାଜନ ଭାରି

କପଟୀ। କରଜ ସୁଝି ଦେଲେ ଶିକାର ହାତରୁ ଗଲା। ମିଠା କଥା କହି ପିଠି ଥାପୁଡ଼େଇ, ବହଲେଇ ଦେଲେ ଦ୍ୱିବେଦୀଙ୍କୁ। ଏମିତି ସବୁ ମହାଜନ। ତାଙ୍କର କେତେ ମିଠାକଥା, କେତେ ନିର୍ମାୟା କଥା – ମନେ କରିବ, ଏପରି ସରଳ, ପରୋପକାରୀ, ଧାର୍ମିକ ଲୋକ ଜଗତରେ ନାହିଁ। ଅଞ୍ଚଳ ଦଶଖଣ୍ଡି ଗାଁରେ ଯାହାର ଭଲ ଜମିଖଣ୍ଡେ ଦେଖିଲେ ତ ଶୁଂଘି ଶୁଂଘି ବୁଲୁଥିବେ। କାହାରି ଦରକାର ପଡ଼ିଲେ ରାତି ଅଧରେ ଟଙ୍କା ଗଣି ଦେବେ। ଥରେ ଯଦି ତା' ଠାରୁ ଟଙ୍କା ଉଠାଇଲ ତ, ତିନି ପୁରୁଷରେ କ'ଣ ଶୁଝୁଛି ? କଳନ୍ତର, କଳନ୍ତର, କଳନ୍ତର, ତହିଁର କଳନ୍ତର ଲଟ ଲାଗିଯିବ। କାରଣଗୁଡ଼ାକ ବି ମହାଜନଙ୍କ ପାଖରେ ଊଣା ନୁହେଁ। କିଏ ପାଞ୍ଚଟଙ୍କା ପଇଠ କଲା ତ ପାଞ୍ଜିରେ ବସିଲା ଦେଢ଼ ଟଙ୍କା। ଏଣେ ଦ୍ୱିବେଦୀ ହଡ଼ ବଢ଼େଇଲେଣି। ଝିଅଙ୍କୁ ନଅବର୍ଷ ପୂରିଯାଉଛି। 'ଦଶବର୍ଷ ତୁ କନ୍ୟକା'। ବିଭା ନଦେଲେ ଚାରା ନାହିଁ, ଆଉ କନ୍ୟାଦାନ ପୁଣ୍ୟ ମିଳିବନି। ବିଭା ଖର୍ଚ୍ଚ ତ ହାତରେ ନାହିଁ। ବିଭାଲଗ୍ନ ଆଉ ଆଠ ଦିନ, ଟଙ୍କା ନ ହେଲେ ନୁହେଁ। ସାହୁଏ ଟଙ୍କା ଦେବେ, 'ଗୁଜା' ଲେଖା ସରିଲା। ଗୁମାସ୍ତା, କରଣ କାମରେ ଲାଗିପଡ଼ିଲେ। ଗୋଟେ ଟିପ କରି ରେଜିଷ୍ଟରୀ ହୋଇଗଲା। କରଜ ଶହେ, ଦ୍ୱିବେଦୀଏ ପାଇଲେ ଟ. ୮୭୳। ତାଙ୍କୁ ବୁଝେଇ ଦିଆଗଲା, ସିନ୍ଦୁକପୂଜା ଶତକଡ଼ା ଯୋଡ଼ାଏ ଟଙ୍କା। ଗୁମାସ୍ତା ଖର୍ଚ୍ଚ ଦୁଇଟଙ୍କା, ଲକ୍ଷ୍ମୀନାରାୟଣ ବାଲଭୋଗ ଦୁଇ ଟଙ୍କା; ରେଜିଷ୍ଟରୀ ଖର୍ଚ୍ଚ, ଗୁମାସ୍ତା କଟକ ଖୋରାକି ସବୁ ସବୁ ମିଶାଇ ସାଢ଼େ ଛ'ଟଙ୍କା। ଗାଏ ସବୁ ପଦକୁ ବାରଟଙ୍କା ଆଠଣା, ଏମିତି ନାନାଦି ଖର୍ଚ୍ଚ। ରଇତର ପାଟି ଫିଟେନା। ଦ୍ୱିଦେଦୀ କରଜ ସୁଝିପାରିଲେନି। ସାହୁ କଟକରେ ନାଲିସ କଲା। ବାଧହୋଇ ଦ୍ୱିବେଦୀଏ ଗଲେ। ଇଂରାଜୀ ପଢ଼ି ନାହାନ୍ତି। ସାହୁଙ୍କ ଓକିଲ କଥା ମାନିଗଲେ, ଯାହା ସେ ଶିଖାଇଲେ, ଶେଷରେ ସେୟା କହିଲେ। ଏବେ ଶୁଣୁଛନ୍ତି। ଗଲା ମକର ମାସ ସାତ ଦିନ। ତାଙ୍କର ଚାରି ପାଞ୍ଚ ହଜାର ଟଙ୍କାର ସମ୍ପତ୍ତି। ସାତଶହ ଟଙ୍କାରେ ନିଲାମ ହୋଇଗଲା। ମହାଜନ ଆପେ ନିଲାମ ଧରିଲା। ସମ୍ପତ୍ତି ଉଚ୍ଛେଦଟା କେବଳ ବାକି ଅଛି।

ବିଜେ ନରହରିପୁର ଶାସନମୁଣ୍ଡ ସାହାଲା। ଘରକୁ ଛାଡ଼ି ପଚାଶ ଷାଠିଏ କଦମ ଦୂରରେ ଦେବତାଙ୍କ ପୂଜାପିଣ୍ଡି ବା ମଣ୍ଡପ। ସକାଳ ଓଳି। ପିଣ୍ଡିରେ ପଚାଶ ବ୍ରାହ୍ମଣ ଗୋସାଇଁ ବିଜେ କରିଛନ୍ତି। ତାଙ୍କ ଭିତରେ ଅଛନ୍ତି ପାଠୁଆ ଲକ୍ଷ୍ମଣ ମିଶ୍ରେ। ଦ୍ୱିବେଦୀଙ୍କ ଭଣଜା, ଏଣ୍ଟ୍ରାନ୍‌ସ ପାସ୍, ଗୋଟାଏ ମାଇନର୍ ସ୍କୁଲର ହେଡ଼ମାଷ୍ଟର। ମାମୁଙ୍କ ବିପଦ ଶୁଣି ଶଙ୍ଖୁଳି ଆସିଛନ୍ତି। ଭାରି ଚାଲାଖ ଚତୁର, ଆଇନ୍ କାନୁନ୍ ବି ଜଣା। ଏଣେ ସାହୁଙ୍କ କବଳରୁ ବର୍ତ୍ତିବାକୁ ଚାଲିଛି ବିଲୁଆ ବିଚାର। ମୁଖିଆମାନେ ଅଛନ୍ତି। ଲକ୍ଷ୍ମଣ ବଡ଼ ସାହସଟାଏ ମନରେ ଆଣିଲେ। କହିଲେ, ଏଥିରେ ସାହୁଙ୍କର ଦୋଷ ନାହିଁ; ଆପଣଙ୍କ ମୂର୍ଖପଣ। ଆପଣମାନଙ୍କ ପାପରୁ ସବୁ ସାରି ଦରିଦ୍ର ହୋଇ ବସୁଛନ୍ତି। ଆପଣମାନେ ଶାସ୍ତ୍ର ଅଧ୍ୟୟନ

ଅଧ୍ୟାପନା କରିବେ, ଦାତାକୁ ତ୍ରିକାଳ ସନ୍ଧ୍ୟାରେ ଆଶୀର୍ବାଦ କରିବା କଥା। ଏତେ ବଡ଼ ଶାସନ, ଗୋଟା ବୋଲି ଚୌପାଢ଼ି ନାହିଁ। ପବିତ୍ର ବ୍ରାହ୍ମଣ କୁଳରେ ଜନ୍ମହୋଇ କେତେଜଣ ତ୍ରିକାଳ ସନ୍ଧ୍ୟା କରନ୍ତି, ଗାୟତ୍ରୀ ଜପ, ସନ୍ଧ୍ୟା ବନ୍ଦାପନା କରନ୍ତି ? ଏ ତ ପାପ। ବୁଝାନାହିଁ, ସୁଝାନାହିଁ, ମହାଜନ କତିକି ଦଉଡ଼ିବେ। ଅକାରଣ ଟଙ୍କା ଗୁଡ଼ାଏ ସାରିବେ। ଆପଣା ଅବସ୍ଥାକୁ ନ ଚାହିଁ ଚଳିଲେ ମୂର୍ଖ ନୁହେଁ ତ ଆଉ କ'ଣ ? ପବିତ୍ର ଶାସନ ଭୋଗ ଭୂମିରେ ବାର ଜାତି ତେର ଗୋଲା ଅଧିକାରୀ ହୋଇ ବସିଲେଣି। ଏହା ଆପଣମାନଙ୍କ ପାପ ଆଉ ମୂର୍ଖତାର ଫଳ। ଆପଣମାନେ ଦୁର୍ଦ୍ଦଶାକୁ ଲୋଡ଼ି ଆଣିଛନ୍ତି। ଏବେ ଲଗା ହେବ କିଏ ? ଏ କଥାଗୁଡ଼ାକ ଲକ୍ଷ୍ମଣ ମିଶ୍ରେ ସିନା କହିଲେ; କିନ୍ତୁ ବିପଦରୁ ଉଧୁରିବା ବାଟଟାଏ ବି କାଢ଼ିଲେ।

ଲକ୍ଷ୍ମଣ ଇଂରାଜୀ ପଢ଼ିଛନ୍ତି। ସେକ୍‌ସପିୟରଙ୍କ ଡ୍ରାମା ତାଙ୍କୁ ପ୍ରଭାବିତ କରିଥିଲା। ସେ ଓଡ଼ିଆ ସାହୁ ମହାଜନ କାରନାମା ଗୁଡ଼ାକୁ ଶୁଣିଲେ, କହିଲେ "ମୁଁ ଦେଖୁଛି ଏଇଟା ସାଇଲକ୍।" ଆଉ ଜଣେ ପୁରୁଖା ନନା, ସାଇଲକ୍ ଫାଇଲକ ବୁଝିଲେନି। କହିଲେ, ନାଁ ନାଁ ସାଇଲକ୍ ନୁହେଁ; ସାହୁ ଘର ମକ୍ରାମପୁରେ - ଏ ଗାଁକୁ ଦେଢ଼କୋଶ ଦୂର ନଈକୂଳରେ। ଲକ୍ଷ୍ମଣ ବୁଝେଇ ଦେଲେ, ବିଲାତରେ ଗୋଟାଏ ଏହି ରକମ କଳନ୍ତରଖିଆ ଲୋକ ଥିଲା, ତା' ନାଁ ସାଇଲକ୍।" କୋର୍ଟ ରାୟରେ ସାଇଲକ୍ ଚେତିଥିଲା। କୁବେର ସାହୁ ପାଇଁ ସେମିତି କିଛି କରିବାକୁ ହେବ। ବାଟଟି ଲକ୍ଷ୍ମଣଙ୍କୁ ଜଣା। ସେତେବେଳକୁ ପାଠୁଆମାନେ ସଚେତନ ହେଲେଣି। ଦୁର୍ନୀତି ବିରୋଧରେ ଲଢ଼େଇ ଠା ଠା ଆରମ୍ଭ ହୋଇଥିଲା। ଲକ୍ଷ୍ମଣ ମିଶ୍ରେ କହିଲେ, ଆପଣ ବି ଗୋଟାଏ ବାଟ କାଟି ଚାଲିବା ଉଚିତ୍। ଉଚ୍ଛୁଣିକା ତାକୁ କେହି ଜମି ଦଖଲ ଦିଅ ନାହିଁ। ପାଞ୍ଚ ହଜାର ଟଙ୍କାର ମାଲ ସାତଶହ ଟଙ୍କାରେ ନିଲାମ କରିନେଇଛି। ଏହି କଥା ଓଜର କରି ସାନି ନିଲାମ ପାଇଁ ହାକିମଙ୍କ ପାଖେ ଦରଖାସ୍ତ କରିବାକୁ ହେବ। କିଛି ଖରଚପତ୍ର କଲେ ଢେର୍ ଦିନଯାଏ ମାମଲା ତାରିଖ ଗଡ଼ିବ। ଦିନକୁ ଦିନ ଅନ୍ତର। ଆଜିକା କଥା କାଲିକି ନାହିଁ। ଏଥି ମଧ୍ୟରେ ଆଉ ଗୋଟିଏ କିଛିବାଟ ଫିଟି ଯାଇପାରେ। ଗାଛିକ ଆଶାବାଦୀ ହୋଇ ଯାଇଛନ୍ତି। ଆଉ ଆଗକୁ ଦି' ପାଦ ବଢ଼ିବା ସମ୍ଭବ ନ ଥିଲା। ସମୟ ବି ଥିଲା ଅପରିପକ୍ୱ।

ଫକୀରମୋହନ ଭାଗ୍ୟବାଦୀ। ପାପୀକୁ ଉପଯୁକ୍ତ ଶାସ୍ତି ନ ଦେଇ ଛାଡ଼ନ୍ତିନି। ଏ ଅଦାଲତରେ ନ ହେଲା ନାହିଁ, ଉପରବାଲା ଅଦାଲତ ତ ଅଛି। ଲେଖକ ନିଜ ମନ କଥାଟି ଲେଖିଲେ, "ପାପୀଟାର ଧନ ପାଣି ପରି ବଢ଼ିଯାଇଛି। ଏବେ ଜାଣ ଠକ୍ କରି ଛିଡ଼ି ପଡ଼ିବ। ଦେଶଯାକ ସନ୍ତେଇ ମାରିଲାଣି। ହଜାର ହଜାର ଲୋକଙ୍କ ଆତ୍ମା କାନ୍ଦୁଛି, ଯାହାର କିଛି କରି ନାହିଁ ସେ ବି ଗାଳି ଦେଉଛି।" ସଭାରେ ବସିଥିବା ଆଉଜଣେ

ପୁରୁଖା ବ୍ରାହ୍ମଣ ସେଇ କଥାକୁ ଦୋହରାଇଲେ; କିନ୍ତୁ ନିଜ ଢଙ୍ଗରେ। "ଏହି ପଞ୍ଚ ପରମେଶ୍ୱର ଶୁଣନ୍ତୁ, ମୁଁ ପଇତା ଛୁଇଁ କହୁଛି, ଆଜହୁଁ ତିନି ପକ୍ଷ, ତିନି ମାସ, ତିନି ବରଷ ମଧ୍ୟରେ ତା'ର ସର୍ବନାଶ ହେବ। ଏହା ଯଦି ନ ହୁଏ, ମୁଁ ଅବ୍ରାହ୍ମଣ; ଏହି ବ୍ରହ୍ମଗଣ୍ଠି ଛିଣ୍ଡାଇ ପକାଇବି।" କୁବେର ସାହୁର କି କମ୍ ଗରବ? ଗଡ଼ଜାତ ସୋନପୁର ଠାରୁ ଦଶପଲ୍ଲା ଯାଏ ତାହାର ଦଶ ପନ୍ଦରଟା ଗୋଦାମ। କୋଡ଼ିଏ ସରିକି ବାର ଗୋଡ଼ିଆ, ପନ୍ଦରଗୋଡ଼ିଆ କୁଶଳୀ; ଚକ୍‌ଚକି ନାଆ ତା'ର ଅଛି। ବର୍ଷା ଦିନ ସେଥିରେ ସରକ ନେଆଣ କରେ। ଭାରି ବଡ଼ ବେପାରି, ଢ଼େର୍ ବ୍ୟବସାୟ, ତା' ସାଙ୍ଗକୁ ମହାଜନୀ ଖାତକି। ଘରେ ସାହୁଆଣୀ ଆଉ ଗୋଟିଏ ବୋଲି ପୁଅ। ମା' ପୁଅ ଭାରି ଦୟାଳୁ। ପରଦୁଃଖ ସହି ପାରନ୍ତିନି। ସାହୁ ପୁଅକୁ ବିଭା ଦେଲା ସୋନପୁରରେ। ସମୁଧିଙ୍କ ଗୋଟିଏ ବୋଲି ଝିଅ। ତାଙ୍କ ଧନ ସମ୍ପତ୍ତି ନାଆରେ ଧରି ଘରକୁ ବାହୁଡୁଥିଲା। ଝଡ଼ ବତାସରେ ତା'ର ସର୍ବସ୍ୱ ଗଲା, ନିଜେ ବି। ଧର୍ମ ବଳକୁ ଏକା ପୁଅଟା ବଞ୍ଚିଗଲା। ବାପେ ବ୍ରାହ୍ମଣ ଶାସନର ଜମି ନିଲାମ ଧରିଥିଲେ। ଡକାଇ ସମସ୍ତଙ୍କୁ ଫେରାଇ ଦେଲା। ରେଜେଷ୍ଟରୀ, ଅରେଜେଷ୍ଟରୀ ଗୁଜା, ଯେତେ ଦଲିଲ ଥିଲା, ଆଉ ଧାନ କରଜା, ପୁଞ୍ଜି ସବୁ ପୋଡ଼ି ପକାଇଲା। ଖାତକମାନଙ୍କୁ ଜଣାଇଦେଲା। ସମସ୍ତେ ଖୁସି। କୁବେର ସାହୁ ଛଳରେ ସମ୍ପତ୍ତି ଠୁଳ କରିଥିଲା, ସବୁ ପାଣିରେ ଗଲା। ଗପଟି ବି ସଇଲା।

ଫକୀରମୋହନ 'ଅଧର୍ମ ବିତ୍ତ' ଗପଟି ଲେଖିଲେ ବିଂଶ ଶତାବ୍ଦୀର ପ୍ରଥମ ଦଶକରେ। ଏବେ ସମୟ ବହୁ ଆଗରେ। ନାହାନ୍ତି ମହାଜନ, ନାହିଁ ମହାଜନୀ ଖାତିକି ବ୍ୟବସାୟ। ତଥାପି ଚାଲିଛି ନୂଆ ରୂପରେ, ନୂଆ ବାଗରେ। ଅନେକ ଗହଣାଗଣ୍ଠି ବନ୍ଧା ରଖି କରଜ କରନ୍ତି, ତାକୁ ବି ହରାନ୍ତି। ଟଙ୍କା ବଢ଼େଇବା ଏକ ଭୟଙ୍କର ନିଶା, ଏଥିରୁ ନିବୃତ୍ତ ହେବା ବିଧେୟ। କଥାରେ ଅଛି –

"ଅଧର୍ମ ବିତ୍ତ ବଢ଼େ ବହୁତ
ଗଲାବେଳେ ଯାଏ ମୂଳ ସହିତ।"

■

କମଳା ପ୍ରସାଦ ଗୋରାପ ଓ କାଳିପ୍ରସାଦ ଗୋରାପରେ ନୌବାଣିଜ୍ୟ ଚିତ୍ର

କଥା ସମ୍ରାଟ ଫକୀରମୋହନ ସେନାପତି। ତାଙ୍କର ଦୁଇଟି ଚମତ୍କାର ଗଳ୍ପ- (୧) କମଳା ପ୍ରସାଦ ଗୋରାପ, (୨) କାଳି ପ୍ରସାଦ ଗୋରାପ। ଏହି ଦୁଇ ନାମକରଣ କୌଣସି ମାନବ ଅବା ମାନବେତର ଚରିତ୍ରକୁ ନେଇ ହୋଇନାହିଁ। ଏଗୁଡ଼ିକ ଅଝଲା ଟଣା ଦୁଇଟି ବୋଇତର ନାମ। ଏଥିରେ ଫକୀରମୋହନ ଅତୀତ ଓଡ଼ିଶାର ନୌବାଣିଜ୍ୟ ସମ୍ପର୍କିତ ତଥ୍ୟ ପ୍ରଦାନ କରିଛନ୍ତି। ଏତଦ୍‌ଭିନ୍ନ ତାଙ୍କର 'ବାଲେଶ୍ୱରୀ ପଙ୍ଗା ଲୁଣ', କେତେକ ପ୍ରବନ୍ଧ, 'ଆତ୍ମ ଜୀବନ ଚରିତ'ରେ ଓଡ଼ିଶା ନୌବାଣିଜ୍ୟ କୀର୍ତ୍ତି କୃତି ସହିତ ପତନର କାରଣମାନ ଉଲ୍ଲେଖ ରହିଛି। ସମସ୍ତ କଥାବସ୍ତୁ ବାଲେଶ୍ୱର, ବାଲେଶ୍ୱର ବନ୍ଦର କୈନ୍ଦ୍ରିକ ହେଲେହେଁ, ସାରାଦେଶର ଅତୀତ ସାଧବ ପୁଅଙ୍କ ନୌବାଣିଜ୍ୟ ଚିତ୍ର ଏଥିରୁ ଅନୁମେୟ।

ଫକୀରମୋହନଙ୍କ ବାଲ୍ୟକାଳ ଅଝାଲ ସିଲେଇରେ କଟିଛି। ବାପା, ବଡ଼ବାପାଙ୍କ ସିରସ୍ତା। ଏଥିରେ କାର୍ଯ୍ୟରତ ଗୁମାସ୍ତାଙ୍କ ସେ ସହାୟକ। ବଳକା ସମୟରେ ଅଝାଲ ସିଲେଇ କରନ୍ତି। ବାଲେଶ୍ୱର ବନ୍ଦରରେ ଜାହାଜାତି କାର୍ଯ୍ୟରେ ତାଙ୍କର ଥିଲା ପ୍ରଚୁର ଅନୁଭୂତି। ଏହି ବାସ୍ତବ ଅନୁଭୂତିର ସଫଳ ରୂପାୟନ ଘଟିଛି ତାଙ୍କ ସାହିତ୍ୟ କୃତିରେ। ସେଗୁଡ଼ିକରୁ ଶୈଳ୍ପିକ ଦିଗକୁ ବାଦ୍ ଦେଲେ ବିଷୟବସ୍ତୁ ନିତାନ୍ତ ବାସ୍ତବ। ଅତୀତ ଓଡ଼ିଶାର ସ୍ୱର୍ଦ୍ଧିତ ନୌବାଣିଜ୍ୟର କଥା, ବ୍ୟଥାକୁ ନେଇ 'କମଳା ପ୍ରସାଦ ଗୋରାପ', 'କାଳିପ୍ରସାଦ ଗୋରାପ' ଗପ ଦ୍ୱୟ ଗତିଶୀଳ।

ସପ୍ତଦଶ ଶତାବ୍ଦୀ ଓଡ଼ିଶା ନୌବାଣିଜ୍ୟ ଇତିହାସର ସୁବର୍ଣ୍ଣଯୁଗ। ଏହି ସମୟରେ ବାଲେଶ୍ୱର ବନ୍ଦର ଥିଲା ସଦାସର୍ବଦା ଗହଳଚହଳ। ବାଣିଜ୍ୟ ବ୍ୟବସାୟରେ ଏହାର ଖ୍ୟାତି ଥିଲା ଦିଗନ୍ତ ବିସ୍ତାରୀ। ଏହିକଥାକୁ ଫକୀରମୋହନ ମଧ୍ୟ ଚମତ୍କାର ଢଙ୍ଗରେ

କହିଛନ୍ତି, "କ୍ଷୀରାବ୍ଧି ତନୟା ରମା"। ଲକ୍ଷ୍ମୀଙ୍କର ପିତୃଭବନ ସମୁଦ୍ର କୂଳରେ ଅବସ୍ଥିତ ଥିବାରୁ ଚିରଦିନ ଲକ୍ଷ୍ମୀ ଏହି ଜିଲ୍ଲାରେ ବିରାଜିତା ଥିଲେ। ସମୁଦ୍ର କୂଳବର୍ତ୍ତୀ ବାଣିଜ୍ୟ ସ୍ଥାନର ନାମ ବନ୍ଦର। ଏଥିପାଇଁ ଏହାର ନାମ ବନ୍ଦର ବାଲେଶ୍ୱର। ତିନିଶତ ବର୍ଷ ପୂର୍ବେ ଓଲନ୍ଦାଜ, ଫରାସୀ, ଦିନେମାର ଓ ଇଂରେଜ ବଣିକମାନେ ଏଠାରେ ଦୋକାନ ମେଲିଥିଲେ।" ବାଲେଶ୍ୱର ଥଲା ଲକ୍ଷ୍ମୀବନ୍ତ, ଦୁଇଚାରିବର୍ଷ ଅକାଳ ପଡ଼ିଲେ ସମ୍ଭାଳି ନେଉଥିଲା। କ୍ରମେ ଲବଣ ପ୍ରୋକ୍ତାନ ଉଠିଲା (୧୮୬୧)। ବାଲେଶ୍ୱର ଯେମିତି ହେଇଗଲା ଲକ୍ଷ୍ମୀଛଡ଼ା। ବିଦେଶୀୟ ମାରୱାଡ଼ୀ, କଚ୍ଛୀ, ଭାଟିଆ, ନାଖୋଦାମାନେ ଏହି ଜିଲ୍ଲାକୁ ମାଡ଼ିବସିଲେ। ବିଚରା ଓଡ଼ିଆଙ୍କ ହାତରେ ଧନ କାହିଁ ଯେ, ଧନବନ୍ତ ବିଦେଶୀଙ୍କ ସହ ଟକ୍କର ଦେବେ? ଲବଣ ଆମଦାନୀ ରପ୍ତାନି ବନ୍ଦ ହେଲା। ବାଲେଶ୍ୱରର ଅତୀତ ନୌବାଣିଜ୍ୟ ସ୍ମୃତିଚାରଣ କରିବା ହିଁ ସାର ହେଲା।

ଅତୀତ ଓଡ଼ିଶା ନୌବାଣିଜ୍ୟ ଚାଲୁଥିଲା ଅଝାଲଟଣା ବୋଇତରେ। ପରବର୍ତ୍ତୀ ପର୍ଯ୍ୟାୟରେ ଏହାକୁ ଜାହାଜ କୁହାଗଲା। 'କମଳା ପ୍ରସାଦ ଗୋରାପ', 'କାଳିପ୍ରସାଦ ଗୋରାପ' ଦୁଇଟି ବଡ଼ ବୋଇତ। କୌଣସି ଦେବାଦେବୀଙ୍କ ନାମ, ତା' ସହିତ ପ୍ରସାଦ ଯୋଗପୂର୍ବକ ତତ୍କାଳୀନ ବୋଇତର ନାମକରଣ କରାଯାଉଥିଲା। ଦୁଇଡ଼ୁଲିଆ ବଡ଼ ଜାହାଜର ନାମ ଗୋରାପ। ଏକଡ଼ୁଲିଆ ସାନ ଜାହାଜର ନାମ ଶ୍ଳୋପା, ସବା ସାନର ନାମ ଦୁଉଣୀ। ଖଣ୍ଡେ ଖଣ୍ଡେ ଗୋରାପ ଆଠ ଦଶ ହଜାର ମହଣ ପର୍ଯ୍ୟନ୍ତ ମାଲ ବୋଝେଇ ନିଏ। ଗୋଟେ ଜାହାଜ ପାଇଁ ଦଶ କୋଡ଼ିଏ କର୍ମଚାରୀ। ଚାଳକର ଉପାଧି ମାଝି, ତା'ର ସହକାରୀ ତେଣ୍ଡଲ, ଅନ୍ୟ ସବୁ କର୍ମଚାରୀଙ୍କ ଉପାଧି ଖଲାସୀ। ଫକୀରମୋହନଙ୍କ ସମକାଳରେ ଜାହାଜ କର୍ମଚାରୀ ପ୍ରାୟ ସାଢ଼େ ଚାରି ହଜାର। ଏହାବାଦ୍ ଜାହାଜ ନିର୍ମାଣକାରୀ ବଢ଼େଇ, କମାର, କଳାପିଠିଆ, ସଡ଼ସିଲାଇ, ଦରଜି, ଅନ୍ୟାନ୍ୟ ଚାକର ସଂଖ୍ୟାକୁ ମିଶାଇଲେ ପ୍ରାୟ ସାଢ଼େ ପାଞ୍ଚ ହଜାର। ଗୋଟିଏ କଥାରେ କହିଲେ ସେ ସମୟରେ ଅନ୍ତର୍ବାଣିଜ୍ୟ ଅବା ବହିର୍ବାଣିଜ୍ୟ ଥିଲା ବାଲେଶ୍ୱରବାସୀଙ୍କ ହାତରେ। ବାଲେଶ୍ୱରୀ ଜାହାଜମାନ ଗୋପାଳପୁର, ବିଶାଖାପଟ୍ଟନମ୍, ମାନ୍ଦ୍ରାଜ୍, ରେଙ୍ଗୁନ ତଥା ଅନ୍ୟାନ୍ୟ ଦ୍ୱୀପକୁ ଗତାୟାତ କରୁଥିଲା।

ଜାହାଜ ଚାଳକ ମାଝି, ତା'ର ଏକ ସ୍ୱତନ୍ତ୍ର ସୁବିଧା ଥିଲା। ସମୁଦାୟ ବୋଝେଇ ମାଲ୍‌ର ଦୁଇପଣି ପାଲ ବିନାଭଡ଼ାରେ ମାଝି ନିଏ। ଗୋଟେ ଜାହାଜରେ ଆଠହଜାର ମହଣ ବୋଝେଇ ହେଲେ, ହଜାରେ ମହଣ ମାଝିର। ଏହାକୁ ବିକ୍ରିବଟା କରି ସେ ଟଙ୍କାରଖେ। ମାଲ୍ କିଣିବା ପାଇଁ ବାବୁଘର ଚାକର ବାକର, ବୋହୂ, ଝିଅ, ଗୁମାସ୍ତା, ପାଇକ; ସେମାନଙ୍କ ଇଚ୍ଛା ମୁତାବକ ମାଝିକୁ ଟଙ୍କା ଉଧାର ଦିଅନ୍ତି, ଏହାର ନାମ ବଟମ୍।

ପ୍ରାପ୍ତ ଲାଭରୁ ବଟମ୍‌ଦାର ଅର୍ଦ୍ଧେକ ପାଏ; ମାତ୍ର ଦୁର୍ଭାଗ୍ୟବଶତଃ ଜାହାଜ ଦୁର୍ଘଟଣାଗ୍ରସ୍ତ ହେଲେ ମାଝିର ଭେଲା ବୁଡ଼େ। ତାହାହିଁ ଘଟିଛି କମଳା ପ୍ରସାଦ ଗୋରାପରେ। ଜାହାଜ ମାନ୍ଦ୍ରାଜରୁ ଫେରୁଥିବା ବେଳେ ଝଡ଼ବାତ୍ୟାରେ ପଡ଼ିଯାଇଛି। ବଞ୍ଚିଛି ସ୍ୱରୂପ ମାଝି। ମାତ୍ର ବଟମ୍ ସୁଝିପାରିନି। ସେ ଏବେ ନିଃସ୍ୱ। ଏମିତି ଦରିଆପାରି ବେପାର ବଣିଜ, ବଟମ ଟଙ୍କାରେ ଜିନିଷ ବିକ୍ରି ଖର୍ଦ୍ଦିକୁ ନେଇ ମାଝିମାନଙ୍କର ଉଠପଡ଼ ସଂସାର।

କାର୍ତ୍ତିକ ପୂର୍ଣ୍ଣିମା ବେଳକୁ ମୌସୁମୀ ସମ୍ପୂର୍ଣ୍ଣ ଘରବାହୁଡ଼ା। ପାଣିପାଗ ଅନୁକୂଳ, ପାଲଟଣା ଜାହାଜମାନଙ୍କର ସମୁଦ୍ର ଯାତ୍ରା। କମଳାପ୍ରସାଦ ଗୋରାପରେ ସବୁ ସଜବାଜ, "ଆଜି ପୂର୍ଣ୍ଣିମା- ସହଜରେ କଟାଳ ଜୁଆର। ଦିନ ବାରଟା ବେଳେ ଜୁଆର ଭାଟିବ। ଠିକ୍ ସେତିକିବେଳେ ପଡ଼ିଛି ଅମୃତଯୋଗ। ଆଜି ଢେର୍ ଜାହାଜ ଗଡ଼ିଯିବାର ସ୍ଥିର ହୋଇଛି। ଚାରିପାଞ୍ଚଦିନ ହେଲା ମାଝି, ଖଲାସୀମାନେ କାମରେ ଭାରି ଲାଗିଯାଇଥିଲେ। ଜାହାଜକୁ ସଫାସୁତରା କରି ଡୋଲ ଉପରେ ସବର, ଗଭର, ଟଭର - ପଛକୁ କଲମି ଡୋଲ ଆଉ ବରଗାମାନ ଟେକିଦେଇ ଶେଡ଼ଗୁଡ଼ାଇ ଠିକ୍ କରି ରଖିଦେଇଛନ୍ତି। ଆଗରେ ପଛରେ ଡୋଲର, ସବା ଉପରେ ଲାଲ, ଧଳା, ହଳଦିଆ ପତାକାମାନ ଫର୍‌ଫର୍ ଉଡୁଛି।" ପୁରୋହିତ ପୂଜାର୍ଚ୍ଚନା ଶେଷ କରନ୍ତି। ମାଲିକ, ମାଝି ମୁଣ୍ଡରେ ଚନ୍ଦନ, ବେକରେ ଫୁଲମାଳ ପକାଇଦିଅନ୍ତି। ପୁରୋହିତ ଜ୍ୟୋତିଷ ପାଞ୍ଜିରୁ ଯୋଗଲଗ୍ନ ନିର୍ଣ୍ଣୟ କରନ୍ତି। ଅମୃତ, ମାହେନ୍ଦ୍ର ବେଳାରେ ଦିଅନ୍ତି ଇସାରା। ଜାହାଜ ଯାତ୍ରାର ଶୁଭାରମ୍ଭ ହୁଏ। ମାଝି ଡାକେ, "ହା-ବିସ୍"। ତେଣ୍ଡଲ ଡାକେ ଓ-ହୋଓ, ଖଲାସୀ ଡାକନ୍ତି ଓ-ହୋଓ, ଏମିତି ଡାକ, ପୀର୍ କୋରାମତ୍, ଏଁ-ୟାଁ, ସାହେବ ସଲାମତ, ଏଁ-ୟାଁ, କାମେ ଖବର, ଏଁ-ୟାଁ, ତା' ପରେ ବାଉରଯନ୍ତ୍ର ପଖା ବାଡ଼ରେ ଏକ ଝିଙ୍କାରେ ଲଙ୍ଗର ପାଣି ଉପରକୁ ଉଠେ। ଚାଲେ ଜାହାଜ ସମୁଦ୍ର ଆଡ଼େ।" ସବୁ ଶୁଭକାମନା ସତ୍ତ୍ୱେ; ସମୟେ ସମୟେ ଅଦିନିଆ ଝଡ଼ତୋଫାନ, ବର୍ଷା, ଜାହାଜର ପ୍ରଭୂତ କ୍ଷତି କରେ। ଏହି କଥାଟି ବର୍ଣ୍ଣିତ କମଳା ପ୍ରସାଦ ଗୋରାପରେ, "ଅଧରାତି ସରିକି ତୋଫାନ ଆଉ ବୃଷ୍ଟି ପ୍ରବଳ ହେଲା। ଚାରିଜଣ ଲୋକେ ଜାହାଜ ସମ୍ଭାଳି ରଖିପାରିଲେ ନାହିଁ। ଗୋଟିଏ ବାଲିଚଡ଼ାରେ ଲାଗିଗଲା। ସକାଳୁ ସକାଳୁ ମାଝି ଖଲାସୀ ଧାଇଁଛନ୍ତି - ଜାହାଜ ଅବସ୍ଥା ଦେଖି ମୁଣ୍ଡ ବାଡ଼େଇଦେଲେ।" ଅନୁକୂଳ ବାଣିଜ୍ୟ ବାୟୁ। ଏଥି ସହିତ ପ୍ରକୃତିର ହସ ସରସ ପଣ। ଆମ ସାଧବପୁଅମାନଙ୍କର ନୌବାଣିଜ୍ୟ ସୁରୁଖୁରୁରେ ଚାଲେ। ସମୁଦ୍ରରେ ଲୁଚି ରହିଥାଏ ବାଲିଚଢ଼ା, ଛୋଟବଡ଼ ପାହାଡ଼, ଏସବୁ ବୋଇତମାନଙ୍କ ପାଇଁ ବିପଦ ସୃଷ୍ଟି କରେ। କମଳା ପ୍ରସାଦ ଗୋରାପ ମଧ୍ୟ ଏକ ଆସନ୍ନ ଦୁର୍ଘଟଣାରୁ ବର୍ତ୍ତିଥିଲା। ପୂର୍ଣ୍ଣିମା ତିଥି। କଟାଳ ଜୁଆର ପହଞ୍ଚିବାରୁ ଚଢ଼ା ଜଳପୂର୍ଣ୍ଣ ହେଲା। ପୁନଶ୍ଚ ଜାହାଜଟି ଭାସିଭାସି ଆସିଥିଲା।

ସମ୍ପ୍ରତି ଜ୍ଞାନବିଜ୍ଞାନର ଅଗ୍ରଗତି, ଦରିଆକୂଳରେ ବତିଘର। ଜାହାଜମାନଙ୍କୁ ସତର୍କ ସୂଚନା ମିଳେ, ଯାହା ସେ ସମୟରେ ନ ଥିଲା।

ସାଧବପୁଅମାନଙ୍କ ନୌବାଣିଜ୍ୟର ପ୍ରଧାନ ବାଧକ ଜଳଦସ୍ୟୁ। ବିଶେଷ କରି ଫିରିଙ୍ଗି, ପର୍ତ୍ତୁଗୀଜମାନେ ଏ କାମରେ ଧୁରନ୍ଧର। ଜଳଦସ୍ୟୁମାନଙ୍କର ଜାହାଜ ଲୁଟି ଘଟଣାଟି 'କାଳିପ୍ରସାଦ ଗୋରାପ'ର କଥାବସ୍ତୁ। ବାବୁ ଶିବ ପ୍ରସାଦ ଚୌଧୁରୀଙ୍କ ସୁନ୍ଦର ଜାହାଜଟି। କବଳିତ କରିଛନ୍ତି ଜଳଦସ୍ୟୁ। ସେମାନଙ୍କଠାରୁ ମୁକୁଳି ଆସିଥିଲା ହଗୁ ତେଣ୍ଡଲ। ତା'ରି ବୟାନ ଥିଲା, "ସେ ଦେଶରେ ଗୋଟିଏ ରାଜା ଅଛି, ସେଇଟା ଭଲ ରାଜା ନୁହେଁ। ଡକାୟତ ରାଜା। ସେଟାର ନାମ ଗଞ୍ଜେଇନିଶ (Ganjalish), ଆହୁରି ବି ସେ ରାଜାର କେତେଜଣ ସର୍ଦ୍ଦାର ଅଛନ୍ତି, କାପ୍ତାନ ମାଲଫିକା (Captain Malpica), ଜୁକରହିଆ (Jucarte), ହଗ୍ରୀବୁସ୍ (Haxary Buse), ମେଷ୍ଟର ଦିକସ୍ତ (Mister Decsta), ଆହୁରି ବି ସର୍ଦ୍ଦାର ଅଛନ୍ତି, ଫିରିଙ୍ଗି ପାଇକ, ତୁର୍କ ପାଇକ ବି ଢେର୍ ଅଛନ୍ତି।" ଏକଥା ଜାହାଜ ମାଲିକମାନଙ୍କୁ ବ୍ୟଥା ଦେଇଛି। ଫେରଗୁଡ଼ାକ ଫିରିଙ୍ଗି ଜାତି। ସେମାନଙ୍କ ସହ କାରବାର ମନା। ଡଚ୍, ଓଲନ୍ଦାଜଙ୍କ ସହ କାରବାର ବନ୍ଦ ହେଲେ ସେମାନେ ଆପେ ପଳାଇବେ। ଆଉ କେତେକ ମହାଜନ ମତ ଦେଲେ, "ଫିରିଙ୍ଗିମାନେ ଜାତିରେ ମ୍ଳେଚ୍ଛ ସିନା - ମଦ ମାଉଁସ ଖାଆନ୍ତି। ଯେତେହେଲେ ସେମାନେ ଲକ୍ଷ୍ମୀପୁତ୍ର। ମୋଟା କାରବାର। ରଗଡ଼ ଝଗଡ଼ ନାହିଁ। କଥା ପଦକେ ସଉଦା।" ସେମାନଙ୍କୁ ଦେଶରୁ ତଡ଼ିଦେଲେ, ସମସ୍ତେ ମିଳିମିଶି ଦରିଆରେ ଡକାୟତି କରିବେ - ଏମିତି ନାନା ଚିନ୍ତା, ଦୁଃଶ୍ଚିନ୍ତା। ସବୁ ବାଧା ପ୍ରତିବନ୍ଧକ ସତ୍ତ୍ୱେ; ଓଡ଼ିଶାର ସାଧବପୁଅ ଦରିଆ ପାରି ବେପାରରେ କୃତିତ୍ୱ ପ୍ରଦର୍ଶନ କରିଯାଇଛନ୍ତି।

ସମୟର ଅବଲୀଳା କ୍ରମେ ନୌବାଣିଜ୍ୟ ବିଲୁପ୍ତ ହେବାକୁ ଲାଗିଲା। ଏହାର କାରଣ ମଧ୍ୟ ଫକୀରମୋହନ ଦେଇଛନ୍ତି, "ବାଲେଶ୍ୱର ବନ୍ଦରର ଦୁର୍ଭାଗ୍ୟର ମୂଳ କାରଣ ନିମକ ପୋକ୍ତାନ ବନ୍ଦ। ଦ୍ୱିତୀୟ କାରଣ ଷ୍ଟିମର ଓ ରେଳ କାରବାର। ତୃତୀୟ କାରଣ ଅବା ସବିଶେଷ କାରଣ, ବାଲେଶ୍ୱର ନଦୀମୁହାଣ ପୋତା ପଡ଼ିଲାଣି, ଅମାବାସ୍ୟା ପୂର୍ଣ୍ଣିମା କଟାଳ ଜୁଆର ସମୟ ବିନା ଅନ୍ୟ ସମୟରେ ଜାହାଜ ସମୁଦ୍ରରୁ ନଦୀ ଭିତରକୁ ପଶିପାରୁନାହିଁ।" ଇଷ୍ଟଇଣ୍ଡିଆ କମ୍ପାନୀ ଖୁବ୍ ଚତୁର। ସେମାନଙ୍କର ଯନ୍ତ୍ରଚାଳିତ ଜାହାଜ। ତାଙ୍କ ସହ ସମକକ୍ଷ ହେବା ସହଜ ନ ଥିଲା। ସମୟ କ୍ରମେ ଅନ୍ୟାନ୍ୟ ୟୁରୋପୀୟମାନଙ୍କ ପରି ଓଡ଼ିଶାର ପାଲଟଣା ଜାହାଜମାନେ ବି ବିଲୟ ଭଜିଲେ।

ଓଡ଼ିଶାର ଅତୀତ ନୌବାଣିଜ୍ୟ ଇତିହାସ ଗରିମାମୟ। ଏଥିରେ ବାଲେଶ୍ୱର ବନ୍ଦରର ସ୍ଥାନ ଅତୀବ ଗୁରୁତ୍ୱପୂର୍ଣ୍ଣ। ଓଡ଼ିଶାର ଥାନ, ଝିନ, ଟସର ବସ୍ତ୍ର ୟୁରୋପୀୟ

ବଣିକମାନଙ୍କ ମୁଖ୍ୟ ଆକର୍ଷଣ । ସେ ଦେଶର ଅପ୍‌ସରାମାନେ ଆପଣା ଆପଣା ସୌନ୍ଦର୍ଯ୍ୟର ପରାକାଷ୍ଠା ପ୍ରଦର୍ଶନ କରୁଥିଲେ । ଏଥି ପାଇଁ ସୂକ୍ଷ୍ମ ବସ୍ତ୍ର ସକାଶେ ବାଲେଶ୍ୱରକୁ ରହିଁ ବସୁଥିଲେ । ଫଳତଃ ବାଲେଶ୍ୱରର ଆର୍ଥନୀତିକ ମାନଦଣ୍ଡ ଥିଲା ଖୁବ୍ ସୁଦୃଢ଼ । ଏକଥାକୁ ଫକୀରମୋହନ ବର୍ଣ୍ଣନା କରିଛନ୍ତି ।

ଆସିଛି କାର୍ତ୍ତିକ ପୂର୍ଣ୍ଣିମା, ଜାଗାଜାଗା ଦରିଆ କୂଳରେ ବାଲିଯାତ୍ରା । କଟକ ମହାନଦୀ ଗଡ଼ଗଡ଼ିଆ ଘାଟରେ ଅନୁରୂପ ବ୍ୟବସ୍ଥା । ଚଳଚଞ୍ଚଳ ଓଡ଼ିଶାର ଜନଜୀବନ । ଇତିହାସର ପୁନଃ ରୋମନ୍ଥନ । ଓଡ଼ିଆ ସାଧବପୁଅର କୀର୍ତ୍ତି ଖ୍ୟାତିକୁ ସ୍ମରଣ କରି ଦେଶବାସୀ ବିଭୋର । କାହିଁଗଲା ଗୌରବାବହ ଅତୀତ ? ଆଜି କାର୍ତ୍ତିକ ପୂର୍ଣ୍ଣିମାରେ ବାଲେଶ୍ୱର ନିଶ୍ଚଳ, ନିସ୍ପନ୍ଦ, "ଚିରକାଳ କାହାରି ସମାନ ଯାଏନାହିଁ । ଉତ୍‌ଥାନ ପତନ ଜଗତର ନିୟମ । ସ୍ମରଣାତୀତ କାଳ ପୂର୍ବରୁ ଯେଉଁ ବାଲେଶ୍ୱରର ନଦୀକୂଳ ସହସ୍ର ସହସ୍ର ଲୋକ ଯୋଗେ କୋଳାହଳମୟ ଥିଲା, ଆଜି ଯାଇ ଦେଖନ୍ତୁ, ସେ ସ୍ଥାନ ନିରବ, ନିର୍ଜନ, ଅରଣ୍ୟମୟ, ଶ୍ମଶାନତୁଲ୍ୟ ନିସ୍ତବ୍ଧ । ନଦୀଟା ମଧ୍ୟ ପୋତିହେଇ ପଡ଼ିଲାଣି । ବାଲେଶ୍ୱରବାସୀ ଜାହାଜୀ ଧନୀ ଓ ବଣିକମାନେ ଉଚ୍ଛନ୍ନ ହୋଇଯିବାରୁ ବାଲେଶ୍ୱର ବାସୀଙ୍କ ହାତରୁ ଦେଶର ଆଭ୍ୟନ୍ତରିକ ଏବଂ ବୈଦେଶିକ ସମସ୍ତ ପ୍ରକାର ବାଣିଜ୍ୟ ଦେଶବାସୀଙ୍କ ହସ୍ତଛଡ଼ା ହୋଇଯାଇଛି ।" ଏହାହିଁ ଥିଲା ଫକୀରମୋହନଙ୍କ ଖେଦୋକ୍ତି । କେବଳ ବାଲେଶ୍ୱର ନୁହେଁ, ସାରାରାଜ୍ୟର ଅତୀତ ନୌବାଣିଜ୍ୟ ପାଇଁ ଏହା ପ୍ରଯୋଜ୍ୟ । ଆଜି କାର୍ତ୍ତିକ ପୂର୍ଣ୍ଣିମାରେ ଅଝାଳଟଣା ବୋଇତ ନୁହେଁ ମାଳମାଳ କାଗଜ, ସୋଲଡଙ୍ଗୀ ଭାସୁଛି ନଦୀ, ସମୁଦ୍ରରେ । ସତରେ,

"କର୍ପୂର ଯାଇ କନା ଥିଲେ ପଡ଼ି
କନା ଧରିଥାଏ କର୍ପୂର ସ୍ମୃତି
କନା ଯାଇ ନାଶ ରହିଲେ ପାଉଁଶ
ତା' ଦେଖି କିଏ ସେ ଧରିବ ଧୃତି ।"

ଫିସନ ପରି ଏ ସନ ମଧ୍ୟ ଓଡ଼ିଆଣୀର ବୋଇତ ବନ୍ଦାଣ, ଦିନଟିଏ ହେଲେ ବି ଶୁଭୁଛି 'ଆ-କା-ମା-ବୈ', ଉଖାରି ଦେଉଛି ଆମ ଅତୀତ ନୌବାଣିଜ୍ୟ ସ୍ମୃତିକୁ ।

■

ଖାଣ୍ଟି ଓଡ଼ିଆର ଭଗବାନଙ୍କୁ ପ୍ରାର୍ଥନା

୧୮୦୩ ମସିହା, ଅକ୍ଟୋବର ୧୪। ଇଂରେଜମାନେ ମରହଟ୍ଟା ଆଶ୍ରୟସ୍ଥଳ ବାରବାଟୀ ଦୁର୍ଗକୁ ଅଧିକାର କଲେ। ଓଡ଼ିଶା ହେଲା କମ୍ପାନୀ ଶାସନ ପର୍ଯ୍ୟାୟଭୁକ୍ତ। ସେତେବେଳେର ଓଡ଼ିଶା କହିଲେ କଟକ, ପୁରୀ, ବାଲେଶ୍ୱର ସମନ୍ୱିତ କେତେକ ଅଞ୍ଚଳକୁ ବୁଝାଉଥିଲା। ଗଜପତି ମୁକୁନ୍ଦଦେବଙ୍କ ପତନ (୧୫୬୮) ଠାରୁ ୧୮୦୩। ଏକ ଦୀର୍ଘ ସମୟ। ଏହାରି ମଧ୍ୟରେ ଓଡ଼ିଶାର ରାଜନୀତିକ ରଙ୍ଗମଞ୍ଚ ଥିଲା ଅତ୍ୟନ୍ତ ବିବାଦୀୟ। ୧୮୧୭ ମସିହାର ପାଇକ ବିଦ୍ରୋହ, ଜନଚିତ୍ତରେ ଇଂରେଜ ବିରୋଧୀ ଚିନ୍ତାଧାରାକୁ ପ୍ରୋତ୍ସାହିତ କଲା; ମାତ୍ର ୧୮୬୬ ମସିହାର ନ'ଅଙ୍କ ଦୁର୍ଭିକ୍ଷ ଓଡ଼ିଆଙ୍କର ଅଣ୍ଟା ଭାଙ୍ଗି ଦେଇଥିଲା। ୧୮୪୧ରୁ ଆସିଥିଲା ଆଉ ଏକ ବିପଦ। କେତେକ ବଙ୍ଗାଳୀ ଓଡ଼ିଆ ଭାଷା ବିଲୋପ ଚକ୍ରାନ୍ତ କଲେ। ଆମ ସ୍ୱାଭିମାନ ପାଇଁ ଏହା ଥିଲା ଏକ ବଳିଷ୍ଠ ଆହ୍ୱାନ। ବଙ୍ଗଳାଭାଷାର ଓଡ଼ିଆ ଏକ ଉପଭାଷା - ଏକଥା ପ୍ରଚାର କରାଗଲା। ଏହାର ସ୍ୱାତନ୍ତ୍ର୍ୟକୁ ଭୂଲୁଣ୍ଠିତ କରିବାର ହୀନ ଚକ୍ରାନ୍ତ ଆରମ୍ଭ ହେଲା। ଚାଲିଲା ଭାଷା ସୁରକ୍ଷା ଉଦ୍ୟମ। ଅମୃତମୟ ଫଳ ମିଳିଲା। ଭାଷା ବିଲୋପକାରୀଙ୍କ ହୀନ ଉଦ୍ୟମ ପଣ୍ଡହେଲା। ଓଡ଼ିଶା-ଜନଜୀବନରେ ଭରପୂର ଦେଶ-ଭାଷା-ସାହିତ୍ୟ ପ୍ରୀତି। ଜାତିପ୍ରେମ ବି। ଏକ ନିର୍ଦ୍ଦିଷ୍ଟ କାଳଖଣ୍ଡ (୧୮୪୧-୧୮୭୦)ରେ ତାହା ଉଜ୍ଜୀବିତ ହେଲା। ଅଣ୍ଟାଭିଡ଼ି ଆଗେଇ ଆସିଲେ ସ୍ୱାଭିମାନୀ ଓଡ଼ିଆଏ। ସେମାନଙ୍କ ମଧ୍ୟରେ ଅଗ୍ରଗଣ୍ୟ ବ୍ୟାସକବି ଫକୀରମୋହନ ସେନାପତି। ସେ କାଳର ପ୍ରତିପକ୍ଷଙ୍କ ଆଖିରେ ବେଟା ରିଂ ଲିଡର, ସେ ସର୍ବାନ୍ତକରଣରେ ଜଣେ ଖାଣ୍ଟି ଓଡ଼ିଆ।

ଉନବିଂଶ ଶତାବ୍ଦୀର ପହିଲି ଭାଗ; ନ ଥିଲା ଆଜି ପରିକା ଓଡ଼ିଶା, ଥିଲେ କିନ୍ତୁ କାୟ-ମନୋ-ବାକ୍ୟରେ ସମର୍ପିତ ଓଡ଼ିଆଏ। ମା'-ମାଟି-ଭାଷାକୁ ସେମାନେ ପ୍ରାଣ ଠୁ ଅଧିକ ଭଲ ପାଉଥିଲେ। ସେତିକିରେ ସଚେତନ ଓଡ଼ିଆଏ ଆତ୍ମସନ୍ତୋଷରେ

ମଜ୍ଜିରହି ନ ଥିଲେ। ଗୋଟେ ଜାତିର ସ୍ୱାଧୀନତା, ଆର୍ଥନୀତିକ ଦୃଢ଼ତା ରାଜ୍ୟକୁ ବଳିଷ୍ଠ କରିବ, ସେବେକାର ଓଡ଼ିଶାବାସୀ ତାହା ହୃଦୟଙ୍ଗମ କରିଥିଲେ। କମ୍ପାନୀ ଶାସକଙ୍କ ତୋଗଲକୀ ନୀତିନିୟମ, ସାଧାରଣ ଜୀବନଧାରାରେ କଣ୍ଟା ସାଜିଲା, ତାହାର ମୂକସାକ୍ଷୀ ଇତିହାସ। ଅନୁରୂପ ଭାବେ ଶ୍ୱେତାଙ୍ଗ ଶାସକଙ୍କ ଏକଚାଟିଆ ଲବଣ ଆଇନ (୧୮୧୪) ଓଡ଼ିଆମାନଙ୍କୁ ଦୁଃଖ ଯାତନା ଦେଲା। କିନ୍ତୁ ମୁକ୍ତିଯୁଦ୍ଧରେ ସାମିଲ କରିବା ପାଇଁ ଏଥିରେ ଥିଲା ପରୋକ୍ଷ ପ୍ରେରଣା। ଓଡ଼ିଶାବାସୀ ପ୍ରତ୍ୟକ୍ଷ ଭାବେ ଲୁଣମରାରୁ ବଞ୍ଚିତ ହୋଇଥିଲେ। ଲବଣ ପୋକ୍ତାନ ବ୍ୟବସାୟ ଥିଲା ଲାଭଜନକ। ବାଲେଶ୍ୱର ସମେତ ସମୁଦ୍ର କୂଳିଆ ଅଞ୍ଚଳ, ଏଠାକା ଅଧିବାସୀ, ଏହାକୁ ଜୀବିକା ଭାବେ ଗ୍ରହଣ କରିଥିଲେ। ଏଥିରେ ସମ୍ପୃକ୍ତ ଥିଲେ ବହୁ କର୍ମଚାରୀ। ସେମାନେ ବେଶ୍ ଦି ପଇସା ରୋଜଗାର କରୁଥିଲେ। ସମସ୍ତଙ୍କ ଭେଳା ବୁଡ଼ିଲା।

୧୮୬୧ ମସିହା; ବାଲେଶ୍ୱରୀ ପଙ୍ଗାଲୁଣ ପୋକ୍ତାନକୁ ଇଂରେଜମାନେ ବନ୍ଦ କରିଦେଲେ। 'ବାଲେଶ୍ୱରୀ ପଙ୍ଗାଲୁଣ' ଗଳ୍ପ ଲେଖିଲେ ଫକୀରମୋହନ। ତାଙ୍କ ପିଲାଦିନ କଥା। ଲବଣ ମାହାଲ ସିରସ୍ତାରେ ସେ କର୍ମଚାରୀ। ଆପଣାର ସ୍ମୃତିକୁ ରୋମନ୍ଥନ କରିଛନ୍ତି। ଏହାରି ଉପରେ ଗପଟି ପର୍ଯ୍ୟବସିତ। ଉକ୍ତ ଗଳ୍ପରେ ଲବଣ ପୋକ୍ତାନ ବ୍ୟବସାୟ, ଏହାର ଆର୍ଥନୀତିକ ସଫଳତା; ପ୍ରୋକ୍ତାନ ବନ୍ଦ ଯୋଗୁଁ ବାଲେଶ୍ୱର ଜିଲ୍ଲାବାସୀଙ୍କ ଦୁର୍ଦ୍ଦଶା, ଲବଣ ଶିଳ୍ପର ଓଡ଼ିଶା ନୌବାଣିଜ୍ୟ ଉପରେ ଥିବା ପ୍ରଭାବ - ଏ ସମସ୍ତକୁ ଲେଖକ ଚମତ୍କାର ଭାବେ ବର୍ଣ୍ଣନା କରିଛନ୍ତି। ଲବଣ ପୋକ୍ତାନ ବନ୍ଦ ହେଲା। ଫକୀରମୋହନ ହେଲେ ମର୍ମାହତ। ଆପଣାର ଜିଲ୍ଲାବାସୀଙ୍କ ପାଇଁ ପ୍ରାର୍ଥନା କଲେ, "ହେ ଭଗବାନ! ଆମ୍ଭମାନଙ୍କ ଦୟାଳୁ ଗଭର୍ଣ୍ଣମେଣ୍ଟଙ୍କ କଣ୍ଠରେ ବିରାଜିତ ହେଉନ୍ତୁ। ବାଲେଶ୍ୱର ଜିଲ୍ଲାର ପୂର୍ବବତ୍ ଲୁଣ ପୋକ୍ତାନ କାର୍ଯ୍ୟ ଆରମ୍ଭ ହେଉ"। ଲବଣ ଆମଦାନି ବନ୍ଦ ହେଲା। ଲକ୍ଷ୍ମୀବନ୍ତ ସ୍ଥାନ ବାଲେଶ୍ୱର। ଜିଲ୍ଲାର ସାଧାରଣ ଲୋକଙ୍କ ମଧ୍ୟରେ ଦଶପଣ ଲୋକ। ସେମାନଙ୍କ ଘରେ ଦୁଇ ଓଳି ଚୁଲି ଜଳିଲାନି। ମଧ୍ୟବିତ୍ତଙ୍କ ଅବସ୍ଥା ତଥୈବଚ! ଜିଲ୍ଲାର ଦୟନୀୟ ଆର୍ଥିକ ଦୁର୍ଗତି। ଫକୀରମୋହନ ବାଲେଶ୍ୱରବାସୀଙ୍କ କଲ୍ୟାଣ ପାଇଁ ଭଗବାନଙ୍କୁ ନିବେଦନ କରିଛନ୍ତି।

ବାଲେଶ୍ୱରୀ ପଙ୍ଗାଲୁଣ ପୋକ୍ତାନ। ଏକଦା ବାଲେଶ୍ୱର ବାସୀଙ୍କ ଆର୍ଥିକ ସ୍ଥିତିକୁ ମଜଭୂତ କରିଥିଲା। ଆମଦାନି ପ୍ରକ୍ରିୟାରେ ସରକାରୀ, ବେସରକାରୀ କର୍ମଚାରୀଙ୍କ ଭୂମିକା ଥିଲା ଗୁରୁତ୍ୱପୂର୍ଣ୍ଣ। ଲବଣ ମାହଲର ସରକାରୀ ମୁଖ୍ୟ କଲେକ୍ଟର। ସେ ସଲ୍ଟ ଏଜେଣ୍ଟ। ତାଙ୍କ ସହ ଆଉ ଦୁଇ ଜଣ ଆସିଷ୍ଟାଣ୍ଟ। ପୋକ୍ତାନ ରହିତ ବର୍ଷରେ ମିଷ୍ଟର କର୍ଣ୍ଣେଲ, ମିଷ୍ଟର ବଣ୍ଡ, ମିଷ୍ଟର ମୁଫଟ ଯଥାକ୍ରମେ ସଲ୍ଟ ଏଜେଣ୍ଟ, ଆସିଷ୍ଟାଣ୍ଟ ଏଜେଣ୍ଟ - ଏ ସମସ୍ତେ ଇଂରେଜ କର୍ମଚାରୀ।

ବାଲେଶ୍ୱରୀ ନିମକୀ ମହାଲ କଚେରିରେ ଦୁଇ ସିରସ୍ତା; ମୁନ୍‌ସିଖାନା, ହିସାବଖାନା। ମୁନ୍‌ସିଖାନାରେ ନିଯୁକ୍ତ କର୍ମଚାରୀଙ୍କ ଉପାଧି ଦେବାନ, ପେସ୍କାର, ମୁନ୍‌ସି, ରୋଜନାମଚାନବିସ୍, ପରବାନାନବିସ, ନକଲନବିସ, ନାଜର; ଏମାନଙ୍କ ସହ ସରକାରୀ ମୋହରିରମାନେ କାର୍ଯ୍ୟ କରୁଥିଲେ। ହିସାବଖାନାରେ ସିରସ୍ତାଦାର, ମୁନ୍‌ସି, ମୋହରିର ଉପାଧିଧାରୀ ନିଯୁକ୍ତଥିଲେ। ଏହି ଦୁଇଟି ସଦର କଚେରି ସର୍ବଦା ଗହଳଚହଳ ଥିଲା। ନିମକ ପୋକ୍ତାନ ସ୍ଥାନରେ ଦାରୋଗା, ପେସ୍କାର, ଜିଲ୍ଲାଦାର, ଚପରାସି, ଜାଳ ଚୌକିଆ, ଖଟି ପାଇକ, ଚପାଦାର, କୟାଳ; ଏମାନେ ସରକାରୀ କର୍ମଚାରୀ। ଲବଣ ବିକ୍ରିସ୍ଥାନରେ ଦାରୋଗା, ପେସ୍କାର। ପୋକ୍ତାନ ସ୍ଥାନରେ ପୁଲିସ କର୍ମଚାରୀ, ଜମାଦାର, ମୁନ୍‌ସି, ଚପରାସୀ – ଏମାନେ ବି ସରକାରୀ କର୍ମଚାରୀ। ସେମାନଙ୍କ ପ୍ରତ୍ୟକ୍ଷ ତତ୍ତ୍ୱାବଧାନରେ ନିମକୀ ମାହାଲ କାର୍ଯ୍ୟ ସମ୍ପନ୍ନ ହେଉଥିଲା। ବେସରକାରୀ କର୍ମଚାରୀଙ୍କ ଭୂମିକା ମଧ୍ୟ ଅତ୍ୟନ୍ତ ଗୁରୁତ୍ୱପୂର୍ଣ୍ଣ ଥିଲା।

ଫିସନ ଆଶ୍ୱିନ ଆସେ। ଲବଣ ଆମଦାନୀ କାର୍ଯ୍ୟର ଶୁଭାରମ୍ଭ ହୁଏ। ପୋକ୍ତାନକାରୀମାନଙ୍କୁ ସରକାରଙ୍କ ତରଫରୁ ଦାଦନ ଦିଆଯାଏ। ଦାଦନ ଗ୍ରହୀତାମାନେ ସରକାରଙ୍କୁ କବୁଲିୟତ ଲେଖି ଦେଇ ଦାଦନ (ଋଣ ଟଙ୍କା) ନିଅନ୍ତି। ଟଙ୍କା ଗ୍ରହଣକାରୀମାନେ ଗୁଲିଆ ଭାବେ ପରିଚିତ। ଦାଦନ ଆଦାନ ପ୍ରଦାନ ସମୟରେ ବାଲେଶ୍ୱର ହୁଏ ଉତ୍ସବମୁଖର। ବାଜାରି, ହଟାରି, ଭିକାରୀ, ଅମଲା, ଫଏଲାମାନଙ୍କର ଆଚ୍ଛା ଦି' ପଇସା ହୁଏ। ସହରରେ ଦୋକାନୀମାନେ ଦୋକାନ ସଜାନ୍ତି। ମଫସଲବାସୀ ସାଧାରଣ ଲୋକଙ୍କ ହାତରେ ଥୋକେ ଗୁଡ଼ିଏ ପଇସା। ସ୍ତ୍ରୀ, ପୁତ୍ର ପରିବାରମାନଙ୍କ ସକାଶେ ନାନା ପ୍ରକାରର ଦ୍ରବ୍ୟ କ୍ରୟ କରି ଘରକୁ ନିଅନ୍ତି। ହସଖୁସିରେ ତାଙ୍କ ଦିନ ବିତେ।

ଗୋରା ସରକାର ଅତି ଚାଲାଖ। ଆପଣା ହାତରେ ଲୁଣ ମାରନ୍ତିନି। ଗୁଲିଆମାନେ ଲବଣ ଆମଦାନୀର କର୍ତ୍ତା। ପାଡ଼ୀ ଉପାଧିଧାରୀମାନେ ଉପଯୁକ୍ତ ସ୍ଥାନରେ ଲୁଣ ଚୁଲି ପ୍ରସ୍ତୁତ କରନ୍ତି। ମଳଙ୍ଗୀ ଉପାଧିଧାରୀ କର୍ମଚାରୀ ପଛାଲ ଚାଞ୍ଛେ। ମାଟି ସଂଗ୍ରହର ସ୍ଥାନ ବାଡ଼ି। ସେହିପରି ଲବଣ ଚୁଲିରେ ଜଳାଯାଏ ସମୁଦ୍ରକୂଳିଆ ଘାସ। ତାହାକୁ କାଟନ୍ତି କାଲୁଆ ନାମକ କର୍ମଚାରୀ। ଶୁଖିଲା ଘାସକୁ ବିଡ଼ା ବାନ୍ଧି ବଳଦିଆମାନେ ବଳଦରେ ଚୁଲି ପାଖକୁ ନିଅନ୍ତି। ଗୋଟେ ଚୁଲି ଜଳିବା ପାଇଁ ଆଠରୁ ଷୋଳଜଣ କର୍ମଚାରୀ; ଏମିତି ସମଗ୍ର ଜିଲ୍ଲାରେ ସହସ୍ରାଧିକ ଲବଣ ଚୁଲି। ସହସ୍ର ସହସ୍ର ବଳଦ, ବଳଦିଆ, ଲୁଣମରା କର୍ମଚାରୀ। ଲବଣ ପୋକ୍ତାନରୁ ଏମାନେ ଜୀବିକା ନିର୍ବାହ କରନ୍ତି।

ଲବଣ ପୋକ୍ତାନ ସ୍ଥାନର ନାମ ଖଟି, କେତେଗୁଡ଼ିଏ ଖଟିକୁ ନେଇ ଅଡ଼ଂ,

ଅଙ୍ଗର ଦାରୋଗା ସିରସ୍ତାଦାର। ସେମାନଙ୍କ କାର୍ଯ୍ୟ ଭାରି ହାଲ୍‌କା। ଘଟିମାନଙ୍କରେ ସେମାନେ ଭ୍ରମଣ କରନ୍ତି। ଲବଣ ଆମଦାନୀ ତଦାରଖ ତାଙ୍କ ଦାୟିତ୍ୱ। ସଦାସର୍ବଦା ତାଙ୍କ ବିଜେ ପାଲିଙ୍କିରେ। ପାଲିଙ୍କି ଉପରେ ଛତା ଧରିଥାଆନ୍ତି ସ୍ୱତନ୍ତ୍ର ଚାକରମାନେ। ଲବଣ ପୋକ୍ତାନ ଖୁବ୍ ଲାଭଜନକ। ଶହଶହ ବାଲେଶ୍ୱର ବାସୀଙ୍କ ମୁହଁରେ ଏହା ହସ ଫୁଟାଇଥିଲା; ଚାକରଠାରୁ ଆରମ୍ଭ କରି ଉପର କର୍ମଚାରୀଏ ସମସ୍ତେ ସୁଖରେ କାଳ କାଟୁଥିଲେ।

ବାଲେଶ୍ୱରୀ ପଙ୍ଗାଲୁଣ। ଜାହାଜାତି କାରବାରର ଏହା ମୁଖ୍ୟ ଦ୍ରବ୍ୟ। ପ୍ରତିବର୍ଷ ଏଠାରେ ଲୁଣ ପୋକ୍ତାନ ହୁଏ ନଅ ଲକ୍ଷ ମହଣ। ତନ୍ମଧ୍ୟରୁ ଜିଲ୍ଲା ପାଇଁ ଖରଚ ହୁଏ ଦେଢ଼ଲକ୍ଷ ମହଣ। ବାକି ସାଢ଼େ ସାତଲକ୍ଷ ମହଣ, ବଙ୍ଗଦେଶରେ ବ୍ୟବହାର ପାଇଁ କଲିକତା ରପ୍ତାନୀ ହୁଏ। ଗଙ୍ଗାନଦୀ ପଶ୍ଚିମକୂଳସ୍ଥ ସାଲିକା ନାମକ ଗୋଲାକୁ ଚାଲାଣ ଦିଆଯାଏ। ଦୁଇ ଡୁଲିଆ, ଏକଡୁଲିଆ (ଗୋରାପ) - ଏହିପରି ପାଖାପାଖି ତିନିଶତ ବାଲେଶ୍ୱରୀ ଜାହାଜ, ଏସବୁ ରପ୍ତାନୀ କାର୍ଯ୍ୟରେ ନିଯୁକ୍ତ ଥିଲେ। ସେ ସମୟରେ ଅନ୍ତର୍ବାଣିଜ୍ୟ, ବହିର୍ବାଣିଜ୍ୟ ଥିଲା ବାଲେଶ୍ୱରୀବାସୀଙ୍କ ହାତରେ। ସହସ୍ରାଧିକ କର୍ମଚାରୀ, ମାଝି, ତେଣ୍ଡଲ, ଖଲାସି, ବଢ଼େଇ, କମାର, ଦରଜି - ସମସ୍ତେ ବାଣିଜ୍ୟ କାରବାରକୁ ଆପଣା ଆପଣା କର୍ମାନୁଯାୟୀ ତ୍ୱରାନ୍ୱିତ କରିଥିଲେ। ଏଥିରେ ପରିବାର ଭରଣପୋଷଣ କରୁଥିଲେ। ବାଲେଶ୍ୱରର ପ୍ରାୟ ଏକ ତୃତୀୟାଂଶ ଲୋକ, ସେମାନେ ପ୍ରତ୍ୟକ୍ଷ ଅବା ପରୋକ୍ଷ ଲବଣ ବ୍ୟବସାୟରେ ଲିପ୍ତଥିଲେ। ବାଲେଶ୍ୱର ଉପକଣ୍ଠସ୍ଥ ବୁଢ଼ାବଳଙ୍ଗ ନଦୀ, ସଦାସର୍ବଦା ଜାହଜ ଚଳାଚଳ କରୁଥିଲା। ନଦୀକୂଳ ମଧ୍ୟ ଜନତାରେ ପରିପୂର୍ଣ୍ଣ ଥିଲା।

୧୮୬୧ ଖ୍ରୀଷ୍ଟାବ୍ଦ, ନମକ ପୋକ୍ତାନ କାର୍ଯ୍ୟ ବନ୍ଦହେଲା। କେତେକ ବାଲେଶ୍ୱରବାସୀ ମହାଜନ, ମିଳିମିଶି ଯୌଥଭାବେ ଏହି କାର୍ଯ୍ୟ ପରିଚାଳନା କଲେ। ଏଥି ପାଇଁ ସରକାରୀ ଅନୁମତି ନେଲେ। ଉଦ୍ଦେଶ୍ୟ ଥିଲା ନିଜ ଜିଲ୍ଲାରେ ବ୍ୟୟ ମାଫିକେ ଲବଣ ପୋକ୍ତାନ; ମାତ୍ର ବିଧିର ବିଧାନ ଥିଲା ଭିନ୍ନ। ସେମାନେ ଭୟଙ୍କର କ୍ଷତିଗ୍ରସ୍ତ ହେଲେ। କେତେକ ମହାଜନ ହେଲେ ସର୍ବସ୍ୱାନ୍ତ। ଭିଟାମାଟି ତାଙ୍କର ଉଚ୍ଛନ୍ନ ହେଲା।

ବାଲେଶ୍ୱରର ଅନ୍ୟ ଉପଜୀବ୍ୟ ଧାନ୍ୟ। ପ୍ରତିବର୍ଷ, କୋଟି ସଂଖ୍ୟକ ଟଙ୍କାର ଧାନ ଚାଉଳ ବିଦେଶକୁ ରପ୍ତାନୀ ହୁଏ। ରେଳ ଷ୍ଟେସନ ଚାଉଳ ବସ୍ତାରେ ପୂର୍ଣ୍ଣ। ସଡ଼କ ମାନଙ୍କରେ ଦିବାରାତ୍ର ଚାଉଳ ଶଗଡ଼ ଚାଲିଛି, ଅଥଚ ସହରବାସୀ ଅଧିକାଂଶ ଲୋକ କାତର ନୟନରେ, ଖାଲିପେଟରେ ଭକଭକ କରି ଚାହିଁ ବସିଅଛନ୍ତି। ମଫସଲ ବାସୀଙ୍କର ଚାଉଳ ବିକ୍ରିରେ ବେଶ୍ ଦୁଇପଇସା ହାତ ପଇଠ ହୁଏ। ଏବେ ଘରଶୂନ୍ୟ। ଚାଉଳ ବିକ୍ରି ପଇସାରେ ଜର୍ମାନୀ ଖୁଟାରେ କିଣାଯାଏ ରେପାର ଛତା। ବରଷେ ଅକାଳ ପଡ଼ିଲେ

ଲୋକଗୁଡ଼ାକ ଭୋକ ଉପାସରେ ଧଣ୍ଡପରି ଶୋଇଯିବେ। ସେ ସମୟରେ ଓଡ଼ିଆଏ ଥିଲେ ବଦ୍‌ଖର୍ଚ୍ଚୀ। ତାଙ୍କର ଏପରି ମତିଗତି। ଏହାକୁ ଫକୀରମୋହନ ତାସଲ୍ୟ କରିଛନ୍ତି।

ବାଲେଶ୍ୱରୀ ପଙ୍ଗାଲୁଣ ପୋକ୍ତାନ ବନ୍ଦ ହେଲା। ବନ୍ଦର ବାଲେଶ୍ୱରର ନୌବାଣିଜ୍ୟ ହେଲା ବିପର୍ଯ୍ୟସ୍ତ। ହଜାର ବର୍ଷ ପୂର୍ବେ ସମୁଦ୍ରଗାମୀ ନୌଚାଳକ, ସମୁଦ୍ରକୂଳ ବାସୀ କୈବର୍ତ୍ତ। ଆଜିର ବିଜ୍ଞାନ ଚର୍ଚ୍ଚା ଯୁଗ। ତଥାପି ସେମାନେ କାହିଁ କେତେ ସମୃଦ୍ଧଶାଳୀ କରିଥିଲେ ଆମ ନୌବାଣିଜ୍ୟକୁ! ଶେଷରେ ସେମାନଙ୍କ ହସଖୁସିର ଦୁନିଆ ହେଲା ବିଷାଦପୂର୍ଣ୍ଣ। ସେ ବଂଶ ଆଜି ନାହାନ୍ତି। ସତେ ଯେମନ୍ତ ନ' ଅଙ୍କ ଦୁର୍ଭିକ୍ଷ ଅନୁଗ୍ରହ କଲା। ସେମାନେ ବାହୁଡ଼ିଲେ ଶାନ୍ତିନିକେତନକୁ। ନଚେତ୍‌ବା ସେମାନଙ୍କ ହାତରେ ଥାଆନ୍ତା ଭିକ୍ଷା ଝୁଲି। ଆଜିକାଲିକା ବାଲେଶ୍ୱର ଚକଚକ୍ୟ ପୂର୍ଣ୍ଣ। ତାହା ସମ୍ଭବ ହେଇଛି ବିଦେଶୀମାନଙ୍କ ସକାଶେ। ରେଳଷ୍ଟେସନ କର୍ମ ତ ଓଡ଼ିଆଙ୍କ କପାଳରେ ନାହିଁ। ଜମିଦାରଗୁଡ଼ାକ ହାତବାନ୍ଧି ବସିଲେ। ଏବେ ଚାଷ ଏକମାତ୍ର ଅବଲମ୍ବନ। ହେଲେ ଜମି କାହିଁ? ସର୍ବତ୍ର ବିକଳ ସ୍ଥିତି। ଫକୀରମୋହନଙ୍କ ପରି ଜାତିପ୍ରେମୀ ଏକାନ୍ତ ଅସହାୟ। ସେ ଉର୍ଦ୍ଧ୍ୱବାହୁ ହୋଇଛନ୍ତି। ଭଗବାନଙ୍କୁ ନିବେଦନ କରିଛନ୍ତି, ଲବଣ ପୋକ୍ତାନ କାର୍ଯ୍ୟ ପୁନଃ ଆରମ୍ଭ ପାଇଁ ପ୍ରାର୍ଥନା ରଖିଛନ୍ତି। ଇଂରେଜ ସରକାରଙ୍କ କଣ୍ଠରେ ବିରାଜିତ ହୁଅନ୍ତୁ ପ୍ରଭୁ ଭଗବାନ। ତାହାଲେ ବାଲେଶ୍ୱରବାସୀଙ୍କ ସୁଖ ସମୃଦ୍ଧି ସହିତ, ହୃତଗୌରବ, ମୃତଗୌରବ ଫେରି ଆସିବ। ଖାଣ୍ଟି ଓଡ଼ିଆଟିଏ ବା ଏହାଠାରୁ ଅଧିକ କ'ଣ କରିପାରନ୍ତା?

■

ମୋର ତ ସୁନାବୋହୂ

ବାପ ଘର ଝିଅ ଶାଶୁ ଘରେ ବୋହୂ। ନୂଆ ଜାଗା, ଅଲଗା ମଣିଷ, ପରିବେଶ ବି ଭିନ୍ନ। ଝିଅଟେ ଶାଶୁଘରେ ମାପିଚୁପି ଚଳେ। ଶାଶୁ ଶ୍ୱଶୁର, ନଣନ୍ଦ, ଯା', ଦିଅର, ପୁତୁରା, ଝିଆରୀ - ସମସ୍ତଙ୍କ ମନ ନେଲେ ସେ ସୁନା। ପାନରୁ ଚୂନ ଖସିଲେ ତା' ପାଇଁ ନାନାଦି ବୋଲଣା। ଶାଶୁଟି ନିଷ୍ଠୁରା ହେଲେ କଥା ସରେ। ନଣନ୍ଦର ଆଦରପଣ ଭାଉଜ ଜୀବନକୁ ସରସ କରେ। ସ୍ୱାମୀର ସ୍ନେହ, ସୋହାଗ ମିଳିଲେ ଶାଶୁଘର ସ୍ୱର୍ଗ। ଏହିପରିକା ଶାଶୁଘର ଅନେକତ୍ର ପରିଦୃଷ୍ଟ ହୁଏ ନାହିଁ। କେଉଁଠି ବୋହୂ ଅମାନିଆ, ସ୍ୱେଚ୍ଛାଚାରିଣୀ ତ, ଶାଶୁ କ୍ରୂରା, ଯୌତୁକ ଲୋଭୀ। ଶାଶୁଟି ମା' ପରି, ବୋହୂଟି ସୁଧାର, ସରଳ; ସେଠି ସଂସାର ହସିଲା ପୂରିଲା। ଏଥିରେ ଟିକେ ଊଣା ହେଲେ ସ୍ଥିତି ବିଷମ। ଏଥିପାଇଁ ଭଲ, ଗୁଣର ବୋହୂଟିକୁ 'ସୁନାବୋହୂ' ଆଖ୍ୟା ଦିଆ ଯାଇଥାଏ। ଏମିତି ବିଷୟକୁ ନେଇ କଥା ସମ୍ରାଟ ଫକୀରମୋହନ ସେନାପତି ଲେଖିଲେ ଗପଟିଏ। ନାଁ ଦେଲେ 'ସୁନାବୋହୂ'। ପରିବାରଟିର ସୁଖ, ଶାନ୍ତି ସମୃଦ୍ଧି ଏସବୁ ନିର୍ଭର କରେ ଶାଶୁ ବୋହୂଙ୍କ ଉପରେ। ପରସ୍ପରର ମନ ନ ମିଳିଲେ ବୈକୁଣ୍ଠ ସମାନ ଘର ଚୂନା ହୁଏ। ଏ କଥାଟି ବୁଝିଥିଲେ ସ୍ରଷ୍ଟା। ପଢ଼ିଥିଲେ ଊନବିଂଶ ଶତାବ୍ଦୀର ଜନଜୀବନକୁ ଖୁବ୍ ନିକଟରୁ। ସେ ହେଲେ ଅନୁଭୂତି ସିଦ୍ଧ। ଲେଖିଗଲେ ସମାଜ କଥାକୁ ନିଜ ସାହିତ୍ୟ କୃତିରେ।

ସେବେକା ପାଠୋଇ ବୋହୂ। ସେମାନଙ୍କ ମଧ୍ୟରୁ ଅନେକ ଆପଣା ଆପଣା କର୍ତ୍ତବ୍ୟ ପାଳନ କରୁ ନ ଥିଲେ। କେତେକ ଶାଶୁ ତାହା ସହିଯାଉଥିଲେ। ସେମିତିକା ବୋହୂଟେ 'ନିମା'। ଶାଶୁ ବିମଳା ଦେଈ ଖୁବ୍ ସ୍ନେହୀ। ବୋହୂକୁ ତଳେ ପକାଇ ଦିଅନ୍ତିନି। କେହି ବୋହୂ ଗୁଣ ବାଛିଲେ କହନ୍ତି, "ଛୁଆଟା ମା'କୁ ଛାଡ଼ି ଆସିଛି, ସବୁ କାମ ପାଇଟି ପଛେ କରିବ ଯେ! ଢୋଲ କାନ୍ଧରେ ପଡ଼ିଲେ ଆପେ ବାଜିବ।" କିନ୍ତୁ ନିମା ସଜାଡ଼ି ହେଲାନି। ନଣନ୍ଦ ଚମ୍ପା, ଶିବ (ନିମାର ସ୍ୱାମୀ) - ଏ ଦୁହେଁ ଭାଇଭଉଣୀ। ଫନ୍ଦିଟିଏ

କାଢ଼ିଲେ । ଶେଷରେ ବେଙ୍ଗିପିତଳ ବୋହୂ 'ସୁନାବୋହୂ' ହୋଇଗଲା । ଏଇଟି ଗଳ୍ପର ମୁଖ୍ୟାଂଶ । ଏଥି ସହିତ ସେସମୟର ସାମାଜିକ ବ୍ୟବସ୍ଥା, ପାଠୋଇ ବୋହୂଙ୍କ ମାନସିକତା, ଆଧୁନିକ ଶିକ୍ଷାପ୍ରାପ୍ତି ମୋହ, ଚାକିରି ପାଇଁ ଅଭିଳାଷ – ଏ ସମସ୍ତ ବିଷୟର ସଂକ୍ଷିପ୍ତ ଚିତ୍ର ମଧ୍ୟ ଗପଟିରୁ ମିଳିଥାଏ ।

ଫିରିଙ୍ଗି ଶାସନ । ଇଂରାଜୀ ପଢ଼ିବା ନିଶା ବଢ଼ିଲା । ଚାକିରି ପାଇଁ ଆଶା ବି । ଯେ ଚାକିରି କଲା ତା' ମଜା ପାଇଲା; ମାସ ଶେଷରେ ଦରମା । ଘର ଖର୍ଚ୍ଚ, ବାହାର ଖର୍ଚ୍ଚ – କେଉଁଥିରେ ଅସୁବିଧା ନାହିଁ । ଏ କଥାଟା ଚାକିରିଆ ବାବୁ ମାନଙ୍କୁ ବେଶ୍ ଜଣା । ଏଥିପାଇଁ ଦାରୋଗା ରାମହରି ପଟ୍ଟନାୟକ, ତାଙ୍କ ଭାର୍ଯ୍ୟା ବିମଳା ଦେଈଙ୍କ ଏକା ଜିଦ୍ । ପୁଅ ଶିବ, ଝିଅ ଚମ୍ପା ପାଠ ପଢ଼ିବେ । ରାମହରି ଶିବୁକୁ ମଣିଷ କରିବା ଆଗରୁ ବାଟ କାଟିଲେ । ତାଙ୍କର ଦରମା ଉପୁରି ମିଶି ମାସକୁ ବେଶ୍ ରୋଜଗାର ଥିଲା । ମଣିଷଟା ବଡ଼ ସାହାଖର୍ଚ୍ଚୀ । ତୁଚ୍ଛା ହାତରେ ମରିଛନ୍ତି । ବିମଳା ଦେଈ ଲୁଚାଛପା କରି ଦଶଟଙ୍କା ରଖିଥିଲେ, ଦେହର ଗହଣାଗଣ୍ଠି, ସବୁ ସରିଲାଣି । ଏପଟେ ଘରଚଳା, ପିଲାଟାର ପାଠପଢ଼ା । ମନଦୁଃଖ ନାହିଁ । ସବୁବେଳେ ବୋଲୁଥାନ୍ତି, "ଶିବୁ ଦି ଅକ୍ଷର ପଢୁ, ଦେହରେ ଗୁଣଥିଲେ କାଲି ସକାଳେ ଘରକରଣା କରିବସିବ ।" ଶିଶୁବାବୁ ପାଠପଢ଼ିଲେ । ଏବେ ସଦର କଚେରିରେ କିରାଣିଗିରି କାମ ଖଣ୍ଡେ ପାଇଛନ୍ତି । ଭଲଲୋକ ଘର ଝିଅଟିଏ ହୋଇଥିବ, ଦି' ଅକ୍ଷର ପଢ଼ିଥିବ, ଇମିତିକା କନ୍ୟାଟିଏ ପାଇଲେ ବାହାହେବେ । ଏଇଟା ତାଙ୍କର ମନକଥା ।

ବିମଳା ଦେଈଙ୍କ କନ୍ୟା ଚମ୍ପା । ତା' ପାଇଁ ସ୍କୁଲ ଶିକ୍ଷା ସୁବିଧା ନ ଥିଲା । ଝିଅ ପିଲାଟା, ସେ କି ବାହାରେ ପଢ଼ିବ ? ପୁଅମାନଙ୍କ ସହ ମିଶିବ ? ଚମ୍ପାର ପାଠପ୍ରତି ଭାରି ନିଘା । ଶିବୁ ଭାଇ ଶ୍ରଦ୍ଧାକରି ତାକୁ ପଢ଼ାଇ ଦେଇଛି । ହାତରେ କାମ ପାଇଟି ନ ଥିଲେ ସଞ୍ଜବେଳେ ମା' ପାଖରେ ବସି 'କୃପାସିନ୍ଧୁ ବଦନ', ଆଉ ଆଉ ଛାନ୍ଦ ମାଳରୁ କେତେ କଥା ବୋଲେ । ବିଶି ରାମାୟଣ, ଭାଗବତ ପଢ଼ିଲାଣି । ଖୁବ୍ ଘରକରଣା ଝିଅଟା । ରନ୍ଧା ବଢ଼ା ଶିଖିଛି, ଆଉ ଗୁଣରେ ତାକୁ କେହି ବାରିବେ ନାହିଁ । ଦିନ ପାଣିପରି ବହି ଯାଇଛି । ଆସନ୍ତା ବିଛା ଛ' ଦିନକୁ ଚମ୍ପାର ବାର ପୂରି ତେର ବର୍ଷ ପଶିବ । ତେଣିକି ଚଉଦ, ଯୋଡ଼ା ବୟସ ପଶିଲେ ବାହା ମନା । ଏ ବର୍ଷ ବିଭା ନ ହେଲେ ନୁହେଁ । କରଣ ଘର ବୋଲି ଝିଅକୁ ଥୁବୁଡ଼ୀ କରି ରଖିବା ନିହାତି ନିଲଠା କଥା । ଚମ୍ପାଟା ସୁଲକ୍ଷଣୀ । ବିବାହ ପାଇଁ ପ୍ରସ୍ତାବ ପରେ ପ୍ରସ୍ତାବ । ସବୁକୁ ବିମଳାଙ୍କର ନା ।

ଲୋକେ କହୁଛନ୍ତି, ଝିଅ ଜନମ ପରଘରକୁ । କଥାରେ ଅଛି, 'ଝିଅକୁ ଜୁଆଁଇ ନେଲେ ଗଲା, ଯମ ନେଲେ ମଲା ।' ବିମଳାଙ୍କର ଅଲଗା ଚିନ୍ତା । ସେ ସତ୍ୟ ଭାଙ୍ଗିବେନି । ତାଙ୍କ ବାବୁ, ନବଘନ ବାବୁଙ୍କ ଏକା ଥାନାରେ ଚାକିରି । ନବଘନ ଜମାଦାର । ତାଙ୍କ ସ୍ତ୍ରୀ

କମଳା ଦେଈ। କମଳା ବିମଳା ଦୁଇ ଜଣଙ୍କ ମନ ମିଳେ। ଦିନେ ସତ୍ୟ କଲେ, ତ୍ରିବାର ସତ୍ୟ। ଝିଅଟେ ହେଲେ ବିମଳା କମଳା ପୁଅ ଦିବାକରକୁ ବିଭା ଦେବେ। ଦିବୁ, ପିଲାଟି ଯୋଗ୍ୟ, ଇଂରାଜୀ ଦି' ଅକ୍ଷର ଜାଣେ। ଦେଖିବାକୁ ସୁନ୍ଦର, କାକଟପୁର ଜମିଦାର ସିରସ୍ତାର ନାଏବ, ଭାରି ଖାତିର, ବହୁଲୋକଙ୍କ ସହ ଜଣାଶୁଣା। ଗୁଣ ବି ଭଲ, ବାରିବାକୁ କେହି ନାହିଁ। ଚମ୍ପା ସହ ଦିବାକରର ବିଭା ହୋଇଗଲା। ସତ୍ୟ ରକ୍ଷା ହେଲା। ଦୁଇ ପରାଣୀ ପରମ ସୁଖରେ ଅଛନ୍ତି। ଦୁଇଜଣଙ୍କର ଏକ ମନ, ଏକ କଥା, ଏକ ଇଚ୍ଛା। ପୃଥିବୀରେ ସ୍ୱର୍ଗସୁଖ ଯଦି ଥାଏ ସେଇଟା ଦାମ୍ପତ୍ୟ-ପ୍ରେମ। ଏହାର ଉଦାହରଣ ଦିବାକର ଆଉ ଚମ୍ପା।

ଦିବୁବାବୁ ଏବେ ଭାରି ହଇରାଣରେ, ଉଠୁଣୁ ବସୁଣୁ ଚମ୍ପା ଲଗେଇଛି, "ମୋ ଭାଇ ପାଇଁ ଗୋଟାଏ କନ୍ୟା ଠିକଣା କରିଦିଅ।" ଖୋଜାଖୋଜି ଚାଲିଲା। ଦିବୁବାବୁଙ୍କୁ ମଫସଲ କଥା ଜଣା, ଚାରିଆଡ଼କୁ ଖବର ପଠାଇଲେ। ଶେଷରେ ପ୍ରସ୍ତାବଟେ ସ୍ଥିର ହେଲା। କନ୍ୟାଟି ସୁନ୍ଦରୀ, ବୟସ ସତର ବରଷ ଚାଲିଛି। ବିଧବାର ଝିଅ। ବଡ଼ ଭାଇ ବଳରାମ ଦାସ। ଦୁମ୍‌ଦୁମ୍‌ପୁର ତାଙ୍କ ନିଜ ଗାଁ। ସେଇ ଗାଁର ଅବଧାନ। ଶିବୁର କେତେ ଜାଗାରୁ ପ୍ରସ୍ତାବମାନ ଆସିଥିଲା। କେଉଁଠି ଝିଅ ଭଲ, ଘର ଭଲ ନୁହେଁ। ଘର ଭଲ ତ ଝିଅର ପାଠ ନାହିଁ। ଏମିତି ଜାଗାରେ କି ବନ୍ଧୁ ବାନ୍ଧି ହେବ ? ଶିବୁ ପାଠୁଆ। ପାଠୋଇ ବୋହୂ ତାଙ୍କର ଦରକାର। ଅବଧାନ ବଳରାମ ଦାସଙ୍କ ଭଉଣୀ ନିମା। ତା' ସହ ଶିବର ନିର୍ବନ୍ଧ ସ୍ଥିର ହେଲା।

ପୁରୁଣା କାଳିଆ କଥା। ଚିକିତ୍ସା ବିଜ୍ଞାନ ସେତେ ଆଗେଇ ନ ଥିଲା। ଅନେକ କୋଳ ପିଲା ବାହୁଡୁଥିଲେ। ଭୟକାତର ପିତାମାତା। ପରେ ପୁଅଟେ ହେଲେ ନାଁ ଦିଅନ୍ତି ସେନ୍ତରା, ପୋକରା, ହୁଣ୍ଡା, ହାଉଡ଼ା, ଛୋଟା। ଝିଅଟି କୋଳକୁ ଆସିଲେ ସେମିତିକା ବିଚିକିଟିଆ ନାଁ - ଶୁକୁଟି, କାନ୍ଦୁରୀ, ନାଣ୍ଡି, କୁଜୀ - ଏମିତି ଅନେକ ନାଁ। ଏ ସବୁ ଯମରାଜାଙ୍କୁ ଭଣ୍ଡେଇବା ପାଇଁ। ଠିକ୍ ସେଇ ପରି ଶିବୁବାବୁଙ୍କ ଭାବି ପତ୍ନୀଙ୍କ ନାଁ। ତା' ଉପରେ ଉପରେ ଦୁଇ ଭାଇ ଲାଗେ ଲାଗେ ବାହୁଡ଼ିଲେ। ମା' ବାପା ତା' ନାଁ ରଖିଲେ - ନିମା। ନିମା - ନିମ ପରି ପିତା, ଯମକୁ ରୁଚିବନି। ଏ ପ୍ରକାର ଅନ୍ଧବିଶ୍ୱାସ ସମାଜରେ ଥିଲା। ଆଜି କାଲି କାଁ ଭାଁ ଅଛି। ବିବାହ ବନ୍ଧନ ସ୍ୱର୍ଗରେ ସ୍ଥିରିକୃତ। କନ୍ୟା ଯା ଈଶାଣରେ ଚାଉଳ ନେଇଛି ଧରି ବାନ୍ଧି ସେଇଠିକି ଯିବ। ଶେଷରେ ଶିବୁ ବାବୁ ନିମାର ହାତ ଧରିଲେ।

ଶିବୁବାବୁ ରୋଜଗାରିଆ। କିରାଣି ହିସାବରେ ଭାରି ନାଁ ଅଛି। ନିତି ପାଞ୍ଚଦଶ ଜଣ ଦୁଆର ମୁହଁରେ, କେତେ କ'ଣ ପରାମର୍ଶ ମାଗନ୍ତି। ବାବୁ ବାବୁ ବୋଲି ପାଣି

ପିଅନ୍ତିନି। ନିମା ଏବେ ବାବୁଆଣୀ। ଶାଶୁଘରେ ପାଦ ଦେଉ ଦେଉ ଛାତି କୁଣ୍ଢେମୋଟ। ଚମ୍ପା କେତେ କହିଲାଣି, ଶାଶୁଟା ଏକାଟିଆ, ହାତରୁ ଦି' ପାଇଟି ଛଡ଼େଇ କର। ବୋହୂ ଘାଲେଇ ଦିଏ। ନ ଶୁଣିଲା ପରି କିଛି କଥା କହେ ନାହିଁ। ମନରେ କରେ, "କ'ଣ! ମା' କହିଛି – ମୋ ଗେରସ୍ତ ରୋଜଗାରିଆ, ମୁଁ ଏ ଘରେ ସାଆନ୍ତାଣୀ। ଏଗୁଡ଼ାକ ମୋ ଘରେ ଖାଇବେ, କାମ ପାଇଟି କରିବେ ସିନା! ମୁଁ କ୍ୟାଁ ଗତର ଖଟିବି?" ଦିନେ ଦୁଇ ଦିନ ନୁହେଁ, ମାସ ମାସ ବିତିଲା, ବୋହୂଟା ଖାଇକରି ଖଟରେ ଶୋଉଛି। ଶାଶୁ ଖଟି ଖଟି ନୟାନ୍ତ। ଚମ୍ପା ନିଜ ଘର କଥା ବୁଝିବ ନା ବାପଘର କଥା ସମ୍ଭାଳିବ? ଶେଷରେ ଆନୀ ଆଈ ସହିତ ଶିବୁ ଭାଇକି ହାତ କଲା। ମନ୍ତ୍ରଣା ଚାଲିଲା ଢେର୍ ବେଳ, ମୁହଁରେ ଖାଲି ମୁରୁକି ହସ। ରାତି ପାହିଲା, ଚମ୍ପା ଭେଁ, ଭେଁ ଶଙ୍ଖଟାଏ ବଜାଇ ଦେଲା। "ଆଲୋ ବାରିକାଣି! ଯା, ଦୂବ ବରକୋଳିପତ୍ର, ଚନ୍ଦନ, ସିନ୍ଦୂର, ଆଉ ଚିଜ ସବୁ ସଜିଲି କରି ରଖି ଦେ। ଏ ବାରିକ ପୁଅ, ବଡ଼ଘର ଝାଡ଼ି ଝୁଡ଼ି ଆସନ ପକାଇ ରଖ, ପାଣି ପଣା ସବୁ ଠିକ୍ କର, କ'ଣ ଆଉ ବେଳ ଆସୁଛି? ସେତେବେଳକୁ ସାଆନ୍ତମାନେ ଆସିଗଲେ କ'ଣ କରିବୁ? ଭୋଁ, ଭୋଁ ଶଙ୍ଖବାଜିଲା। ଶାମା ମିଠାଇ ଥାଳିଟା ଘରେ ରଖିଦେ। କ'ଣ କହିଲୁ ରାଧିକା? ଦହିସର ବିଲେଇ ଖାଇଗଲା? ମଲା ଯା। ସାଆନ୍ତମାନେ ଜଳଖିଆ କରିବେ କ'ଣ?" ବୋହୂ କାନ ପାରି ଶୁଣୁଛି। ଏ କି କଥା? ଏ ତ ସବୁ ନିର୍ବନ୍ଧର ସଜ। ଏ ଘରେ ତ କେହି ବିଭା ହେବାକୁ ନାହାନ୍ତି! ଆନୀ ଆଈ ଆସି ହାଜର। ଚମ୍ପାଠାରୁ ଖବର ନେଉଛି। ଏ ଫୁଲ, ଚନ୍ଦନ, ସିନ୍ଦୂର କ'ଣ? ଚମ୍ପା କହିଲା, "ଭାଇ ପରା ଆଉ ଗୋଟେ ବାହା ହେବେ। ନୂଆ ଭାଉଜ ଭାରି କାମିକା। ପାଠ ବି ପଢ଼ିଛି। ଘର ଦୁଆର ପାଇଟି କରିବ, ରନ୍ଧାବଢ଼ା କରିବ, ଏଇଟା ତ କିଛି କଲାନି। ନୂଆବୋହୂର ଅଇଁଠା ଖାଇବ।" ଆଉକି ବୋହୂ ସମ୍ଭାଳ ପଡ଼େ, ଏକା ଥରକେ ଆଈ ଗୋଡ଼ ଦି'ଟାକୁ ଜାବୁଡ଼ି ଧରିଲା। ବହୁତ କଷ୍ଟରେ କହିଲା, "ଆଈ-ତା-ଙ୍କୁ-କ-ଅ-ବା-ଏ-ବେ-ନା-ଇଁ। ମୁଁ-ସ-ବୁ-କ-ରି-ବି।"

ତହିଁ ଆରଦିନ କାଉ କା' କଲାବେଳକୁ ବୋହୂଆସି ପାଇଟି ସାରି ଦେଇଛି। ଶାଶୁ କିଛି ପାଇଟି କରିବାକୁ ଗଲେ ହାତରୁ ଛଡ଼ାଇ ନିଏ। ଏବେ ବିମଳା ଦେଈ ଭାରି ଖୁସି। ହସିଲା ପୂରିଲା ସଂସାରକୁ ଦେଖି ଶାନ୍ତି ପାଉଛନ୍ତି। ଏକା ଜାଗାରେ ବସି ଦିନରାତି ମାଳାଟିଏ ଗଡ଼ାଉଛନ୍ତି। କେହି ଗାଁରୁ ଆସିଲେ ଖାଲି ବୋହୂର ପ୍ରଶଂସା। ଦିନକୁ କୋଡ଼ିଏ ଥର ଯାହା ତାହା ପାଖରେ କହନ୍ତି, "ମୋର ତ ସୁନା ବୋହୂ।" ଏଇଠି ଗପଟି ଶେଷ।

ଫକୀରମୋହନ ଜଣେ ଦକ୍ଷ ମନସ୍ତତ୍ତ୍ୱବିତ୍। ନାରୀ ମନକଥା ବୁଝିବାରେ ମଧ୍ୟ ଧୁରନ୍ଧର। ସଉତୁଣୀଟିଏ ବିବାହିତା ନାରୀର ଗଳଗ୍ରହ। ଏମିତି ଘଟିଲେ ଜୀବନ ହୁଏ

ଦୁର୍ବିସହ। ସ୍ୱାମୀର ପ୍ରେମ ମିଳେନା। ଏକଥାକୁ ସ୍ରଷ୍ଟା ବୁଝିଥିଲେ। ଏ ଦୁନିଆଟା ବଡ଼ ବିଚିତ୍ର। ଏଠି କେହି ସମ୍ପୂର୍ଣ୍ଣ ଭଲ ଅବା ମନ୍ଦ ନାହାନ୍ତି। ମଣିଷ ଉଭୟର ସମ୍ମିଳନ। ଯେଉଁଟିର ମାତ୍ରା ଅଧିକ, ତାହା ବିକଶିତ ହୁଏ। ସୁନାବୋହୂ ଗପରେ ସେଇ କଥାଟି ଲେଖକ ଦେଖାଇ ଦେଲେ। ସ୍ୱାମୀ ରୋଜଗାର ଅନେକ ସ୍ତ୍ରୀଙ୍କୁ ଅହଂକାରିଣୀ କରିଦିଏ। ସେମାନେ ଆପଣା କର୍ତ୍ତବ୍ୟ ଜ୍ଞାନ ଭୁଲନ୍ତି। ସେମାନଙ୍କୁ ବାଟକୁ ଆଣିବା ପାଇଁ ଫକୀରମୋହନ ଅମୋଘ ଅସ୍ତ୍ରଟା ପ୍ରୟୋଗ କରିଛନ୍ତି। ସପତ୍ନୀ ଭୟ ଦେଖାଇ ବୋହୂର କର୍ତ୍ତବ୍ୟକୁ ସୂଚାଇ ଦେଇଛନ୍ତି। ଗପଟିର ଦୁଇ ପୁରୁଷ ଚରିତ୍ର ଶିବୁ, ଦିବୁ। ଏମାନେ ଶଳା ଭିଣୋଇ, ବେଶ୍ କିଛି ଇଂରାଜୀ ପଢ଼ିଛନ୍ତି; କିନ୍ତୁ ବଡ଼ ସୁଧାର, ଗୁଣବାନ। ଆଉ ପାଞ୍ଚଜଣ ପାଠୁଆଙ୍କ ପରି ବାଟହୁଡ଼ି ନାହାନ୍ତି। ପାସୋରି ନାହାନ୍ତି ଆପଣାର ସଂସ୍କୃତି, ସଂସ୍କାରକୁ। ଇଂରାଜୀ ପାଠ ଅମଣିଷ କରେନି; ଇଂରାଜୀ ଚଳଣି ବିପଥଗାମୀ କରେ - ଏଇ କଥାଟିକୁ ଲେଖକ ଚେତାଇ ଦେଇଛନ୍ତି। ତାଙ୍କ ସଭ୍ୟ ଜମିଦାର, ଡାକମୁନ୍‌ସି ଗଳ୍ପ ଦୁଇଟିରେ ପାଶ୍ଚାତ୍ୟ ଶିକ୍ଷାର ହଳାହଳ ଦିଗଟି ଉନ୍ମୋଚିତ ହୋଇଛି। 'ସୁନାବୋହୂ' ଗଳ୍ପରେ ସେଇ ପାଠର ଅମୃତ ଫଳଟି ସୂଚିତ। ବୋହୂ ଭଲ ତ ସଂସାର ସୁନା, ନ ହେଲେ ଚୂନା।

■

ମୁଁ ଭଲକରି ଇଂରାଜୀ ପାଠଟା ପଢ଼ିବି

ଊନବିଂଶ ଶତାବ୍ଦୀର ପ୍ରାରମ୍ଭ। ଇଂରେଜମାନେ ଓଡ଼ିଶା ଅଧିକାର କଲେ (୧୮୦୩)। ସେତେବେଳକୁ ଜଣେ ବି ଓଡ଼ିଆ ଇଂରେଜ ପଢୁଆ ନଥିଲେ। ଇଷ୍ଟଇଣ୍ଡିଆ କମ୍ପାନୀ ଅଧୀନରେ ଚାକିରିର ମାନଦଣ୍ଡ ଇଂରାଜୀ। ଫଳସ୍ୱରୂପ ଅଣଓଡ଼ିଆମାନେ, ବିଶେଷ କରି ପ୍ରତିବେଶୀ ବଙ୍ଗାଳୀବାବୁ ମାନେ ଓଡ଼ିଶାରେ ଚାକିରି କଲେ। ୧୮୪୩ ମସିହା ବେଳକୁ ସ୍ଥିତି ସେୟା, ତା' ପରେ ମାସକୁ ପନ୍ଦରଟଙ୍କା ବେତନ ପାଇବା ଭଳି ଓଡ଼ିଆଏ ଯୋଗ୍ୟ ହେଲେ। କ୍ରମେ ଇଂରାଜୀ ପାଠପ୍ରତି ଆଗ୍ରହ ବଢ଼ିଲା, ତା ସାଙ୍ଗକୁ ଚାକିରି ଲୋଭ ବି। ଇଂରାଜୀ ପଢୁଆ ଅଣଓଡ଼ିଆ ଅମଲାଙ୍କ ଚାଲିଚଳଣି ସମ୍ପୂର୍ଣ୍ଣ ବିଦେଶୀ। ସେମାନଙ୍କ ଠାଣି ମାଣି, ସେ ଆଡ଼େ ଓଡ଼ିଶା ଜନଜୀବନ ଆକର୍ଷିତ ହେଲା। ପାଶ୍ଚାତ୍ୟ ଚଳଣି, ପଦପଦବୀ ମୋହଗ୍ରସ୍ତ ଓଡ଼ିଆଏ ଇଂରାଜୀ ପଢ଼ିବାକୁ ବ୍ୟାକୁଳ ହେଲେ। କିନ୍ତୁ ଓଡ଼ିଶାରେ ଆଧୁନିକ ଶିକ୍ଷାବସ୍ଥା ଉତ୍ସାହଜନକ ନ ଥିଲା। ଇଂରେଜମାନଙ୍କ ସହ ଖ୍ରୀଷ୍ଟିୟାନ ମିଶନାରୀମାନେ ଓଡ଼ିଶାରେ ପଶିଥିଲେ। ଖ୍ରୀଷ୍ଟଧର୍ମ ପ୍ରଚାର ସେମାନଙ୍କର ମୁଖ୍ୟ ଉଦ୍ଦେଶ୍ୟ। ଏହା ସତ୍ତ୍ୱେ ଆଧୁନିକ ଶିକ୍ଷାର ଭିତ୍ତିଭୂମି ସେଇମାନେ ହିଁ ପକାଇଲେ। ମିଶନାରୀମାନେ ପ୍ରଥମେ କଟକଠାରେ ନୂଆ ସ୍କୁଲଟିଏ ବସାଇଲେ (୧୮୨୩)। ୧୮୫୭-୫୮ ବେଳକୁ ଓଡ଼ିଶାର ଉପକୂଳ ଅଞ୍ଚଳରେ ମୋଟାମୋଟି ତିନୋଟି ହାଇସ୍କୁଲ। ଛାତ୍ର ସଂଖ୍ୟା ତିନିଶହରୁ କମ୍। ଉଚ୍ଚଶିକ୍ଷା ପାଇଁ କଟକରେ ରେଭେନ୍‌ସା କଲେଜ ସ୍ଥାପିତ ହେଲା (୧୮୬୬)। ସେହିବର୍ଷ ନ'ଅଙ୍କ ଦୁର୍ଭିକ୍ଷର ତାଣ୍ଡବ। ଜନଜୀବନ ଧ୍ୱସ୍ତବିଧ୍ୱସ୍ତ। ତା' ଉପରେ ବେଡ଼ି ଉପରେ କୋରଡ଼ା। ସବୁଆଡ଼େ ଅଣଓଡ଼ିଆଙ୍କ ପ୍ରାଧାନ୍ୟ। ସେମାନେ ପରିସ୍ଥିତିର ଭରପୂର ସୁଯୋଗ ନେଲେ। କେତେକ ନ୍ୟସ୍ତସ୍ୱାର୍ଥ-ଚିନ୍ତନ-ଆକ୍ରାନ୍ତ ବଙ୍ଗାଳୀ। ଶେଷରେ ଓଡ଼ିଆ ଭାଷା ବିଲୋପ ପାଇଁ ଲାଗି ପଡ଼ିଲେ। ତାଙ୍କ ଚକ୍ରାନ୍ତ ପଣ୍ଡ ହେଲା। ଓଡ଼ିଆ ସରକାରୀ ଭାଷା ସ୍ୱୀକୃତି ପାଇଲା। ହେଲେ ସ୍କୁଲରେ ଓଡ଼ିଆ ଶିକ୍ଷକ ନ ଥିଲେ, ସବୁ ଶିକ୍ଷକ ବଙ୍ଗାଳୀ।

ସଂସ୍କୃତ ପଣ୍ଡିତମାନଙ୍କର ଓଡ଼ିଆ ପଢ଼ାଇବା ରୁଚି ନ ଥିଲା । ଏପ୍ରକାର ଦୟନୀୟ ସ୍ଥିତି । ଅଭିଭାବକମାନେ ଇଂରାଜୀ ସପକ୍ଷରେ । ତାଙ୍କ ପିଲେ ଇଂରାଜୀ ପଢ଼ିବେ । ଓଡ଼ିଆ ବହି କଥା କହିଲେ ସେମାନେ ପାଟିକରନ୍ତି, ଗାଳିଗୁଲଜ ବି । ଅବଧାନେ ତ ଓଡ଼ିଆ ପଢ଼ାଇଛନ୍ତି, ପୁଣି ଗୋଟା ଓଡ଼ିଆ କ'ଣ ? ଭାଷା ସୁରକ୍ଷା ଆନ୍ଦୋଳନର ମୁଖ୍ୟ ପୁରୋଧା ଫକୀରମୋହନ ସେନାପତି । ଓଡ଼ିଆଙ୍କ ଏଇ ମାତୃଭାଷା ବିତସ୍ପୃହ ଭାବକୁ ଆପଣା ଆତ୍ମଚରିତରେ ବି ଉଲ୍ଲେଖ କରିଛନ୍ତି ।

ଊନବିଂଶ ଶତାବ୍ଦୀର ଶେଷଭାଗ । ଓଡ଼ିଆ ଜାତି ଭୟଙ୍କର ଭାଷା ସଂକଟ ଆଡ଼େ ମୁହାଁଇଲା । ପିଲା ଇଂରାଜୀ ପଢ଼ିଲେ, ବଙ୍ଗଳା ମିଶା ଇଂରାଜୀ କହିଲେ । ଇଂରାଜୀ ଅନ୍ୟଭାଷା ପରି ଗୋଟେ ଉପଯୋଗୀ ଭାଷା । ଆନ୍ତର୍ଜାତୀୟ ବି । ଇଂରାଜୀ ଅଧ୍ୟୟନର ବହୁ ସୁଫଳ ଅଛି । ଏକଥାକୁ ଖାଣ୍ଟି ଓଡ଼ିଆ ଫକୀରମୋହନ ସେନାପତି ମର୍ମେ ମର୍ମେ ବୁଝିଥିଲେ । ଆପଣା ଉଦ୍ୟମରେ କିଛି କିଛି ଇଂରାଜୀ ଶିକ୍ଷାକଲେ । ସେଇ ଇଂରାଜୀ ଜ୍ଞାନ ତାଙ୍କ ଜୀବନରେ ସହାୟକ ହେଲା । ଏକଥା ସେ ସ୍ୱୀକାର କରିଛନ୍ତି । ସେ ଥିଲେ ସମ୍ପୂର୍ଣ୍ଣ ମାତୃଭାଷା ଆର୍ଦ୍ର । ମା-ମାଟି-ଭାଷା ପ୍ରୀତି ତାଙ୍କର ପ୍ରାଣପ୍ରାଚୁର୍ଯ୍ୟ । ଏପ୍ରକାର ମାନସିକତା ଠାରୁ ଇଂରାଜୀ ପଢ଼ୁଆ କ୍ରମେ ଦୂରେଇଗଲେ । ତାହା ଫକୀରମୋହନଙ୍କୁ ଗଭୀର ଦୁଃଖ ଦେଲା । ଅନେକ ନବ୍ୟ-ସଭ୍ୟ-ଶିକ୍ଷିତ ନିଜର ମହନୀୟ ସଂସ୍କୃତିକୁ ଭୁଲିଗଲେ । ସୁରାନାରୀ ପ୍ରୀତି, ଗୁରୁଗୌରବ ଜ୍ଞାନ ଅଭାବ, ପିଲାଏ ଅମାନିଆ ହେବା ଆଦି ନାନାଦି କଥା ପରିଲକ୍ଷିତ ହେଲା । ଏ ସମସ୍ତର ନିଖୁଣ ଚିତ୍ର ଫକୀରମୋହନଙ୍କ ସାହିତ୍ୟକୃତିରେ ସ୍ଥାନିତ । 'ଆତ୍ମଚରିତ' ଅବା ଚାରୋଟି ଉପନ୍ୟାସ, କୋଡ଼ିଏଟି କ୍ଷୁଦ୍ର ଗଳ୍ପ ହେଉ କି କେତେକ କବିତା - ସବୁଥିରେ ସେଇ ସବୁ କଥା । ସ୍ରଷ୍ଟା ଆଧୁନିକ ଶିକ୍ଷାର ଅନ୍ଧକାର ଦିଗ ପ୍ରଦର୍ଶନ କରିଛନ୍ତି । ଏହାର ଅମୃତମୟ ଫଳ କଥାଟିକୁ ଉଲ୍ଲେଖ କରିବାକୁ ବି କୁଣ୍ଠା ପ୍ରକାଶ କରିନାହାନ୍ତି । ତାଙ୍କର ଏମିତି ଏକ ଗଳ୍ପ 'ଗାରୁଡ଼ିମନ୍ତ୍ର' । ଇଂରାଜୀ ପ୍ରତି ମୋହ, ସମାଜ ସଂସ୍କାର ପ୍ରବଣତା - ଏ ଦୁଇଟି ଗଳ୍ପଟିର ମୁଖ୍ୟ ପ୍ରସଙ୍ଗ । ଜମିଦାର ପୁଅ ମଦନ ବାବୁ, ଇଂରାଜୀ ପଢ଼ିଲେ । ଅନ୍ଧବିଶ୍ୱାସ ଆବଦ୍ଧ ପରିବେଶରୁ ଆପଣାର ସହଧର୍ମିଣୀକୁ ମୁକୁଳେଇ ଦେଲେ । ଏଇସବୁ ଗପଟିର ରୋଚକ ବିଷୟ ।

ଫକୀରମୋହନଙ୍କ ପ୍ରଥମ କ୍ଷୁଦ୍ର ଗଳ୍ପ ରେବତୀ (୧୮୯୮) । ଅନ୍ୟ ଗପଗୁଡ଼ିକ ତା' ପରବର୍ତ୍ତୀ ସମୟର । ଗାରୁଡ଼ିମନ୍ତ୍ର ବିଂଶ ଶତାବ୍ଦୀର ଆରମ୍ଭରେ ଲିଖିତ । "ଏହିଟି ହେଲା ତିରିଶି ଚାଳିଶ ବର୍ଷର କଥା । କଟକରେ କଲେଜ ନୂଆ ବସିଛି, ଏଫ୍.ଏ କ୍ଲାସ୍ ପର୍ଯ୍ୟନ୍ତ ପଢ଼ାହୁଏ । ଉପର କ୍ଲାସ୍‌ରେ ଗୋଟି ପନ୍ଦର ଷୋହଳ ଛାତ୍ର । ସେଥିମଧ୍ୟରୁ ଆଠଦଶଗୋଟି ମଫସଲିଆ, ସହର ଭିତରେ ନାନା ଜାଗାରେ ବସା କରି ରହିଛନ୍ତି ।

ସେତେବେଳେ କଲେଜରେ ବୋର୍ଡ଼ିଂ ନ ଥିଲା। ଚୌଧୁରୀ ବଜାର ଭିତରେ ଗୋଟିଏ ସାଦା ଦୋ ମହଲା କୋଠାରେ ବସା - ଛାତ୍ରଟିର ନାମ ମଦନମୋହନ" - ଗାରୁଡ଼ିମନ୍ତ୍ର ଗପର ଅୟମାରମ୍ଭ ଏମିତି। ମଦନର ପାଠପଢ଼ାରେ ଭାରି ନିଘା। କହନ୍ତି ବାପାଙ୍କ ଇଚ୍ଛା, "ମୁଁ ଭଲକରି ଇଂରାଜୀ ପାଠଟା ପଢ଼ିବି। ବି.ଏ. ପାସ୍ ଯାଏ ପଢ଼ିବାକୁ ମୋର ଇଚ୍ଛା।" ତା' ଉପରକୁ ଏମ୍.ଏ.। ଓଡ଼ିଶାରେ ତାହା ପଢ଼ିବା ସୁବିଧା ନଥିଲା। ଯାହା କିଛି କଲିକତାରେ। ମଦନବାବୁଙ୍କ ବାପା ଗୋଲାପଲୋଚନ ପଟ୍ଟନାୟକ। ବଡ଼ନଈ ପରଗନାର ଶାଳପାଳ ତାଲୁକର ଜମିଦାର। ଆପେ ପାଠୁଆ ନୁହନ୍ତି। ହେଲେ ପାଠର ମର୍ଯ୍ୟାଦା ବୁଝନ୍ତି। ଏଥି ସକାଶେ ପୁଅକୁ ଇଂରାଜୀ ପଢ଼ାଇବାକୁ ବିଦେଶ ପଠାଇଛନ୍ତି। ମଦନ ଉଚ୍ଛୁଣିକା ଭଲ ପଢ଼ୁଛି। କଲେଜ ପାଠ ଛାଡ଼ି ଢେର୍ ବାହାର ବହି ପଢ଼ିଲାଣି। ଭେଣ୍ଟିଆମାନେ ଉପନ୍ୟାସ ପଢ଼ିବାକୁ ସୁଖ ମଣନ୍ତି। ମଦନ ବି ଢେର୍ ଗୁଡ଼ାଏ ଉପନ୍ୟାସ ପଢ଼ିଗଲାଣି। କେତେ କେତେ ନୂଆ ନୂଆ କଥା, ପ୍ରେମକାହାଣୀ ସେ ପଢ଼ିଛି। ନାୟକ ନାୟିକାଙ୍କର ମଧୁର ପ୍ରଣୟ। ସେମାନଙ୍କ ଅନୁଭୂତି, ଭାବନା, ଇଚ୍ଛା - ଏଗୁଡ଼ିକୁ ମଦନ ଏକାଠି କଲା। କଥାଟା ବି ଗୀତାରେ ଅଛି "ଧ୍ୟାୟତୋ ବିଷୟାନ୍ ପୁଂସଃ ସଙ୍ଗସ୍ତେଷୁ ପଜାୟତେ।" ତରୁଣ ବୟସ, ମନ ଢଳିଲାଣି ପ୍ରଣୟ ଆଡ଼କୁ। ବାପା ବାହାଦେବେ ମଫସଲିଆଣୀଟାକୁ। ତା'ର ପୁଣି ଅଦ୍ଭୁତ ଠାଣି ହୋଇଥିବ। ଯେମିତି, "କୁଜି ପରି ନଇଁ ନଇଁ ଟିପି ଗମନା, ମୁଖଚନ୍ଦ୍ର ଆବୃତ ହାତେ ଲମ୍ବ ଓଢ଼ଣା, ଚୁ-ଚୁ କଥା କହେ ହାଉଡ଼ୀ ସମାନା, ଘରକୋଣ ବାସିନୀ, ବିରସ ବଦନା, ମାର୍ଜାର ଶିଶୁ ପରି ମୁଦ୍ରିତ ନେତ୍ରା, ତୈଳ ହରିଦ୍ରା ବିଲୋପିତ ଗାତ୍ରା" - ଏ ଦେଶର ଏକ କୁପ୍ରଥା, କି କୁସଂସ୍କାର। ଛି ଛି ଛି ! ଏପରି କାଠ କଣ୍ଢେଇଟାକୁ କିଏ ବାହା ହେବ ମ ! ସେବେଳେ ନୂଆ ବୋହୂଟିର ଏମିତିକା ଚାଲିଚଳଣି। ବିଭାଘର ପୂର୍ବରୁ ଝିଅଟିକୁ ଏକଥା ଶିଖେଇ ଦିଆଯାଏ। ଶାଶୁଘରେ କେମିତି ଚଳିବ। ଏଥିପାଇଁ ଅଭିଜ୍ଞ ପୋଇଲି ଥାଆନ୍ତି ଉଆସରେ। ପାଖ ଜମିଦାର ଘର, ଝିଅ ବାହାଘରର ସାତ ଆଠଦିନ ପୂର୍ବରୁ ଯାଇ ପହଞ୍ଚନ୍ତି। ଝିଅକୁ ପୁରୁଣା କାଳିଆ ବୋହୂ ସାଣ୍ଣା ଶିଖାନ୍ତି। ସମୟ କ୍ରମେ ଏ ପ୍ରକାର ରକ୍ଷଣଶୀଳ ମାନସିକତା ଆଡ଼ୁ ଲୋକେ ମୁହଁ ଫେରାଇଲେ। ବିଶେଷ କରି ଇଂରାଜୀ ପାଠୁଆମାନେ।

ଊନବିଂଶ ଶତାବ୍ଦୀର ଶେଷ, ବିଂଶ ଶତାବ୍ଦୀର ଅୟମାରମ୍ଭ। ସେତେବେଳକୁ ନାରୀଶିକ୍ଷା ପାଇଁ ମନ ବଳିଲାଣି। ଝିଏ ଊଣା ଅଧିକେ ପାଠୋଇ। ନିତାନ୍ତ ପରିତାପର ବିଷୟ। ଶିକ୍ଷାର, ବିଶେଷରେ ସ୍ତ୍ରୀ ଶିକ୍ଷାର ବହୁଳ ପ୍ରଚାର ଯୋଗୁଁ ପଦୀ (ଜମିଦାର ଘର ପୋଇଲୀ) ଶ୍ରେଣୀ ଗୁଣବତୀମାନଙ୍କ ଦାନାପାଣି ପ୍ରାୟ ଉଠିଗଲାଣି। ତଥାପି ପିତାମାତାଙ୍କର ଆଶଙ୍କା, କାଳେ କିଏ କ'ଣ କହିବ, ଝିଅକୁ ଖୁଣ୍ଟା ଦେବ ? ସେଇଥି ପାଇଁ ପୁରୁଣା ପ୍ରଥା

ଛାଡ଼ି ନାହାନ୍ତି । ମଦନପୁର ଜମିଦାର ରାମ ଦାସ, ତାଙ୍କ ଝିଅର ମଦନ ସହ ନିର୍ବନ୍ଧ ସରିଲାଣି । ଆସନ୍ତା ମକର ସତର ଶୁକ୍ଳ ଦଶମୀକୁ ଲଗ୍ନ । କନ୍ୟାର ନାଁ ମୋହିନୀ । ଖୁବ ଢୌଲ, ଗୋଟିଏ କାଠିରେ ଗଢ଼ା, ଚମ୍ପା ଫୁଲପରି ରଙ୍ଗ, ଖୁବ୍ ପାଠୋଇ, ଛାନ୍ଦକୁ ଛାନ୍ଦ, ଗୀତ ମୁହେଁ ମୁହେଁ ହାଙ୍କିଯାଏ । ତଥାପି ମା' ସାଆନ୍ତାଣୀ ପଦୀ ପୋଇଲୀକୁ ଡକାଇଲେ । ମୋହିନୀକି ସେ କେତେ ଶିଖେଇଲା, ଶାଶୁଘର, ଖଣ୍ଡାଧାରରେ ଚାଲିବା କଥା । ଝିଅ ବିଦାବେଳେ ବାହୁନା, କେତେ ଓଢ଼ଣା ପକେଇବ, ନଇଁ ନଇଁ ଚାଲିବ, କିପରି ଚୁ ଚୁ କଥା କହିବ - ଏମିତି ସବୁ କଥା, ତଥାପି ସାଆନ୍ତାଣୀଙ୍କ ତାଗିଦ୍, "ବୁଝି ସାବଧାନ ! ଝିଅ ଢଙ୍ଗଢାଙ୍ଗ ଲାଜ-ସରମ କଥାରେ ଯେମନ୍ତ କେହି ତୁଣ୍ଡ ନ ଫିଟାଏ, ଆମ ବଂଶକୁ ନିନ୍ଦା ବୋଲଣା ନ ଆସେ ।" ମୋହିନୀ ପଦୀ କଥା ମାନିଲା, ତା' କଥାରେ ଚାଲିଲା । ମଦନବାବୁ ଇଂରାଜୀ ପଢୁଆ, ଭାର୍ଯ୍ୟାର ଏ ପ୍ରକାର ମତି ଗତି ତାଙ୍କୁ ଅସୁଖ ଲାଗିଲା । ସେ ବାପାଙ୍କ ଅନୁଗତ, ଆଉ ପାଞ୍ଚଜଣ ପରିକା ସେ ନୁହନ୍ତି, ଇଂରାଜୀ ପଢୁଆ ଭେଣ୍ଟିଆଙ୍କ ମଧ୍ୟରୁ ଗୋଟାଏ ଗୋଟାଏ ଅଦିନିଆ କଖାରୁ ବାହାରି ପଡ଼ନ୍ତି - ତାଙ୍କ ଜାଣିବାରେ ବାପାଟା ମୂର୍ଖ, କିଛି ଜାଣେ ନାହିଁ, ସେମାନେ ଆପେ ଔପନ୍ୟାସିକ କନ୍ୟା ବାଛି ବାହାହେବେ । କନ୍ୟାର ରୂପ ଗୁଣ ନେଇ ବାପା ସଙ୍ଗରେ ବୋଲାବୋଲି କରିବସନ୍ତି । କିନ୍ତୁ ମଦନବାବୁ ବାପାଙ୍କ ପସନ୍ଦ କନ୍ୟାର ହାତ ଧରିଲେ । ଦିନରାତି ନିଦ ନାହିଁ, ପତ୍ନୀ ମୋହିନୀ, ବାଧ୍ୟବାଧକତାରେ କୁ ସଂସାରକୁ ଆପଣେଇ ନେଇଛି । ତାକୁ ଯେତତେନ ପ୍ରକାରେ ମୁକୁଳେଇବ । ଶେଷରେ ଗାରୁଡ଼ି ମନ୍ତ୍ର କୌଶଳଟି ବାହାର କଲେ ମଦନବାବୁ ।

ମନ୍ତ୍ର, ଯନ୍ତ୍ର, ତନ୍ତ୍ର, ଗୁଣୀ, ଗାରୁଡ଼ି । ପୁରାତନ କାଳରେ ଲୋକେ ଏହା ଉପରେ ନିର୍ଭର କରୁଥିଲେ । ସାପକାମୁଡ଼ା, ଡାହାଣୀ ଲାଗିବା, ରୋଗବାଧିକା, ସବୁଥିରେ ଗୁଣିଆ ଲୋଡ଼ା । ସାପକାମୁଡ଼ା ମନ୍ତ୍ର 'ଗାରୁଡ଼ି' । ଏସବୁ ସେବେ ଥିଲା, ଏବେ ଅଛି । କିନ୍ତୁ ମାତ୍ରା ନଗଣ୍ୟ । ବାବୁ ଶୁକ୍ରୀ ପୋଇଲିକୁ ହାତ କଲେ । ନୂଆବୋହୂ କାନରେ ସେ ପକାଇ ଦେଲା, ବାବୁ ଗାରୁଡ଼ି ଜାଣନ୍ତି, ସାପବିଷ ଛଡ଼ାନ୍ତି । ଜମିଦାର ଘର, ଘରବୋହୂମାନେ ବି ବାହାରକୁ ଯାଆନ୍ତି, ତୋଟା ଆଡ଼େ, ରାତି ଅନ୍ଧାର ମଶାଲ ହାତରେ ନେବା ମନା । ନୋହିଲେ ମୂଲକରେ ଗୋଟାଏ ନିନ୍ଦା ହେବ, ଚହଳ ପଡ଼ିଯିବ । ହାଟୁଆଘର ଝିଅଟା ପରି ବୋହୂ ମଶାଲ ଜାଳି ବାହାରକୁ ଯାଏ - ମଦନ ବାବୁ ଏହାର ସୁଯୋଗ ନେଲେ । ଫନ୍ଦିଟାଏ ପାଞ୍ଚିଲେ । ତୋଟା ଦୁଆରବନ୍ଧ ଡେଇଁ ଯେମିତି ବୋହୂ ଘର ଭିତରକୁ ପଶିଚି, ଚିତ୍ରା ନାଗଟା ହଲହଲ କରି ପାଦ ପାଖେ ଚାଲିଗଲା । ବୋହୂଟା ରଡ଼ି ପକାଇ ପଡ଼ିଗଲା, ଚେତାନାହିଁ । ଶୁକ୍ରୀ ପୋଇଲି ସାଆନ୍ତଙ୍କୁ ଡାକି ଆଣିଲା, ଚାଲିଲା ଝଡ଼ା ଫୁଙ୍କା । ଦି'ଟା ପୋଇଲି ମାଡ଼ି ବସିଛନ୍ତି, ବୋହୂର ଓଢ଼ଣା କଢ଼ା ହେଲା, ସାଆନ୍ତ ବୋହୂର ଯୁଡ଼ା ଫିଟେଇ

ଦେଲେ, ଗାରୁଡ଼ି ଡାକିଲେ – "ଅଂ କାଳିନ୍ଦୀ ହ୍ରଦରେ ଥିଲା କାଳୀ, କୃଷ୍ଣଗଲେ ପଦ୍ମତୋଳି, କାଳୀ ଦେଲା କାମୁଡ଼ି; ଶ୍ରୀକୃଷ୍ଣ ଗଲେ ପଡ଼ି, ଗରୁଡ଼ ଅଇଲା ଉଡ଼ିକରି, ବିଷଗଲା ଘା' ମୁହଁରେ ହରି।" ଆ-ଫୁ-ଆ-ଫୁ-ଆ-ଫୁ। ଏମିତି ସାତଥର। ବୋହୂ ବେକରେ ସୂତା ବନ୍ଧା ହେଇଛି, ଶନିବାର, ଅଧୁଆ ମୁହଁରେ ଜଣେ ବିଧବା ଛିଣ୍ଡାଇବ। ସୂତା ଛିଣ୍ଡାଇ ଏକମୁହାଁ ଚାଲିଯିବ, ତିନିମାସ, ତିନିପକ୍ଷ, ତିନିଦିନ ଦେଖା ଦେବନି। ତା' ପରେ ତା'ର ସବୁ ବିଷ ଝଡ଼ିଯିବ। ପଦୀ ପୋଇଲି ବିଧବା, ଢେର୍ ଡରି ଯାଇଥିଲା। ବୋହୂ ବେକରୁ ସୂତା ଛିଣ୍ଡେଇ ଦେଲା, ଏକା ମୁହାଁ ହେଇ ଚାଲିଗଲା ଉଆସରୁ। ଏ ସାପୁଆ ମୂଳକରେ ଆଉ କି ରହନ୍ତା ? ସାପଟା ଥିଲା ମିଛ ସାପ, ଦେଢ଼ହାତ ଲମ୍ୱ ଖଣ୍ଡେ କାଗଜ – କଳା ଆଉ ହଳଦୀରେ ଚିତ୍ର ହେଇଛି। ମୁଣ୍ଡରେ ଖଣ୍ଡେ ଗେଡ୍ଡୁଟି ବନ୍ଧା। ସେହି ଗେଡ୍ଡୁଟିଟା ଧରି ଫିଙ୍ଗିଦେଲେ କାଗଜ ସାପ ହଲହଲ ହୋଇ ଚାଲିଯାଏ। ଏକଥା ଶୁଣି ମୋହିନୀ କହିଲା, "ଏ ତୁମେ ଏତେ ଦୁଷ୍ଟ !"

କୁସଂସ୍କାରରୂପୀ ସାପକାଟିବାକୁ ଗାରୁଡ଼ିମନ୍ତ୍ର ଅବ୍ୟର୍ଥ ଗଦ। ପାଠୁଆ ମଦନବାବୁ ଏହାର ଆଶ୍ରୟ ନେଲେ। ପାଠୋଇ ସ୍ତ୍ରୀକୁ ବାଟକୁ ଆଣିଲେ। ଦୁଇମାସ ଗଲାଣି, ସ୍ତ୍ରୀ ପୁରୁଷ – ଉଭୟ ଉଆସ ଭିତରେ ବସି ପଢ଼ାପଢ଼ି କରନ୍ତି। ଉଆସ ପଛ ତୋଟା ନିରୋଳା, ଦୁଇଜଣ ଫୁଲ ବଗିଚାରେ ବୁଲାବୁଲି କରନ୍ତି। ମୋହିନୀଟା ବୁଦ୍ଧିମତୀ, ଗୁଡ଼ାଏ ପଢ଼ିଗଲାଣି। ଏସବୁ ଇଂରାଜୀ ପାଠର କରାମତି। ପାଠଟା ବାବୁଙ୍କୁ ଚାଲାଖ ଚତୁର କଲା, ସେ କୁସଂସ୍କାର ଦୂରକଲେ। ସମାଜ ସଂସ୍କାରକ ଫକୀରମୋହନ ତାହା ହିଁ ଚାହୁଁଥିଲେ; କିନ୍ତୁ ପାଠୁଆ ବାବୁଙ୍କ ମାତୃଭାଷା ବିମୁଖ ପଣ ତାଙ୍କୁ ବ୍ୟଥା ଦେଇଛି। ଏବେ ଯୁଗ ବହୁ ଆଗରେ। ଇଂରେଜ ପଢୁଆ ବାବୁମାନେ କିଛି କମ୍ ନାହାନ୍ତି। ଏଇଟି ଭାରି ଶୁଭଙ୍କର। ଓଡ଼ିଆଏ ବିଶ୍ୱ ସହ ତାଳଦେଇ ଚାଲୁଛନ୍ତି। ଫକୀରମୋହନଙ୍କ ପରି ଓଡ଼ିଶାବାସୀ ଇଂରାଜୀ ଶିକ୍ଷାଗ୍ରାହୀ ହୁଅନ୍ତୁ। ଖାଣ୍ଟି ଓଡ଼ିଆ ବି। ତାହେଲେ ଦେଶ, ଜାତି, ଭାଷାର ଭବିଷ୍ୟତ ଉଜ୍ଜ୍ୱଳମୟ ହେବ।

■

ନାରାୟଣଗଡ଼ ପାର ହେଲେ କୁଟୁମ୍ବ ଦେଖାଦେଖି

ସତ୍ୟ, ତ୍ରେତୟା, ଦ୍ୱାପର ଯୁଗ ଶେଷ ହେଲା। ଆରମ୍ଭ ହେଲା କଳିର ରାଜୁତି। ସବୁଠି ଘୋର କଳି। ମଦନ ଭୁଷୁଣ୍ଡା ମାତିଲେ। ଚୋରି, ନାରୀ, ଜୁଆ, ପଶା, ଲୁଣ୍ଠନ, ଅପହରଣ ଆଦି ନାନାଦି ଅଘଟଣ ଘଟିଲା। ନୀତି, ଆଦର୍ଶର ହତ୍ୟା, ପାରିବାରିକ କନ୍ଦଳ, ସାମାଜିକ ବିଭ୍ରାଟ, ରାଜନୀତିକ ସଂକୀର୍ଣ୍ଣତା ସୀମା ଟପିଲା। ଏ ସବୁ କଳିର କୋପ- ଏ କଥାକୁ ଅଚ୍ୟୁତ, ହାଡ଼ିଦାସଙ୍କ ପରି ଆଉ କେତେକ ସନ୍ଥ ଭବିଷ୍ୟବାଣୀ କରିଗଲେ। ଏ କଥା 'ମାଳିକା'ରେ ଲିଖିତ। ଏମିତି ହେଲା; ସତ୍ୟ, ଅସତ୍ୟ ପଛରେ ମୁହଁ ଲୁଚାଇଲା। ବିଳାସୀ, କପଟୀ, ଲମ୍ପଟ, ମଦ୍ୟପମାନେ ନାନାଦି ସାମାଜିକ ଅପକର୍ମ ଘଟାଇଲେ। ଅବାଟକୁ ଗଲେ। ଚୋରି ଡକାଏତି ବଢ଼ିଲା। ବାଟରେ ଘାଟରେ ପଥିକଙ୍କୁ ଲୁଟ୍ କଲେ ଡକାଏତ ଦଳ, ନାହିଁ ଡର ଭୟ। ଏହାକୁ ପଥଦସ୍ୟୁତା ବା ରାହାଜାନି କୁହାଗଲା। ଊନବିଂଶ ଶତାବ୍ଦୀରେ ଏଇ ପ୍ରକାର ଡକାଏତି ଗୋଟେ ମାମୁଲି କଥା। ଏମିତି ଏକ ସତ୍ୟ ଘଟଣା ଘଟିଥିଲା ବାଲେଶ୍ୱରରେ। କଥା ସମ୍ରାଟ ଫକୀରମୋହନ ସେନାପତି, ସେଇ କଥାକୁ ଆଧାର କଲେ। ଲେଖିଲେ 'ବାଲେଶ୍ୱରୀ ରାହାଜାନି' ଗପ। ଗପଟି ସମ୍ପୂର୍ଣ୍ଣ ସତ୍ୟ। ଏକଥା ମଧ୍ୟ ସ୍ୱୟଂ ଲେଖକ ସ୍ୱୀକାର କରିଛନ୍ତି।

ଇଂରେଜମାନଙ୍କ ଓଡ଼ିଶା ଆଗମନ ସମୟର ଘଟଣା। ଗତାୟାତର ମୋଟେ ସୁବିଧା ନ ଥିଲା। ରେଳ ତ କାଲିକା କଥା। କଲିକତାରୁ ପୁରୀ ପର୍ଯ୍ୟନ୍ତ ବହୁଳ ଶଙ୍ଖ ବିଶିଷ୍ଟ ସମତଳ କ୍ଷେତ୍ର। ଏବେ ପରିଷ୍କୃତ ସଡ଼କ ଦାଣ୍ଡ ବିସ୍ତୃତ। ପୂର୍ବକାଳରେ ଏହାର ଚିହ୍ନ ବର୍ଣ୍ଣ ନ ଥିଲା। ତଥାପି ତୀର୍ଥଶ୍ରେଷ୍ଠ ଶ୍ରୀକ୍ଷେତ୍ର ପ୍ରତି ଯାତ୍ରୀଙ୍କ ଆକର୍ଷଣ କିଛି କମ୍ ନ ଥିଲା। ଭୁଜଙ୍ଗବତ୍ କୁଟିଳ, ଶ୍ୱାପଦ ସଙ୍କୁଳ ଅରଣ୍ୟମୟ ବନ୍ଧୁର ପଥ। ବଙ୍ଗଦେଶୀୟ ବା

ଉତ୍ତର-ପଶ୍ଚିମାଞ୍ଚଳ ଜଗନ୍ନାଥ ଦର୍ଶନାର୍ଥୀମାନଙ୍କର ଏଥିପ୍ରତି ତିଳେ ମାତ୍ର ଭୟ ନ ଥିଲା। ନିଜ ଜୀବନକୁ ଭ୍ରୂକ୍ଷେପ ନ କରି ସେମାନେ ପୁରୀ ଆସୁଥିଲେ। ଏପିରିକି ଚୈତନ୍ୟ ଦେବଙ୍କ ସମୟରେ ନବଦ୍ୱୀପବାସୀ ଯାତ୍ରୀମାନେ ପୁରୀରେ ପହଞ୍ଚିବାକୁ ତିନିମାସ ସମୟ ଲାଗୁଥିଲା। କଲିକତାରୁ ପୁରୀ ପର୍ଯ୍ୟନ୍ତ ନିର୍ମିତ ରାସ୍ତା ପଛରେ ମଧ୍ୟ ଛୋଟ ଇତିହାସଟିଏ ରହିଛି। କଲିକତା ନିବାସୀ ରାଜା ସୁଖମୟ। ଇଷ୍ଟ୍‌ଇଣ୍ଡିଆ କମ୍ପାନୀ ତାଙ୍କ ଠାରୁ କେତେ ଲକ୍ଷ ଟଙ୍କା ଋଣ କରିଥିଲେ। ସେ ଟଙ୍କାକୁ ରାଜା ଆଉ ନେଲେନି। ସେଇ ଟଙ୍କାରେ କଲିକତା ପୁରୀ ରାସ୍ତା ତିଆରି କରିବାକୁ ପ୍ରସ୍ତାବ ଦେଲେ। କମ୍ପାନୀ ସରକାର ତାହା ପାଳନ କଲେ। ରାସ୍ତା ନିର୍ମାଣ ସୂତ୍ରପାତ ହେଲା। ସଡ଼କ ଉପରେ ଅନେକ ପ୍ରସ୍ତରମୟ ସେତୁ ନିର୍ମାଣ ହେଲା। ପରବର୍ତ୍ତୀ କାଳରେ ସେଗୁଡ଼ିକୁ ଭାଙ୍ଗି ଦିଆଗଲା। ସୋର ସମୀପବର୍ତ୍ତୀ କ୍ଷୁଦ୍ର ନଦୀ କାଂଶବାଂଶ। ଏହା ଉପରେ ନିର୍ମିତ ବିରାଟ ସେତୁଟିର ପ୍ରସ୍ତରାଂଶ 'ସୁଖମୟୀ'। ଏହା ବ୍ୟତୀତ ପ୍ରତ୍ୟେକ ଦଶ କୋଶ ଅନ୍ତର ଇଷ୍ଟକମୟ, ଖିଲାଣ ଯୁକ୍ତ ପ୍ରାୟ ତିରିଶି ଚାଳିଶି ଲୋକଙ୍କ ବାସୋପଯୋଗୀ ଦୁଇ ମାହାଲା ପାନ୍ଥ ନିବାସ। ତା' ନିକଟରେ ସୁଗଭୀର କୂପମାନ ଖନନ କରାଯାଇଥିଲା। ଭଦ୍ରକ, ବସ୍ତା, ବ୍ରାହ୍ମଣୀକୂଳ, କଟକରେ ସେହି ସବୁ ପାନ୍ଥନିବାସ ଚିହ୍ନ ଏବେ ବି ଦେଖିବାକୁ ମିଳେ। ଜନ୍ ବିଚର ନାମକ ଜଣେ ଇଂରେଜ ସାହେବ, ସରକାର ବାହାଦୂରଙ୍କ ଠାରୁ କେତେକ ଭୂମି ନିଷ୍କର ରୂପେ ଗ୍ରହଣ କଲେ। ବାଲେଶ୍ୱରର ବିଚରଗଞ୍ଜ, ବସ୍ତାର ମୂଳିଦା, ବାରଗାଁ, ମାର୍କଣା, ଟାଙ୍ଗୀ, କଟକ ପ୍ରଭୃତି ସ୍ଥାନରେ ସରେଇ ଘରମାନ ତିଆରି କଲେ, ଦୋକାନମାନ ବି ବସାଇଲେ। ହିନ୍ଦୁ ଯାତ୍ରୀମାନଙ୍କ ଜାତିପାତ ଭୟ। ସର୍ବସାଧାରଣ ପାନ୍ଥନିବାସକୁ ସେମାନେ ପସନ୍ଦ କରୁ ନ ଥିଲେ। ସରେଇ ଘରେ ରୋଷେଇବାସ କରି ରାତ୍ରି ଯାପନ କରୁଥିଲେ। ସ୍ଥାନୀୟ ଲୋକମାନେ ମଧ୍ୟ ଆବଶ୍ୟକୀୟ ଚଟିଘର ନିର୍ମାଣ କରିଥିଲେ। କ୍ରମେ ରେଳରାସ୍ତା ଫିଟିଲା। ସମସ୍ତ ଚଟିଘର ଉଠିଗଲା। ଭଦ୍ରକ ନିବାସୀ ବାବୁ ବଜ୍ରଗୁପ୍ତ। ବିଚର ସାହେବଙ୍କର ସେଇ ନିଷ୍କର ଜମିକୁ ସରକାର ବାହାଦୂରଙ୍କ ଠାରୁ ଗ୍ରହଣ କଲେ। ଭୋଗ ଦଖଲରେ ରଖିଲେ।

ପାନ୍ଥମାନଙ୍କର ସମସ୍ତ ଅଭାବ ଦୂର ହେଲା। ଶ୍ୱାପଦ ଜନ୍ତୁମାନଙ୍କ କବଳରୁ ଅନେକ ରକ୍ଷା ପାଇଲେ। କିନ୍ତୁ ନର-ରାକ୍ଷସ ଡକାୟତମାନଙ୍କ ଅତ୍ୟାଚାର ସେମାନଙ୍କୁ ଅତିଷ୍ଠ କଲା। ମେଦିନୀପୁରଠାରୁ ଭଦ୍ରକ - ଏ ଜାଗା ଡକାଏତମାନଙ୍କର ଲୀଳାକ୍ଷେତ୍ର। ରାସ୍ତାର ପଶ୍ଚିମ ଦିଗ ନିଘଞ୍ଚ ଜଙ୍ଗଲରେ ପରିପୂର୍ଣ୍ଣ। ଏହା ମଧ୍ୟରେ ଡକାଏତମାନେ ଖଟି କଲେ। ଆପଣାର ନୃଶଂସ, ନାରକୀୟ ବ୍ୟବସାୟ ସୁଚାରୁରୂପେ ଚଳାଇବାକୁ ସକ୍ଷମ ହେଲେ। ଡକାଏତମାନଙ୍କର ପ୍ରଧାନଗଡ଼ 'ନାରାୟଣଗଡ଼'। ସ୍ଥାନଟି ବାଉଁଶ ବଣରେ

ପରିବେଷ୍ଟିତ। ଏହା ମଧ୍ୟରେ ଶହଶହ ନିର୍ଦ୍ଦୋଷଙ୍କ ମସ୍ତକ ଲୁଣ୍ଠିତ କଲେ ଡକାଏତ ଦଳ। ଫକୀରମୋହନ ଆପଣା ଅନୁଭୂତିରୁ ଲେଖିଲେ, "ଚାଳିଶ ବରଷ ପୂର୍ବେ ଲେଖକ ଗୋ-ଶକଟରେ କଲିକତା ଗମନାଗମନ ସମୟରେ ଶକଟଚାଳକ ଓ ଅନ୍ୟାନ୍ୟ ପଥିକମାନେ ଅଙ୍ଗୁଳି ନିର୍ଦ୍ଦେଶ କରି ଉକ୍ତ ଭୟଙ୍କର ସ୍ଥାନମାନ ନିର୍ଦ୍ଦେଶ କରାଇ ଦେଉଥା'ନ୍ତି। ଦେଶ ମଧ୍ୟରେ ଗୋଟିଏ ଚଳିତ କଥା ବହୁକାଳ ପର୍ଯ୍ୟନ୍ତ ଶୁଣାଯାଉଥିଲା,

"ହଳଦୀ ମଖାମଖି
ନାରାୟଣ ଗଡ଼ ପାର ହେଲେ କୁଟୁମ୍ବ ଦେଖାଦେଖି।"

ନାରାୟଣ ଗଡ଼ଠାରେ ଯାତ୍ରୀମାନେ ଏକତ୍ର ହେଉଥିଲେ। ସୂର୍ଯ୍ୟାସ୍ତ ପରେ, ଏପିରିକି ଦିବାଭାଗରେ ମଧ୍ୟ ଦଳବଦ୍ଧ ନ ହୋଇ ଗତାୟାତ କରୁ ନ ଥିଲେ। ଅଜଣା ଯାତ୍ରୀଙ୍କ ତ୍ରାହି ନଥିଲା। ଅବସ୍ଥାପନ୍ନ ଯାତ୍ରୀମାନେ ଗୋ-ଶକଟରେ ଗତାୟାତ କରୁଥିଲେ। ଭାଗ୍ୟବନ୍ତ ଲୋକଙ୍କ ପାଇଁ ପାଲିଙ୍କି ଡାକର ବ୍ୟବସ୍ଥା ଥିଲା। କଟକ, ପଦ୍ମପୁର ପ୍ରଭୃତି ଅଞ୍ଚଳରେ ସହସ୍ର ସହସ୍ର ଗୋ-ଶକଟ ଯାତ୍ରୀ ତଥା ବାଣିଜ୍ୟ ଦ୍ରବ୍ୟ ବହନରେ ନିଯୁକ୍ତ ଥିଲେ। ରେଳ, ଷ୍ଟିମର ଚାଲିଲା। ଏମାନେ ଭୀଷଣ ଭାବେ ପ୍ରଭାବିତ ହେଲେ। ସେଇସବୁ ଶକଟ ଚାଳକ ହତଭାଗ୍ୟଙ୍କ ଦାନାପାଣି ଉଠିଗଲା।

ଡକାଏତମାନେ ଭାରି ସତର୍କ। ଏଣେ ଇଂରେଜ ପୁଲିସ, ଯେନତେନ ପ୍ରକାରେ ତାଙ୍କୁ ଧରିବାକୁ ଲାଗି ପଡ଼ିଲେ। ଈଶ୍ୱରଙ୍କର ପବିତ୍ର ରାଜ୍ୟ। ଲୁଣ୍ଠନକାରୀ ଡକାଏତ ଦଳର ପତନ ଆରମ୍ଭ ହେଲା। ପାପୀଙ୍କର ବିନାଶ ବେଳ ଉପସ୍ଥିତ ହେଲା। ଡକାଏତମାନେ ବଡ଼ ଅଘଟଣଟାଏ ଘଟାଇଲେ। ବାଲେଶ୍ୱର ଜିଲ୍ଲାର ଆସିଷ୍ଟାଣ୍ଟ ମେଜେଷ୍ଟର ମିଷ୍ଟର ରେମ୍ପିନି ସାହେବ। ପାଲିଙ୍କି ଡାକରେ ବାଲେଶ୍ୱରରୁ କଲିକତା ଯାଉଥିଲେ। ବସ୍ତା, ହଳଦୀପଦା ଚଟି ମଧ୍ୟବର୍ତ୍ତୀ ସ୍ଥାନ। ସେଠାରେ ଡକାଏତମାନେ ତାଙ୍କ ପାଲିଙ୍କି ଲୁଟି ନେଲେ। ସାହେବ ହାଇକୋର୍ଟରେ ଜଜ୍। ଡକାୟତମାନେ ଖୁବ୍ ଚାଲାଖ। ପ୍ରତାପୀ ଇଂରେଜଙ୍କ ଉପରେ ଡକାଏତି କରନ୍ତି ନାହିଁ। ଦେଶୀୟ ରାଜା ମହାରାଜାଙ୍କୁ ହତ୍ୟାକଲେ ରକ୍ଷାଅଛି; ମାତ୍ର ପବିତ୍ର ଶ୍ୱେତ ଚର୍ମ ସ୍ପର୍ଶ କଲେ ରକ୍ଷା ନାହିଁ। ଡକାଏତମାନେ ଭ୍ରମରେ ପଡ଼ି ରେମ୍ପିନି ସାହେବଙ୍କ ପାଲିଙ୍କି ଲୁଟ୍ କରିଥିଲେ। ସେମାନଙ୍କ ଯୋଜନା ଭିନ୍ନ ଥିଲା। ଲବଣ କଣ୍ଟ୍ରାକ୍ଟର ଯୋଗାୟାବାବୁଙ୍କ ଉପରେ ତାଙ୍କର ଆଖିଥିଲା। ଦୈବଯୋଗକୁ ଇଂରେଜ ସାହେବ ହାବୁଡ଼େ ପଡ଼ିଗଲେ। ଶାସନରେ ଚହଳ ପଡ଼ିଗଲା। ଚାଲିଲା ଖାନ୍‌ତଲାସି। ସରକାର ଢେର୍ ଟଙ୍କା ଖରଚ କଲେ, କେତେ ପୋଖରୀ ବୁହାଗଲା, କେତେ ନିର୍ଦ୍ଦୋଷ ଲୋକ ଟଣା ଘୋଷରାରେ ପଡ଼ିଲେ। ସବୁ ନିଷ୍ଫଳ। ପୁନଶ୍ଚ ଆଉ ଚାରିଟା ଡକାଏତି ଲାଗଲାଗ ବି ହେଲା। ସେ ସବୁ ମଧ୍ୟରେ ଉଲ୍ଲେଖନୀୟ ଡକାଏତିଟା ଥିଲା ବସ୍ତା ଥାନା

ଠାରୁ ପ୍ରାୟ ଚାରିକୋଶ ଦୂର ଚାରିଗାଁ ନାମକ ଗ୍ରାମରେ। ଏଇ ଗାଁର ଅବସ୍ଥାସମ୍ପନ୍ନ ଲୋକ ବାଆନ ଭୂୟାଁ। ଡକାଏତମାନେ ତା' ଘର ଲୁଟିଲେ। ତା'ର ଦୁଇ ସ୍ତ୍ରୀ, ଗୋଟିଏ ପୂର୍ଣ୍ଣଗର୍ଭା। ନିଷ୍ଠୁର ଡକାଏତ ତାଙ୍କ ଉପରେ ଦାରୁଣ ପ୍ରହାର କଲେ। ସ୍ତ୍ରୀଟିର ଗର୍ଭପାତ ହେଲା। ଚାରିଦିନ ଉତ୍ତାରେ ଜୀବନପାତ ହେଲା। ବାଆନ ଭୂୟାଁଙ୍କୁ ଡକାଏତମାନେ ନିସ୍ଥୁକ ପିଟିଲେ। ତା' ବେକ ମୋଡ଼ି ଦେଇଗଲେ। ତା'ର ମୁଖ ପୃଷ୍ଠଭାଗକୁ ବୁଲିଗଲା। ଭୂୟାଁ କିନ୍ତୁ ଛାଡ଼ିବାର ଲୋକ ନୁହେଁ, ଦୁଇଜଣଙ୍କୁ ଅସ୍ତ୍ରାଘାତ କଲା, ଜଣଙ୍କୁ ହତ୍ୟାକଲା। ସଙ୍ଗୀ ଡକାଏତମାନେ ହତ ଡକାଏତର ଶବନେଇ ପଳାଇଲେ। ଜୀବନ ଯାଉ ପଛେ ସନ୍ତକ ନ ରହୁ - ଏ ନୀତି ସବୁ ଡକାଏତଙ୍କର ଥିଲା। ପୁଲିସ ବିଭାଗରେ ଅଦଳବଦଳ ହେଲା। ପୁରାତନଙ୍କ ଜାଗାରେ ନୂତନ ବେଙ୍ଗଲ ପୁଲିସ। ବାଲେଶ୍ୱର ଜିଲ୍ଲାର ପ୍ରଥମ ପୁଲିସ ଡିଷ୍ଟ୍ରିକ୍ଟ ସୁପରିଟେଣ୍ଡେଣ୍ଟ ମିଷ୍ଟର ସଟଲ ଓୟାର୍ଥ ସାହେବ। ନିଜେ ସମସ୍ତ ଶକ୍ତି ଖଟାଇଲେ; କିନ୍ତୁ ସଫଳ ହେଲେନି। ଏବେ ଦାୟିତ୍ୱ ସବ୍‌ଇନିସ୍‌ପେକ୍ଟର ବାବୁ ରାଜକିଶୋର ଚୌଧୁରୀଙ୍କ ଉପରେ। ତାଙ୍କୁ ସହଯୋଗ କଲେ ରାଜଘାଟ ଥାନା ମୁନ୍‌ସି ଦିଗମ୍ବର ଦାସ। ତାଙ୍କ ସହିତ ଜଳେଶ୍ୱର ଥାନା ମୁନ୍‌ସିବାବୁ କିଣାରାମ ପ୍ରଧାନ। ଖୋଜାଖୋଜି, ତଦନ୍ତ ଆରମ୍ଭ ହେଲା। ଜଣା ଅଜଣା ସ୍ଥାନରେ ପୁଲିସ ଛାପା ମାରିଲା। ଡକାଏତଙ୍କ ଟେର ପାଇଲାନି। ମୁନ୍‌ସି ଶେଷରେ ଅକୃତକାର୍ଯ୍ୟ ହେଲେ। ଇଂରେଜ ଜାତିଟାର ଗୋଟିଏ ଭଲଗୁଣ। ହତାଶାରେ ଭାଙ୍ଗି ପଡ଼ନ୍ତିନି। ସୁପରିଟେଣ୍ଡେଣ୍ଟ ତଦନ୍ତକାରୀ ରାଜକିଶୋର ବାବୁଙ୍କୁ ଉତ୍ସାହିତ କଲେ। ଏଇଟି ଇଂରେଜ ଚରିତ୍ରର ବିଶେଷତ୍ୱ। ଭାରତୀୟ ଜିତ, ସେମାନେ ଜେତା। କୌଣସି କାର୍ଯ୍ୟରେ ଅକୃତକାର୍ଯ୍ୟ ହେଲେ, ଆମ୍ଭେମାନେ ଭାଙ୍ଗିପଡ଼ୁ, ହତୋଽଦ୍ୟମ ନିରାଶ ହୋଇ ପଡ଼ୁ। କିନ୍ତୁ ଇଂରେଜ ଜାତି ସ୍ୱତନ୍ତ୍ର। ସେମାନେ 'ଅଫଳୋଦୟ କର୍ମା' ଅଟନ୍ତି। ଲୋକେ କଥାରେ ବୋଲନ୍ତି, 'ଲାଗିଥିବା ଲୋକ ମାଗି ଖାଏନାହିଁ'- ଉପସ୍ଥିତ ଘଟଣା ତା'ର ଭଲ ଉଦାହରଣଟିଏ।

ମୁନ୍‌ସି ରାଜକିଶୋର ବାବୁ, ଗାଁ ଗାଁ ବୁଲିଲେ। କାହା ବାଡ଼ି ଓଳିତଳେ ରାତି କଟାଇଲେ, କାନପାରି ପରିବାର ଲୋକଙ୍କ କଥା ଶୁଣିଲେ। ମଫସଲର ପାଣମାନେ ଚୋରିକାର୍ଯ୍ୟରେ ଲିପ୍ତ। ସେଥିପାଇଁ ପାଣ ଗ୍ରାମରେ ଅନ୍ୟ ପୁଲିସଙ୍କ ସହ ରାତି କାଟିବାକୁ ପଡ଼େ। ପାଣମାନଙ୍କର ନୂଆଁଣିଆ ଘର। ଓଳିତଳ ଅପରିଷ୍କାର, କଦର୍ଯ୍ୟ ଦୁର୍ଗନ୍ଧମୟ, ଶହଶହ ସଂଖ୍ୟକ ମଶକ ବେଷ୍ଟିତ। ସର୍ପ ଭଲ୍ଲୁକର ବି ଭୟ ଅଛି। ଗ୍ରାମସ୍ଥ ପାଣମାନେ ଜାଣିଗଲେ ଜୀବନ ଯିବ। କାମ ଯେତେ ଦୁରୂହ ହେଉ, ପୁଲିସ ଚାକିରି, କରିବାକୁ ହେବ। ଆଗ ଚାକିରି, ପଛେ ପରିବାର। ଶେଷରେ ପ୍ରତିକ୍ଷିତ ମୁହୂର୍ତ୍ତଟି ଆସିଲା। ପୁଲିସ ଗୋଟେ ପାଣ ଓଳିରେ ବସିଛନ୍ତି। ବୋହୂଟି କାନ୍ଦିକାନ୍ଦି କହୁଛି, ସେ ରାଜି ନ ଥିଲେ,

ବାପା ଜୋର୍ କରି ନେଲେ, ଜୀବନଗଲା । ଏବେ କ'ଣ କରିବି ? କହୁଥାଏ, କାନ୍ଦୁଥାଏ । ରାତି ପାହିଲା । ପୁଲିସବାଲା ଗାଁ ଘେରାଉ କଲେ । କନ୍ଦ୍ରନକାରିଣୀର ସ୍ୱାମୀ, ଶ୍ୱଶୁର - ଉଭୟ ଡକାଏତ । ସ୍ୱାମୀ ମୃତ, ଶ୍ୱଶୁର ଆହତ, ଆହୁରି ଦୁଇ ଆହତ ଡକାଏତ ଧରା ହେଲେ । ଥାନାରେ ପଚରା ଉଚୁରା, ମାରଧର ପରେ ଆଉ କେତେଜଣ କଥା ମାନିଲେ । ପୁଲିସ କୋର୍ଟ ଚାଲାଣ କଲା । ସେସନ୍ କୋର୍ଟରେ ତାଙ୍କୁ ସଜା ହେଲା । ସମ୍ଭବତଃ ସେମାନେ ଆଉ ଗାଁକୁ ଫେରି ନ ଥିଲେ । କିନ୍ତୁ ରେମ୍ପିନି ସାହେବଙ୍କୁ ଲୁଟିଥିବା ଡକାଏତ ଦଳ ଭିନ୍ନ, ତା'ର ଚେର ସୁଦୂର ମୟୂରଭଞ୍ଜରେ । ଏହାର ତଦନ୍ତ ଭାର ନେଲେ ବାଲେଶ୍ୱର ସଦରଥାନା ଇନିସ୍‌ପେକ୍ଟର ସାରଦାବାବୁ ।

ମୟୂରଭଞ୍ଜର ବାରିପଦାଠାରୁ ଜଳେଶ୍ୱର ଯାଏ ଗୋଟାଏ ନିବିଡ଼ ଜଙ୍ଗଲ । ତା' ମଧ୍ୟରେ ସଂକୀର୍ଣ୍ଣ ମାର୍ଗ । ଅଳପ ପରିସର ଭୂମିଖଣ୍ଡେ ପରିଷ୍କୃତ । ଦୁଇ ତିନିଟା ଧୂନୀ ଲାଗିଛି । ଚାରି ଛଅଟା ଭାତରନ୍ଧା ହାଣ୍ଡି ଏକ ସ୍ଥାନରେ ପଡ଼ିଛି । ପର୍ଯ୍ୟୁଷିତ ମାଂସ, ଶୁଷ୍କ ମାଂସରେ ସ୍ଥାନଟି ପୂତି ଗନ୍ଧମୟ । ଟାଙ୍ଗିଆ, ବର୍ଚ୍ଛା, ତରବାର, ତୀର, ଧନୁକ ପ୍ରଭୃତି ଅସ୍ତ୍ରମାନ ବୃକ୍ଷ ଡାଳରେ ଝୁଲୁଛି । ମଦମତ୍ତ ନରରୂପୀ ଦାନବ କେତେଟା, ସମସ୍ତଙ୍କ ପରିଧାନ କୌପିନୀ, ମହିଷବତ୍ ବଳିଷ୍ଠ, କେହି କର୍କଷ ଭାଷାରେ ଅକାରଣେ କାହାକୁ ଗାଳି ଦେଉଛି । କେହି ବା ବିକୃତ ସ୍ୱରରେ ସଙ୍ଗୀତ ଆରମ୍ଭ କରିଛି । ଦସ୍ୟୁ ସର୍ଦ୍ଦାର ଦୁଇ ଜଣ, ଜଣେ ନିଲୁ ମିର୍ଦ୍ଧା, ଆର ଜଣର ନାଁ ବୈଦୀ ସେଠୀ । ଏମାନଙ୍କ ଆଖି ନିଶାରେ ଡାଳିମ୍ବବତ୍ ରକ୍ତବର୍ଣ୍ଣ । ମୁନ୍‌ସି ସାରଦାବାବୁ ଜ୍ୟୋତିଷ ବେଶରେ, ତିନିଜଣ କନେଷ୍ଟବଳ ଭିକ୍ଷୁକ ବେଶରେ ତାଙ୍କ ଆଡା ଠାବ କଲେ । କିନ୍ତୁ ଧରିବାରେ ସକ୍ଷମ ହେଲେନି । ବସ୍ତା ଅଞ୍ଚଳ ଜମିଦାରଙ୍କର ଜଣେ ଚାକର ।ସେଇ ଡାକୁ ଦଳର । ତାକୁ ହାତ କଲେ । ଶେଷରେ ଡକାଏତ ଦଳ ଠାବ କଲେ । ଡକାଏତ ଦଳଙ୍କ ରାତ୍ରିର ପ୍ରସ୍ତୁତିକୁ ଲେଖକ ଚମତ୍କାର ଢଙ୍ଗରେ ଲେଖିଛନ୍ତି- "ଗୋଟାଏ ବଡ଼ ଡକାଏତି ହେବ । ସବୁ ଡକାଏତ ଏକାଠି, ଚାରି ପାଞ୍ଚଭାର ତାଡ଼ି, ତତ୍ତୁଲ୍ୟ ମଦ ଗଞ୍ଜେଇ ଆସିଛି । ଯାହାର ଯେତେ ଇଚ୍ଛା ଖାଉ । ଆଠ ଦଶଟା ଛେଳି, ମେଣ୍ଢା ପାଖ ଗାଁରୁ ଚୋରି କରି ଅଣାଯାଇଛି । ମାଂସ ଚାଟ୍ ପ୍ରସ୍ତୁତ କରିବାରେ କେଇଜଣ ଲାଗିଛନ୍ତି । ଅତିରିକ୍ତ କେତେକ ମାଦକ ଦ୍ରବ୍ୟ ସେବନ କରିଛନ୍ତି । ନୃତ୍ୟଗୀତ, ଆମୋଦ ପ୍ରମୋଦ ଚାଲିଛି । ଦଳେ ଧୂଳିରେ ଗଡ଼ୁଛନ୍ତି ।" ହଠାତ୍ ପୁଲିସ ଚଢ଼ାଉ କଲା । କେଇ ଜଣ ଧରା ହେଲେ, ନିଲୁ ମିର୍ଦ୍ଧା - ବୈଦୀ ସେଠୀ ଖସି ପଳାଇଲେ । ଅଧିକାଂଶ ଡକାଏତ ଦ୍ୱିପାନ୍ତରିତ । କେତେଜଣ ଦୀର୍ଘକାଳ କାରାଗାର ପ୍ରାପ୍ତ । ସେହିଦିନ

ଠାରୁ ବାଲେଶ୍ୱର ଜିଲ୍ଲାର ଉତ୍ତରାଞ୍ଚଳରେ ବଡ଼ ଡକାଏତି ହେବାର ଶୁଣା ଯାଏନି । ସଜାଗ ଇଂରେଜ ପୁଲିସ ଏହାକୁ ରୋକିବାରେ ସକ୍ଷମ ହୋଇଥିଲେ ।

ବାଲେଶ୍ୱରରେ ରାହାଜାନି ଲିପ୍ତ ଡକାଏତ । ଏମାନଙ୍କ ହାତ, ହତିଆରରେ କାମ । ଏବେକା ଡକାଏତଙ୍କ କାମ ବନ୍ଧୁକ ଗୁଳିରେ । ସେତେବେଳେ ରାହାଜାନି ନିଘଞ୍ଚ ଅରଣ୍ୟାନୀରେ । ଏବେକା ଡକାଏତି ବିଚ୍‌ରାସ୍ତାରେ, ସ୍ୱଷ୍ଟ ଦିବାଲୋକରେ । ପୁରୁଣାକାଳିଆ ଡକାଏତି ଧରା କୌଶଳ ଏବେ ବଦଳିଗଲାଣି । ସାଇଣ୍ଟିଫିକ୍ ଟିମ୍, ସନ୍ଧାନୀକୁକୁର - ଏମିତି କେତେ କ'ଣ ବ୍ୟବସ୍ଥା । ତଥାପି ଡକାଏତି ଦିନକୁ ଦିନ ବଢ଼ୁଛି, କମିବାର ନାଁ ଗନ୍ଧ ନାହିଁ । ନାହାନ୍ତି ଫକୀରମୋହନ, ଅଛି ତାଙ୍କ ଗପ 'ବାଲେଶ୍ୱରୀ ରାହାଜାନି' । ସ୍ରଷ୍ଟା ଜୀବିତ ଥିଲେ ସମ୍ଭବତଃ ଲେଖିଥାନ୍ତେ, ନାରାୟଣଗଡ଼ ନୁହେଁ, 'ଛକକୁ ଛକ ପାରିହେଲେ କୁଟୁମ୍ବ ଦେଖାଦେଖି !'

■

ଓଃ ଏହିଁକି ଏତେ ? ପୁନର୍ମୂଷିକୋଭବ

ଗାଉଁଲୀ ଢଗଟିଏ, ଅତି ଚତୁର ଚୁଲି ମୁଣ୍ଡକୁ ଯୋଗ୍ୟ। କିନ୍ତୁ ଫିରିଙ୍ଗିମାନେ ବଡ଼ ଚତୁର। ସେମାନେ ଭାରତ ଅଧିକାର କଲେ। ଏଣିକି ଟଙ୍କା ଲୁଟିବା ନିଶା। କର, ଟିକସ, ଏକଚାଟିଆ ବେପାର ବଣିଜ ଯେତେ ଯାହା, ସବୁ ସେଇ ଖଜଣାଖାନା ପୂରଣ ପାଇଁ। ଏଥିପାଇଁ ନାନା ପ୍ରକାର ବୈଧ ଅବୈଧ ଆଇନ ପ୍ରଣୟନ କଲେ। ତା' ଭିତରୁ କେତେକ ତାଙ୍କ ରାସ୍ତାରେ କଣ୍ଟା ହେଲା। କପଟୀ ଇଂରେଜମାନେ ତାହା ପ୍ରଥମରୁ ଜାଣି ପାରିଲେନି। ଜାରି କଲେ ଲବଣ ଆଇନ। ଚଳାଇଲେ ଏକଚାଟିଆ ଲବଣ ବ୍ୟବସାୟ। କୋଟି କୋଟି ଭାରତୀୟ ଜୀବିକା ହରାଇଲେ। ଜନ ଅସନ୍ତୋଷ ତୀବ୍ରତର ହେଲା। ଇଂରେଜ ଶାସନ ବିରୋଧରେ ଲଢ଼େଇ ବି। ଜାତୀୟ ମୁକ୍ତିସଂଗ୍ରାମ ଶେଷରେ ଫଳବତୀ ହେଲା। ଫିରିଙ୍ଗିଙ୍କ ଲବଣ ଆଇନ ଏହାର ଅନ୍ୟତମ ବଳିଷ୍ଠ କାରଣ। ଉପର୍ଯ୍ୟୁକ୍ତ ଅପରିଣାମଦର୍ଶିତା ଶେଷରେ ମହଙ୍ଗା ପଡ଼ିଲା। ଇଂରେଜମାନେ ନିଜ ଗୋଡ଼ରେ କୁରାଢ଼ି ମାରିଲେ ଯାହା।

ଓଡ଼ିଶାବାସୀ ଲୁଣମରାରୁ ବଞ୍ଚିତ ହେଲେ। ଏକଦା ଏହାର ବିସ୍ତୀର୍ଣ୍ଣ ଅଞ୍ଚଳ ଲୁଣଚାଷ ପାଇଁ ପ୍ରସିଦ୍ଧ ଥିଲା। ଉତ୍ତର ଦିଗରେ ସୁବର୍ଣ୍ଣରେଖା ନଦୀଠାରୁ ଦକ୍ଷିଣରେ ଧାମରା ନଦୀ ଯାଏ - ଏଇ ବିରାଟ ଉପକୂଳବର୍ତ୍ତୀ ସ୍ଥାନର ନାମ ଲୁଣାଦଣ୍ଡୀ। ଏଠାକା ଲୋକଙ୍କ ଏକମାତ୍ର ବ୍ୟବସାୟ ଲବଣ ପୋକ୍ତାନ। କେହି ଲୁଣମାରେ, କେହି ତାଙ୍କୁ ନାନା ପ୍ରକାର ସହାୟତା କରେ। ଥୋକେ ଲବଣ ବ୍ୟବସାୟୀ, ଅନେକ ସରକାରୀ ଚାକର, କେହି କିଛି ନ ପାରିଲା ସେ ଚୋର, ଲୁଣ ପଇକାର। ଏମାନେ ଅସଂଖ୍ୟ। ଚୁଲିଆ ଲୁଣ ମାରି ଗଦା କରେ। ସଂଖ୍ୟା ନେବା, ବିକ୍ରି କରିବା ଦାୟିତ୍ୱ ସରକାରଙ୍କର। ଆଉ ଦଳେ ଧୋବ ଧାଉଳିଆ ଚୋର, ସୁବିଧା ଉଣ୍ଡି ଥାଆନ୍ତି, ରାତିରେ ଗଡ଼ଜାତକୁ ଶସ୍ତାରେ ଲୁଣ ଚାଲାଣ କରି ଦିଅନ୍ତି। ଭଲ ଦି' ପଇସା ବି ପାଆନ୍ତି। ଏମାନେ ବଡ଼ ଚୋର। ଏବେ ସବୁ ବନ୍ଦ। ଲୋକେ ଲୁଣ କିଣି ଖାଇଲେ। ଏକେ ତ ମଫସଲ ଲୋକ,

ତାଙ୍କ ପାଇଁ ପନିପରିବା ସୁଲଭ ନାହିଁ। ପିତାପାଣି ଭରସା, ଲବଣ ସହାୟକ, ତାହା ଆଉ ନାହିଁ। ଏବେ ବିଲାତୀ ଲାଫ୍ରି ଲୁଣ ଢେର୍ ହାଟରେ ଗଦା, ପାଖରେ ପଇସା ନାହିଁ, ହାଟଟା ବି ଦି' କୋଶ ଅଢ଼େଇ କୋଶ ଦୂର। ଲୋକେ ବଡ଼ ହଟହଟା ହେଲେ। ଫିରିଙ୍ଗି ଗୁଡ଼ାକ ମ୍ଳେଚ୍ଛ, ରାତାରାତି ତାଙ୍କ ଦାନାରେ ଧୂଳି ଦେଲେ - ଏ ଧାରଣା ଜନ୍ମିଲା। ଉପକୂଳବର୍ତ୍ତୀ ଅଞ୍ଚଳ। ଘର ଚାରିପାଖରେ କୋଟି କୋଟି ମହଣ ଲୁଣ, ଭଗବାନ ଅଜାଡ଼ି ଦେଇଛନ୍ତି। ମୁଠାଏ ମାଟି ଆଣିଲେ ଲୁଣ ଖରଚ ଚଳିଲା। ପିଲାଝିଲା ସମସ୍ତେ ଲୁଣ ମରାରେ ପାରଙ୍ଗମ। ମାଟି ମୁଠାକ ପାଣିରେ ମିଶାଇ ଚୁଲିରେ ବସାଇ ଦେଲେ ଲୁଣ। ଏବେ ସରକାର ସବୁ ସୁବିଧା କାଢ଼ିନେଲେ।

ଲୁଣମରା ବେଆଇନ୍, ଯିଏ ଆଇନ ଭାଙ୍ଗିବ ଗିରଫ ହେବ। ଲୋକେ ଏ କଥାକୁ ପୂରାପୂରି ମାନିଲେନି। ଯିଏ ଲୁଚାଛପାରେ ଲୁଣ ମାରିଲେ ଚାଲାଣ ହେଲେ, ସଜା ଭୋଗିଲେ। ଲୁଣ ଚୋରଙ୍କୁ ଧରିବା ପାଇଁ ସରକାର ତତ୍ପର ହେଲେ। ନୂଆ ନୂଆ ଅମଲା, ପୁଲିସ ବାହଲ ହେଲେ। ସେମାନଙ୍କ ମଧ୍ୟରେ ଥିଲେ ଜମାଦାର ଠାରୁ ଆରମ୍ଭ କରି ଇନିସ୍‌ପେକ୍ଟର ଯାଏ। ଏମାନେ ସବୁ ପୁରୁଣା ଅମଲା, କେବଳ ନୂଆ ନୂଆ କନେଷ୍ଟବଲଙ୍କୁ ନିଯୁକ୍ତି ମିଳିଲା। ଚାଲିଲା ଚୋର ପୁଲିସ ଖେଳ। ମଫସଲରେ ଯେ ବସିଲା ସେ ନମକୀ ପୁଲିସ। ସିଏ କନେଷ୍ଟବଳ, ତା'ର ରୋବାକ ବି କମ୍ ନୁହେଁ। ଇଂରେଜ ପୁଲିସ, ମଫସଲିଆଙ୍କୁ ନାଲି ଆଖି ଦେଖାଇଲେ, ଅଣ୍ଟାଗୁଞ୍ଜା ନେଲେ, ଅୟସରେ ରହିଲେ। ଲୋକେ ତାଙ୍କୁ ଫଳ ପୁଷ୍ପେ, ସନ୍ତୁଷ୍ଟ କଲେ। କିଏ ବାଡ଼ି ବନ୍ତଳ କଦଳୀ, ସରୁ ବାସୁମତୀ ଚାଉଳ, କିଏ ଦିଶୁ ଘିଅ, ଖାଣ୍ଟି ଦୁଧ ଆଣି ହାଜର। ନମକୀ ପୁଲିସ ବି ଖୁସି, ଲୋକେ ବି। ଚାଲିଲା ଲୁଣମରା ଲୁଚାଛପାରେ। ଏମିତି ଏକ ବିକଳ ସାମାଜିକ ସ୍ଥିତି। ବାଲେଶ୍ୱରବାସୀ ହନ୍ତସନ୍ତ, ଲବଣ ପୋକ୍ତାନ ସମ୍ପୂର୍ଣ୍ଣ ବନ୍ଦ। ଅଞ୍ଚଳବାସୀ ନିଃସ୍ୱ। ସେମାନଙ୍କ ଦୁରବସ୍ଥାକୁ ଫକୀରମୋହନ ସେନାପତି ପାଖରୁ ଦେଖିଲେ। ଲେଖିଲେ 'ପୁନର୍ମୂଷିକୋଭବ' ଗପ। ଲାଞ୍ଚୁଆ ପୁଲିସ, ଜାତିଆଣ ପ୍ରଥା - ଏଇ କେତୋଟି ଗୁରୁତ୍ୱପୂର୍ଣ୍ଣ ଦିଗ ଉପରେ ଲେଖକ ଆଲୋକପାତ କରିଛନ୍ତି।

ଆଜି ବାଲେଶ୍ୱର ସଦର କଚିରି ଭାରି ଜାରି। ଲୁଣାଦଣ୍ଡୀ ସକାଶେ ପୁଲିସ ଅମଲା ବାହଲ ହେଲେ। କଚିରି ପେସ୍କାରଙ୍କ ଚାକର କିଣା ବାରିକ, ଜାତି ଭଣ୍ଡାରି। କିଣା ଘର ମଫସଲରେ, ପେସ୍କାରଙ୍କ ପାଖରେ ରହି ଢେର୍ ଚାଲାଖ। ବାବୁଙ୍କ ବସାରେ ସବୁକାମ କରେ। ବସ୍ତାନି ବୋହି କଚିରିକି ନିଏ। ପେସ୍କାରଙ୍କ ରୋଷେଇରେ ଚଳେ, ମଉକିଲଙ୍କ ଯିବା ଆସିବା, ବାବୁଙ୍କୁ ଦିଆନିଆ ସବୁ କିଣା ଜରିଆରେ। ପେସ୍କାର ପାଆନ୍ତି, କିଣା ବି କିଛି ପାଏ। କଚିରିଆ ବୋଲି ତାକୁ ଗାଁ ଲୋକେ ମାନନ୍ତି, ଟାଣୁଆ ଲୋକରେ

ଗଣନ୍ତି । କିଣାଟା ଭାରି ଚତୁର । 'ନରାଣାଂ ନାପିତୋ ଧୂର୍ତ୍ତୋଃ' । ପୁଣି କଟିରି ଯିବା ଆସିବାରେ ଆଉ କିଛି ବୁଦ୍ଧି ଶିଖି ଯାଇଛି । ବୟସ ପଚିଶ ତିରିଶ ଭିତରେ, ପଞ୍ଚହତା ମର୍ଦ୍ଦ । ବିଦ୍ୟା, ବପୁ, ବାକ୍ୟ, ବସ୍ତ୍ର, ବିଭବ – ଏହି ପଞ୍ଚ 'ବ' କାର ତା' ଠାରେ ଅଛି । କିଣା ପେସ୍କାର ବାବୁଙ୍କ ମନ ନେଇ ଯାଇଛି । ବାବୁ ତାକୁ ନମକୀ କନେଷ୍ଟବଳ ଚାକିରିଟା କରାଇ ଦେଲେ । ମାସକୁ ଦରମା ୬ୟ ଟଙ୍କା । ସେତେବେଳକୁ ବିଲାତୀ ଗୋଷ୍ଟ ମାରକା ଧୋତି ଦେଶକୁ ଆସି ନ ଥାଏ । କିଣା ପିନ୍ଧେ ବାଲିବିଶି ଦେଶୀ ସୂତାବୁଣା ଖଦି ଖଣ୍ଡେ । ଦିହରେ ବନ୍ଧଲଗା ଗୋଟାଏ ଅଙ୍ଗା, ଦୋମୁହାଁ ଖଣ୍ଡେ ମୁଣ୍ଡରେ ପଗଡ଼ି । ତା' ମୁଣ୍ଡବନ୍ଧା ପାଗଟା ବକାଏ ରହିଲା । ସେ ସ୍ଥାନ ସରକାରରୁ ମିଳିଥିବା ସାଲୁଲଗା ଲାଲ ପାଗ ଅଧିକାର କଲା । କିଣା ବାରିକର ନାଁ ବଦଳିଗଲା । ସରକାରୀ କାଗଜ କଲମରେ ତା' ନାଁ ଦରଜ ହେଲା କିଣାରାମ ସିଂହ । କାନ୍ଧରେ କନେଷ୍ଟବଳି ବେଗ୍ । କିଣାରାମ ଚାଲିଲେ ମକ୍ରାମ୍‌ପୁର । ନିପଟ ମଫସଲଟାଏ । ସେଠି ଲୋକେ କହିଲେ ପୁଲିସ ବାବୁ, କିଏ କହିଲା ନାଲି ପଗଡ଼ିଆ, ଆଉ କିଏ ନାଁ ଦେଲା ପୁଲିସ ଜମାଦାର ।

ଗାଁରେ ଭାରି ଚହଳ ପଡ଼ିଛି । ନୂଆ ନମକୀ ପୁଲିସ ବାବୁ ଆସିଛନ୍ତି । ମୁଖ୍ୟା ମୁଖ୍ୟା ଲୋକେ ହାଜାର । କିଏ ନଇଁ ଜୁହାରଟାଏ ପକାଉଛି, ଦେଖଣାହାରୀ ପିଲାଗୁଡ଼ାକ ବେଶି । ଘର ମାଇକିନିଆମାନେ ତାଟି କବାଟ ଦରଆଉଜା କରି ଦେଇଛନ୍ତି । ଘର ଭିତରୁ ଚାହିଁଛନ୍ତି । ଜମାଦାର ପାଟିକରି ଶୁଣାଇଦେଲେ, ଚାରିଖଣ୍ଡି ମଉଜାର ସେ ହାକିମ । ଚାଲିଲା ହାକିମଙ୍କ ଚର୍ଚ୍ଚା, କାହାଘରୁ ଚାଉଳ, କାହାଘରୁ କାଠ, ଲୁଣ, ବାଇଗଣ ଇତ୍ୟାଦି ଆସିଲା । ଗଉଡ଼ ନିରୁତା ଗାଈ ଦୁଧ, ଦିଶୁ ଘିଅ ପହୁଞ୍ଚାଇ ଦେଲା । ଚାରିଜଣ ପାଣ ଟୋକା ଧାଇଁଗଲେ, ଗୋଟା ପାଣିଖାଲ ବୋହିଦେଲେ । ଦି' ଚାରିଟା ଗଡ଼େଇ, ଚେଙ୍ଗ, କଉ ଟିପି ଧରି ଆଣିଲେ । ଏମିତି ପ୍ରତିଦିନ, ଜମାଦାରଙ୍କୁ କହିବାକୁ ପଡ଼େନି । ଦୁଧ, ମାଛ, ଘିଅର ଅଭାବ ନାହିଁ । ଗାଁ ଯାକ ତ ଚୋର, କେତେବେଳେ କ'ଣ ଅଛି । ଜମାଦାରଙ୍କୁ ହାତେଇ ନେଲେ । ପୁରୋହିତ ରୋଷେଇ କାମରେ, ବେଠିଆ ରାମା ଭଣ୍ଡାରି, ଜମାଦାରଙ୍କ ରୋଷେଇ ଢୌଲ, ଲିପାପୋଛା କରେ, ଶଙ୍କୁଡ଼ି ବାସନ ମାଜେ, ବାବୁଙ୍କ ଦିହମୁଣ୍ଡ ଚିପି ଦିଏ, ତେଲଟିକେ ମାଲସ କରିଦିଏ । ମଫସଲ ଜାଗା, ଥାନା ଫାଣ୍ଡି ନାହିଁ, ଜମାଦାର ଭାଗବତ ଟୁଙ୍ଗୀଟାକୁ ଅଫିସ୍ କରିଦେଲେ । ସବୁବେଳେ ଗହଳ ଚହଳ, କିଏ କେତେ ରକମ କହି ଜମାଦାରଙ୍କୁ ଭଣ୍ଡାଉଥା'ନ୍ତି । ଗ୍ରାମ ଅବଧାନେ ବନମାଳୀ ଓଝା, ସନ୍ଧ୍ୟାରେ ଛାନ୍ଦ ଶୁଣାନ୍ତି । ଗ୍ରାମରେ ଲୋକେ ଏକଜୁଟ ଆଉ ସରକାରୀ ଲୋକ ଦିଗବାର । ସେ ତ ଗ୍ରାମବାସୀ ମଧ୍ୟରେ ଜଣେ । ଜମାଦାରଙ୍କ ଏବେ ଭାରି ଚିନ୍ତାଟାଏ । ନୂଆ ଚାକିରି ଗୋଟେ ବି ଚୋର ଧରା ନାହିଁ । ବଡ଼ ହାକିମ ରାଗିବେ । କ'ଣ କୁଆଡ଼େ କରିବେ । ଅସରପା

ଗୋଟା ଚଢ଼େଇ ନା କନେଷ୍ଟବଳ ଗୋଟା ଚାକିରି। ହାକିମ ରାଗିବେ ତ ପାଟିରେ ବାଡ଼ବତା ରହିବନି। ପୁଲିସିଆ ରୋଳବାଡ଼ି ଉଠିଯିବ – ଏମିତି ଜମାଦାର କିଣାରାମଙ୍କ ନାନାଦି ଚିନ୍ତା। ଏଣିକି କେଶ୍ ଦେବାକୁ ହବ ହିଁ ହବ।

ଆଜି ଜମାଦାର ପାଞ୍ଚଥର ଖବର ପଠାଇଲେଣି, ଟହଲିଆ ରାମା ଭଣ୍ଡାରିର ଦେଖାନାହିଁ। ଖବର ମିଳିଲା, ସେ କହୁଛି, "ମୁଁ କ'ଣ ଜମାଦାରଙ୍କ ଶଙ୍କୁଡ଼ି ଉଠାଇ ତିନି ପାଞ୍ଜିରୁ ଯିବି ?" ତା' ପରମାଣିକ ଆସିଥିଲେ, ତାଗିଦ୍ କରି ଦେଇଗଲେ। ଏଣିକି ରାମା ଜମାଦାରଙ୍କ ଶଙ୍କୁଡ଼ି ଉଠାଇବନି। ନ ମାନିଲେ ନିଆଁ ପାଣି ବନ୍ଦ, ଜାତି ଭାଇ ଅଟକ ରଖିବେ, ବାସନ୍ଦ କରିବେ। ଜାତିପାଟକ କଥା, ପରମାଣିକ କଥା ହେଣ୍ଟିଲେ ମହାବିପତ୍ତି। ସମସ୍ତେ ବି ଜାଣି ଗଲେଣି, ଜମାଦାର ଜାତିରେ ଭଣ୍ଡାରି। ରାମା ଜାତିର ସେବା କରିବାକୁ ନାରାଜ। ଏ କଥାଟା ବି ଜମାଦାର କାନରେ ବାଜିଲା। ରାଗରେ ନିଆଁବାଣ। ହିନ୍ଦୁ ପୁରାଣ ଜାଣିଥିଲେ ଗାଁର ବୁଢ଼ା ମୁସଲମାନ ମୌଲବୀ। ସେ ସାଙ୍ଗେସାଙ୍ଗେ ବୋଲିଲେ, "ମହାଭାରତ ଆଉର କୁଛ ନେହିଁ। ଭାଇ ଭାଇୟୋ କି ତକରାରି ଜେସ୍‌ସା। ଆଉ ରାମାୟନ୍ ଯୋ ହେ, ଭାଇ ଚୁଗଲଖୋରି ମେଁ ରାବଣ କା ବୁନିଆଦି ବରବାଦ୍।" ଭାଇ ଭାଇ ତକରାରିରେ ଅନେକ ଖାନଦାନି ଖିନ୍ ଖରାପ। ଏଣେ ଜମାଦାର ଭଣ୍ଡାରି କି ରାମା ଭଣ୍ଡାରି। ଉଭୟ ଜିଦ୍‌ରେ ଅଟଳ।

ପରଦିନ ଖୁବ୍ ସକାଳ। ଏକ ବିଚିତ୍ର ଦୃଶ୍ୟ। ରାମା ଡାହାଣ ଡେଣାରେ ରଶିଲଗା, ବାଁ କାନ୍ଧରେ ଚୋରା ଲୁଣ ହାଣ୍ଡି। ଦିଗବାର ଶଙ୍କୁ ମଳିକ ଡାହାଣ କାନ୍ଧରେ ଠେଙ୍ଗା, ବାଁ ହାତରେ ରାମାବନ୍ଧା ଦଉଡ଼ି ମୁଣ୍ଡ। ଜମାଦାର ଛାତି ଫୁଲେଇ ଚାଲିଛନ୍ତି ଆଗେ ଆଗେ। ମେଜେଷ୍ଟର ସାହେବଙ୍କ ପାଖରେ ମାମଲା ପେଶ୍ ହେଲା। ଆସାମୀ ନାଜର ଖାନା ବାଟେ ହାଜତକୁ ଚାଲାଣ ହେଲା। ମେଜେଷ୍ଟର ମୌଲବୀ ଅବୁଲ୍ ମିଆଁ। ଆଗାମୀ ପାଞ୍ଚ ତାରିଖରେ ତାରିଖ ଧାର୍ଯ୍ୟ। ଗାଁ ବାଲାଙ୍କ ଭାଳେଣି, ଆଜି ରାମା, କାଲି ଆଉ କିଏ ବନ୍ଧା ହେବ – ଏମିତି ପାଲା ବି ଚାଲିବ। ଫନ୍ଦିଟାଏ କାଢ଼ିଲେ, କିଛି କିଛି ଚାନ୍ଦା ଆଦାୟ କଲେ। ଦି' ଜଣ ମୁଖିଆ ବିଚାର ପୂର୍ବଦିନ ଗଲେ ବାଲେଶ୍ୱର। ସେମାନଙ୍କ ମଧ୍ୟରେ ପୁରୋହିତ ପୁରୁଷୋତ୍ତମ ରଥେ, ତାଙ୍କ ପୁଅ ପେସ୍କାରଙ୍କର ରୋଷେଇଆ। ପେସ୍କାର ଲମ୍ବ ହୋଇ ପୁରୋହିତଙ୍କୁ ଦଣ୍ଡବତଟାଏ ପକାଇଲେ। ରଥେ ତାଙ୍କରି ବସାରେ ରହିଲେ। ଚାଲିଲା କଥାବାର୍ତ୍ତା ଢେର୍ ରାତିଯାଏ। ତା' ପରଦିନ ରାମାର ବିଚାର ହେଲା। ରାମା ତରଫରୁ ଉକିଲ ଖୁବ୍ ଜବାବ ସୁଆଲ କଲେ। ମୁଦେଇ ଜମାଦାର କିଣାରାମ ସିଂହ, ମୁଦାଲା ରାମା ଭଣ୍ଡାରି। ସେମାନେ ନିଜ ନିଜ କଥା ରଖିଲେ। କନେଷ୍ଟବଳ ବରାମଦି ମାଟି କିଞ୍ଚିତ ହାତରେ ଉଠାଇ ଚାଖିଲେ, ସତକୁ ସତ ଲୁଣିଆ। ରାମାର ଉକିଲ କହିଲେ, "ହଜୁର୍ ମାମଲା ତମାମ୍ ଝୁଠା ଓ ଫରେବ।

ମୁଦେଇ କିଣାରାମ ସିଂହ, ଜାତିରେ ଭଣ୍ଡାରି। ମୁଦାଲା ମଧ୍ୟ ଭଣ୍ଡାରି। ଆସାମୀ ତା'ର ଶଙ୍କୁଡ଼ି ନ ମାଜିବାରୁ ସେ (ମୁଦେଇ) ବଡ଼ ରାଗିଥିଲେ। ଆସାମୀକୁ ଜବତ୍ କରିବା ଓ ହଇରାଣ କରିବା ମତଲବରେ ମାମଲା ରଚନା କରିଛନ୍ତି।" ମଫସଲୀ ତିର୍ଲାମାନେ ରାତ୍ରିରେ ଦାଣ୍ଡକୁ ବାହାରନ୍ତି ନାହିଁ। ମାଟି ବାହାର ନାଳ ଦୁଆରର ଇତ୍ୟାଦି ଇତ୍ୟାଦି। ସେ ପାଣି ପଡ଼ି ଲୁଣିଆ ହୋଇ ଯାଇଛି। ମୁଦେଇ କିଣାରାମ ଆଉ ଥରେ ମାଟି ଚାଖୁ ଓ ଶୁଂଘୁ, ସେ ଭଳି ଉସ୍‌ମୂଳିଆ ଗନ୍ଧ ଅଛି କି ନାହିଁ ସଫା ଜାଣି ଯିବ; ଏକଥା ବି କହିଲେ। ହାକିମ ମୁରୁକି ମୁରୁକି ହସୁଥାନ୍ତି। ରାୟ ଦେଲେ ରାମା ନିର୍ଦ୍ଦୋଷ, କିଣୁରାମ ସିଂହ ପୁଲିସ ଚାକିରି ପାଇଁ ଅଯୋଗ୍ୟ। ପେସ୍କାରଙ୍କର ପୁରୁଣା ଚାକରଟା କିଣା। ସେ ହାକିମଙ୍କୁ ବୁଝେଇଦେଲେ, କିଣାଟା ନୂଆ ଚାକିରି କରିଛି। ଗ୍ରାମଲୋକ ଏକଜୋଟ୍।

ହାକିମ ବୁଝିଲେ, କିଛି ଖୋସାନାମଇ କରି କିଣୁକୁ ଛାଡ଼ିଦେଲେ। ପୁଣି ସେଇ ଗାଁ, ସେଇ ଲୋକ। ଏବେ କୌଶଳ ଅଲଗା। ଜମାଦାରଙ୍କ ଖର୍ଚ୍ଚ ଗାଁ ଲୋକ ଚଳାଇବେ, ଏ ସିବାଏ, ମାସକୁ ପାନଖର୍ଚ୍ଚ ଯୋଡ଼ାଏ ଟଙ୍କା ଦେବେ। ଫିମାସରେ ବଡ଼ ଚୋରି ଆସାମୀ ଧରି ଦେବେ। ଜମାଦାର ଖର୍ଚ୍ଚ ଚାରି ଗାଁ ବିଛାଣିରୁ ଉଠିବ। ଏ ସିବା ଗୋଟେ ପାଣ ହାତରେ କିଛି ଲୁଣ ଦେଇ ଧରାଇବେ। ପାଣ ଘରଖର୍ଚ୍ଚ, ହାନିଲାଭ ଗାଁ ବାଲା ବୁଝିବେ। ପାଣ ବି ରାଜି। ଖଟଣି ନାହିଁ, ଜେଲଖାନା ଖାନା, ରହିବା ଘର ଠାରୁ ଢେର୍ ଭଲ। ଏମିତି ପାଲା ଚାଲିଲା। ସାଲ ତମାମର ରିପୋର୍ଟ ଆସିଲା। ଚୌକିଆ ଠାରୁ ସଦର ଶ୍ରେସ୍ତାଦାର ପର୍ଯ୍ୟନ୍ତ ଚୋର। ପାଣ ତ ଜେଲ ଯାଉଛନ୍ତି, ଆଉ ଜାତି ଲୋକେ କ'ଣ ଲୁଣ ଚୋର ନୁହନ୍ତି ? ନିମକ ମାହାଲ ଠକଙ୍କୁ ଧରିବା ପାଇଁ ଗୋଇନ୍ଦା ଲାଗିଲେ। ଶେଷରେ କିଣାରାମ ସିଂହ ଧରାପଡ଼ିଲା। ଏଥର ଚାକିରି ଗଲା। କିଣା ଆଚ୍ଛା ଦୁଇ ପଇସା ଛାଟି ଆଣିଥିଲା – ଭଣ୍ଡାରି ବାପୁଡ଼ା, ଶ' କଡ଼ା ଟଙ୍କା ମୁଣ୍ଡ ଛୁଇଁଦେଲେ ତାକୁ ଢେର୍। ସେତକ ବି ସଇଲା। ଏବେ କିଣାରାମ ସିଂହ ଜମାଦାର ନୁହଁ, କିଣା ଭଣ୍ଡାରି। କୌଳିକ ବୃତ୍ତି ଛାଡ଼ିଥିଲା। ଏବେ ଗାଁ ଗଣ୍ଡା ଖଟି ଖାଏ। ଲୋକେ କୁହାକୁହି, "ଓଃ ଏହିଁକି ଏତେ ? ପୁନର୍ମୂଷିକୋଭବ।"

ଦି' କଉଡ଼ିଆ ମୁଣ୍ଡ, କ'ଣ ଗୋଟାଏ ପଦ ପଦବୀ ମିଳିଗଲା, ଏଣିକି ମୁଣ୍ଡଟା ଆକାଶରେ। ସେବେ ତ ବ୍ରିଟିଶ ରାଜ, ଛୋଟ କନେଷ୍ଟବଳ ବି ହାକିମ। ଛୋଟସାପର ବିଷ ଉତ୍କଟ। ମାତ୍ର ଥରେ ପଦ ଚାଲିଗଲେ ଯୋଉ କଥାକୁ ସେଇ କଥା। ଠକି ଖାଇଲେ ଠିକିବାକୁ ପଡ଼େ। ଖାଲି ଚାକିରି ଯାଏନି, ଜେଲ ଯିବାକୁ ପଡ଼େ। ଏମିତିକା ନଜିର ଆଜି କିଛି କମ୍ ନାହିଁ। ତା' ପରେ ସିଂହରୁ ମୂଷା – ପୁନର୍ମୂଷିକ ଯାହା !

■

ସ୍କୁଲରେ କ'ଣ ଏହି ମିଛ କଥାଗୁଡ଼ାକ ପଢ଼ା ହୁଏ ?

ଓଡ଼ିଆ ପିଲେ ଇଂରାଜୀ ପଢ଼ିଲେ, ଅବଶ୍ୟ ବହୁ ଡେରିରେ। ଚାଲାଖ ଚତୁର ହେଲେ। ଦେଶ ବିଦେଶ ଖବର ବି ଜାଣିଲେ। ସେମାନଙ୍କ ବୈଜ୍ଞାନିକ ଦୃଷ୍ଟିଭଙ୍ଗୀ ବଢ଼ିଲା। ଯୁକ୍ତିନିଷ୍ଠ ମଧ୍ୟ ହେଲେ। ଏତିକିରେ କଥା ସୀମିତ ରହିଲାନି। ଇଂରାଜୀ ପଢୁଆଙ୍କର ମତିଗତି ବଦଳିଗଲା, ବେଶ ପୋଷାକ ବି। ଏସବୁ ଅସୁଖ ଲାଗିଲା ଅନେକ ବୟସ୍କଙ୍କୁ। ବିଶେଷ କରି ଅଜା, ଅଣ ଅଜା; କେତେକ କ୍ଷେତ୍ରରେ ବାପାମାନେ ବି ଇଂରାଜୀ ପାଠକୁ ନାପସନ୍ଦ କଲେ। ଇଂରେଜମାନେ ମ୍ଳେଚ୍ଛ; ତାଙ୍କ ଭାଷା ବି। ଫିରିଙ୍ଗିମାନେ ସେମାନଙ୍କ ପିଲାଙ୍କୁ ଖରାପ କରିଦେଲେ - ଏ ପ୍ରକାର ଧାରଣ ବି ଜନ୍ମିଲା। ଅପର ପକ୍ଷରେ ଆଧୁନିକ ପିଲେ ମଧ୍ୟ ପୁରୁଣାକାଳିଆ ଲୋକଙ୍କୁ ସହଜରେ ଗ୍ରହଣ କଲେନି। ସେମାନେ ଇଂରାଜୀ ପଢ଼ିନାହାନ୍ତି। ଏଭଳି ଅପାଠୁଆଙ୍କ ସହ ବା କି କଥାବାର୍ତ୍ତା ? ଏମିତି ଉନବିଂଶ ଶତାବ୍ଦୀ ଶେଷ ହେଲା। ନବୀନ, ପ୍ରାଚୀନ - ଏ ଦୁଇ ପନ୍ଥୀଙ୍କ ଜୀବନଧାରା ସମାନ୍ତରାଳରେ ଚାଲିଲା। କେହି କାହାକୁ ଊଣା ନୁହନ୍ତି। ବାପା, ଅଜା - ଏମାନେ ଅବଧାନ କତିରେ ପଢ଼ିଛନ୍ତି। ସଂସ୍କୃତ ଟୋଲରେ ବହୁ କଥା ଶିଖିଛନ୍ତି। ଗୀତା, ଭାଗବତ, ଉପନିଷଦ, ପୋଥିପୁରାଣ, ସବୁଥିରେ ସେମାନଙ୍କର ଢେର୍ ଜ୍ଞାନ। ଏମାନେ ଆପଣା ଆପଣା ଯୁକ୍ତିରେ ଅଟଳ। ପାଠୁଆ ପିଲେ ମଧ୍ୟ କମ୍ ନୁହନ୍ତି। ଅଜାମାନେ ପୁରାଣ ଶାସ୍ତ୍ର କଥା କହନ୍ତି, ନାତିଏ ଉପନ୍ୟାସ, କ୍ଷୁଦ୍ରଗଳ୍ପ, ଜୀବନୀ, ଆତ୍ମଜୀବନୀ କଥା ଉଠାନ୍ତି। ବୁଢ଼ାମାନେ ପୁରାଣ କଥାକୁ ସତ ମଣନ୍ତି। ଅତିରଞ୍ଜିତ କଥାକୁ ଅବିଶ୍ୱାସ କରନ୍ତି। ଯୁବକମାନେ ଏହାର ଘୋର ବିରୋଧୀ। ଏଗୁଡ଼ାକ ଗାଲୁଗପ, ସପନ କଥା, ଅବାସ୍ତବ କହି ଥଟ୍ଟା କରନ୍ତି।

ଥରେ ସାହିତ୍ୟକୁ ନେଇ ବିତର୍କ ଚାଲିଲା ଅଜା, ନାତି ଭିତରେ। ଅଜା ରାମ

ଦ୍ୱିବେଦୀ, ନାତି ଗଣି । ଅଜା କଥାଗୁଡ଼ାକ ଗଣିକୁ ବିଚିକିଚିଆ ଲାଗିଲା । ନାନାଦି ଯୁକ୍ତି ଆଣି ଥୋଇଦେଲା ଗଣି । ବିରକ୍ତିରେ ଅଜା ଦ୍ୱିବେଦୀଏ କହିଲେ, "ସେଗୁଡ଼ାକୁ ତୁ କ୍ୟାଁ ପଢୁ ? ତୁମ ସ୍କୁଲରେ କ'ଣ ଏଇ ମିଛକଥା ଗୁଡ଼ାକ ପଢ଼ାହୁଏ ? ହବ ନାହିଁ ? ମ୍ଳେଛ ପାଠ ତ ?" ଏମିତି କଥାକୁ ନେଇ ଫକୀରମୋହନ ସେନାପତି ଲେଖିଲେ 'ଅଜା ନାତି କଥା' । ଏଥିରେ ଉଭୟ ପାଠ (ନୂଆ, ପୁରୁଣା)ର ମହାନତାକୁ ଦର୍ଶାଇ ଦେଲେ । ତାହା ପୁଣି ସାହିତ୍ୟ ଆଲୋଚନା ଛଳରେ । ଗପଟି ଖୁବ୍ ରୋଚକ । ଏହା ସତ୍ୟ ଘଟଣା ଉପରେ ଆଧାରିତ, ଯୁକ୍ତିନିଷ୍ଠ ମଧ୍ୟ ।

ଗେଜେଟ୍‌ରେ ବାହାରିଲା ଖବରଟିଏ, "ଗୋଟିଏ ମାଇକିନିଆ, ଗୋଟିଏ ପୁରୁଷ, ଦୁଇଜଣ ଚୋର-ଚୋରଣୀ, ମଉନା ମଉନୀ ବାବାଜୀ । ଖଣ୍ଡଗିରିର ଗୋଟେ ଗୁହାରେ ବାବାଜୀ ସାଜି ତପସ୍ୟା କରୁଥିଲେ । ପୁଲିସ ସେମାନଙ୍କୁ ଚାଲାଣ ଦେଲା, ମେଜେଷ୍ଟର ସାହେବ ଦି' ଦି' ବରଷ ମିଆଦ ଦେଲେ ।" ଏଇ ଖବରକୁ ନେଇ ଫକୀରମୋହନ ଲେଖିଥିଲେ ଗପ 'ମୌନାମୌନୀ' । ଏଇଟିକୁ ପଢ଼ି ଶୁଣାଇଲା ନାତି ଗଣି ଅଜା ଦ୍ୱିବେଦୀଙ୍କୁ । ଅଜାଙ୍କର ମତରେ ଗପଟା ତ ଗପ, ଏଥିରେ ସତ ନାହିଁ ? ମଣିଷ ତ କେତେ ରକମ କାମ କରିପାରେ । କଥାଛଳରେ ଏଇଟି ଲେଖାଯାଇଛି । ଏଭଳି ମିଛକଥାର ମାନେ ନାହିଁ । ଅଜାଙ୍କର ପୁରାଣ ଉପରେ ଭାରି ବିଶ୍ୱାସ । ଆଈ ବି ବୁଦ୍ଧିମତୀ । କାନ୍ଥବାଡ଼ରେ ଚିତ୍ର ଆଙ୍କିଛନ୍ତି । ଚିତ୍ରଟି ଦ୍ୱାପର ଯୁଗ କୃଷ୍ଣଙ୍କୁ ନେଇ । କଦମ୍ବ ଗଛ, ଫୁଲ ଫୁଟିଛି, ତା' ମୂଳରେ ଶ୍ରୀକୃଷ୍ଣ ରାଧିକାଙ୍କ ଯୁଗଳ ମୂର୍ତ୍ତି । ଶ୍ରୀକୃଷ୍ଣ ବଇଁଶୀ ବଜାଉଛନ୍ତି । ସେତେବେଳେ ରଙ୍ଗତୁଳୀ ନଥିଲା । ଗେରୁ, ହରତାଳ, କଳାରଙ୍ଗ । ନଡ଼ିଆ ସଢ଼େଇରେ ଗୋଳାଇ କନା ତୁଳୀରେ ବୁଢ଼ୀ ଏସବୁ ଛବି ଆଙ୍କିଛି । ଏ ତ ଖାଲି ଚିତ୍ର, କାହିଁ ବଇଁଶୀ ଶବଦ ଶୁଭୁନି ? ଗଣି ଏକଥାଟି ଅଜାକୁ ପଚାରିଛି । ହୋଃ ହୋଃ ହୋଃ - ଅଜା ହସିଲେ । ଢେର୍ ବିରକ୍ତ ହେଲେ, "କେମିତିକା ଓଲା ଟୋକାଟାରେ । ହବ ନାହିଁ କିଆଁ ? ମ୍ଳେଛ ପାଠ ପଢ଼ି ତୁମ୍ଭମାନଙ୍କ ବୁଦ୍ଧି ବିଗିଡ଼ି ଯାଇଛି । ଆରେ କ'ଣ ସତକୁ ସତ ଶ୍ରୀକୃଷ୍ଣ ବଇଁଶୀ ବଜାଉଛନ୍ତି । ଏଇ ହେଲା ଛବି ? ପାଷାଣ ଗାତ୍ରରେ ଖୋଦିତ ଛବି, କାନ୍‌ଭାସ୍ ଉପରେ ଅଙ୍କାଯାଇଥିବା ଚିତ୍ର - ଏସବୁ ଜଡ଼, ନିର୍ଜୀବ । ଏହାକୁ ରସ ସରସ କରିଦିଏ ଶିଳ୍ପୀ, ସ୍ଥପତିଟିଏ । ଠିକ୍ ସେମିତି ଲେଖାଟିଏ । ଲେଖକର ବାସ୍ତବଧର୍ମୀ ମନନଶୀଳତା, ଚିତ୍ତାକର୍ଷକ ପରିବେଷଣ ଲେଖାକୁ କରିଦିଏ କାଳଜୟୀ ।

ଅନୁରୂପ କଥାଟିଏ । ଚିତ୍ର ଦି ରକମର । ଗୋଟିଏ ବାହାର ଜଡ଼ ଦେହରେ, ଆରଟି ମାନସିକ କ୍ରିୟାର । ଗୋଟିଏ ଆଧିଭୌତିକ, ଅନ୍ୟଟି ଆଧ୍ୟାତ୍ମିକ ଚିତ୍ର । ଚିତ୍ର ମାଧ୍ୟମରେ ଶିଳ୍ପୀ ମଣିଷ ମନର ଗତି, କାର୍ଯ୍ୟପ୍ରଣାଳୀ, କ୍ରିୟା ଇତ୍ୟାଦି କଲମରେ ଲେଖେ ।

ଏଇଟି ମାନସିକ ଚିତ୍ର । କେହି କେହି ଲୋକ ନେତ୍ର ରଞ୍ଜନ କରନ୍ତି । ସେମିତି ଚିତ୍ରକରମାନେ ଛବି ଆଙ୍କନ୍ତି । ନାତିର ଏ ପ୍ରକାର ଯୁକ୍ତି । ଅଜା କିନ୍ତୁ ଜିଦ୍‌ରେ ଅଟଳ, ତମେ ସବୁ ପୁରାଣ ପଢ଼ । ଲୋକଶିକ୍ଷା ପାଇଁ ତାହା ରଚିତ । ମିଛର ଟିକିଏ ବି ସ୍ଥାନ ନାହିଁ । ଏକଥାଟା ନାତିକୁ ଅଡୁଆ ଲାଗିଲା । ସେ ମହାଭାରତରୁ ଦୁଇଟି ଉପାଖ୍ୟାନ ଉଦ୍ଧାର କଲା । ତାହାକୁ ସତ ପ୍ରମାଣ କରିବା ପାଇଁ ଅଜାକୁ ବି କହିଲା ।

ମହାଭାରତର ବନପର୍ବର କଥା । ଅଜଗର ସାପଟାଏ ଭୀମଙ୍କୁ ଗିଳିବ ବୋଲି ଆଣ୍ଟ ଧଇଲା । ଭୀମ ବଳୁଆ, ପଳେଇ ଯିବାକୁ ଗୁଡ଼ାଏ ଟଣା ଓଟରା କଲା । ସାପ ତ ନ ଛାଡ଼େ ! ଭୀମ ଢେର୍ ରକମ କଥା କହିଲା, ମିନତି କଲା, ନେହୁରା ହେଲା, କିଛି ଫଳ ମିଳିଲାନି । ଯୁଧିଷ୍ଠିର ଆସିଲେ । ଅଜଗର ଯୁଧିଷ୍ଠିରଙ୍କ ମଧରେ ନାନା କଥା ହେଲା । ଏମିତି ଚାଲିଲା ବହୁ ସମୟ ଧରି । ଅଜଗର କଥା କହିବାଟା – ନାତିର ପୂରା ଅବିଶ୍ୱାସ । ଅଜା ବୁଝେଇ ଦେଲେ । ଏଇଟା ଦ୍ୱାପର ଯୁଗର କଥା । ଅଜଗର ସାପ ସାପ ନୁହେଁ ସେ ସୂର୍ଯ୍ୟବଂଶୀ ରାଜା ନହୁଷ । ବ୍ରାହ୍ମଣଙ୍କୁ ଆପଟ କରି ତାଙ୍କ କାନ୍ଧ ଉପରେ ଚଢ଼ିଥିଲା । ବ୍ରାହ୍ମଣମାନେ ଖପା ହେଲେ, ଅଭିଶାପ ଦେଲେ ସଙ୍ଗେସଙ୍ଗେ । ଏବେ ରାଜା ନହୁଷ ଅଜଗର ପାଲଟିଲେ । ଏଇ ତ ବ୍ରାହ୍ମଣଙ୍କ ତେଜ କଥା । ମହାଭାରତର ଆଉ ଗୋଟିଏ ଉପାଖ୍ୟାନ । ଶୁଆ ଚଢ଼େଇଟି ବଣରେ ବସା ବାନ୍ଧିଥିଲା, ଜଣେ ଅତିଥି ପହଞ୍ଚିଲେ । ଶୁଆ ଆସନ ଖଣ୍ଡିଏ ଦେଲା, ରୋଷେଇ ପାଇଁ କିଛି ଚାଉଳ କାଢ଼ିଲା । ଅତିଥି ଭାତ ରାନ୍ଧିଲେ, ହେଲେ ତିଅଣ ନାହିଁ, ଶୁଆର ବି ଚାରା ନ ଥିଲା । ଶେଷରେ ଅତିଥି ଶୁଆ ତଣ୍ଟି ମୋଡ଼ିଦେଲେ, ମାଉଁସ ତରକାରି କରି ଖାଇଲେ । ଶୁଆଟା ଚଢ଼େଇ, ଚାଉଳ ଆଣିଲା କେମିତି ? ଏ ତ ସବୁ ମିଛ କଥା । ନାତି ଥଟ୍ଟାରେ କହିଲା ଶୁଆଣୀ କୁଟିଦେଲା ପରା ! ଅଜାଙ୍କ ମଗଜ ଧରିଲା । ଏବେ ଚୁପ୍ । ପୁରାଣର ଏସବୁ ଗୋଟେ ଗୋଟେ ଭଲ ଉଦାହରଣ । ଅତିଥି ଦେବତା, ଗୁରୁ ଗୌରବ ଜ୍ଞାନ ଭୁଲିଲେ ଅଜଗର କାହିଁକି, କୃମି କୀଟ ହେବାକୁ ପଡ଼ିବ । ଏଇଟି ଭିତିରି କଥା । ସବୁଥିରେ ସତ ଖୋଜିବା, ଯୁକ୍ତି ବାଢ଼ିବା, ପୁଣି ସାହିତ୍ୟରେ – ଏହା ସ୍ପୃହଣୀୟ ନୁହେଁ । ଏକଥା ବୁଝିଥିଲେ ଫକୀରମୋହନ । ତାହା ମଧ୍ୟ ଉଲ୍ଲେଖ କରିଛନ୍ତି ।

ନାତି ପୁନଶ୍ଚ ଗପଟିଏ କହିଲା, ଦ୍ୱାପର ଯୁଗର ବିଷୟ । ପିଲା ଶ୍ରୀକୃଷ୍ଣ ଗୋପପୁରରେ, ତାଙ୍କୁ ମାରିବା ପାଇଁ କଂସ ପଠାଇଲା ପୂତନା ରାକ୍ଷସୀକୁ । ପୂତନା ନାରୀବେଶ ଧଇଲା । ସ୍ତନରେ ବିଷ ଭର୍ତ୍ତିକରି ଗୋପପୁରକୁ ଆସିଲା । ଶ୍ରୀକୃଷ୍ଣ ବିଷମିଶା କରି ତା' ସ୍ତନ ଚାଁ କରି ଟାଣିଦେଲେ । ପୂତନା ରଡ଼ିଟାଏ କରି ମରି ପଡ଼ିଲା । ସେ କଥା ମହାଭାରତରେ ବି ଲେଖାଅଛି । ଶ୍ରୀକୃଷ୍ଣ ଜନ୍ମବେଳେ ଗୋଟାଏ ଶକୁନି ଗ୍ରାମରେ ଆସି

ବସିଲା। ଶକୁନି ଅର୍ଥ ପୂତନା। ମହାଭାରତରେ ପୂତନା କଥା ଏହିପରି ଲେଖା। ଆଉ ଗୋଟିଏ ପୁରାଣ କଥା। ଶ୍ରୀକୃଷ୍ଣଙ୍କୁ ପିହୁଡ଼ା ରୋଗ ହେଲା। ପିହୁଡ଼ା ରୋଗ ପୂତନା, ତାହେଲେ କେଉଁ ପୁରାଣଟା ସତ ? ପୂତନା ତ ମଲାବେଳେ ଊଣେଇଶ ଯୋଜନ ମାଡ଼ି ପଡ଼ିଲା, ତେବେ ଗୋପପୁରରେ ଯେତେ ମଣିଷ, ଗୋରୁ, ପଶୁ, ପକ୍ଷୀ ଥିଲେ, ସବୁତ ଚାପା ପଡ଼ି ମଲେ। ଗୋପପୁରର ସବୁ ଗଉଡ଼ ବଂଶ ବି ମରିଗଲେ। କାହିଁ ସେ କଥା ତ କେଉଁ ପୁରାଣରେ ଲେଖା ନାହିଁ ? ଅଜା ବି କହିଲେ, "ହଇରେ ଗଣି ମୁଁ ତ ବୃନ୍ଦାବନ ଯାଇଥିଲି। ସତ, ଗୋପପୁରଟା ତ ଏତେ ବଡ଼ ନୁହେଁ ! ପୂତନା ମଡ଼ାଟା ଊଣେଇଶ ଯୋଜନ ମାଡ଼ି ଗୋପପୁରେ କେମିତି ପଡ଼ିଲା ? ପୁଣି ପୁରାଣରେ ଲେଖାଅଛି, ସେ ଗୋପପୁରରେ ପଡ଼ିଲା।" ପାଠୁଆ ନାତି ବୁଝାଇ ଦେଲା - ଜାଣ ତ ଅଜା ! ପୁରାଣ ବୋଲ, କି ଉପନ୍ୟାସ ବୋଲ, କି ଗଳ୍ପ ବୋଲ, ସବୁ ଲୋକଶିକ୍ଷା ଲାଗି। ଏହିପରି ଲେଖି ଯାଇଛନ୍ତି। ପୁରାଣ ଅର୍ଥ ପୁରୁଣା କଥା। ପୁରାଣ ସାହିତ୍ୟ ହେଉ ବା ଆଧୁନିକ ସାହିତ୍ୟ ହେଉ, ଏହାକୁ ସତ ମଣିବା ବିଜ୍ଞତା ନୁହେଁ, ଏସବୁ ସାହିତ୍ୟର ବିଷୟ।

ସାହିତ୍ୟ ଜୀବନର ରସ ଶିଳ୍ପ। ସାହିତ୍ୟ ସୃଷ୍ଟି ଏକାନ୍ତ ବ୍ୟକ୍ତିଗତ। ବ୍ୟକ୍ତି କଥା ମଧ୍ୟରୁ ନୈର୍ବ୍ୟକ୍ତିକ ପ୍ରସଙ୍ଗଟି ଆସେ। ଜନଜୀବନ ସାହିତ୍ୟକୁ ଗଭୀର ଭାବେ ପ୍ରଭାବିତ କରେ। ସାହିତ୍ୟ ସମାଜର ପରିବର୍ତ୍ତିତ ପରିସ୍ଥିତି ସହ ସାମଞ୍ଜସ୍ୟ ରଖି ନ ପାରିଲେ, ଏହାର ଗୁଣାତ୍ମକ ଉତ୍କର୍ଷ କ୍ଷୁଣ୍ଣ ହୁଏ। ଜୀବନର ଆଲୋଚନା, ବ୍ୟାଖ୍ୟା, ସମସ୍ୟାର ମୀମାଂସକୁ ନେଇ ସାହିତ୍ୟ ହୁଏ ଆକର୍ଷଣୀୟ। ଏହା କଳ୍ପନା ବିଳାସର ଲୀଳାକ୍ଷେତ୍ର ନୁହେଁ, ବାସ୍ତବ ଜୀବନ ଜିଜ୍ଞାସାର ବାଙ୍ମୟ କଳାତ୍ମକ ପ୍ରକାଶ। କ୍ଷତ ବିକ୍ଷତ ମଣିଷ ଆତ୍ମାର ଚିରନ୍ତନ ଅନ୍ୱେଷା। ଏହା ଆମର ଅତି ଆପଣାର। ଏଥିରେ ଆମେ ଆମକୁ ଦେଖୁଁ, ପଢୁ, ବୁଝୁଁ। ନିତି ପ୍ରତି ଘଟୁଥିବା ଜୀବନ ଯନ୍ତ୍ରଣାର କଥା ବାସ୍ତବବାଦୀ ସାହିତ୍ୟର ଭିତ୍ତିଭୂମି। ଏଇଥି ପାଇଁ ସାହିତ୍ୟର ଗଦ୍ୟ ବିଭାଗଟିଏ ଅଧିକ ଆକର୍ଷଣୀୟ। ସାମାଜିକ ଜୀବନର ନିପୀଡ଼ନ, ସୁଖଦୁଃଖ, ଅନୁଶୋଚନା, ବେକାରୀ, ଅନୀତି, ଦାରିଦ୍ର୍ୟ ତଥା ଶୋଷଣ ପେଷଣର ଚିତ୍ର ଆଜିକାଲି ସାହିତ୍ୟର ମୁଖ୍ୟ ବିଭବ। ଏହା ବି ଉପନ୍ୟାସର ମୂଳଉତ୍ସ। ସେଇଥି ପାଇଁ ଉପନ୍ୟାସକୁ ଆଧୁନିକ ଗଦ୍ୟ ମହାକାବ୍ୟ ଆଖ୍ୟା ଦିଆଯାଇଛି। ଆଜିକାଲି ଯେ ଉପନ୍ୟାସ ସବୁ ବାହାରୁଛି, ତାକୁ ହଜାରେ ବରଷ ଉତ୍ତାରେ ଲୋକମାନେ ପଢ଼ିବେ ! ଏହାକୁ କେହି କେହି ସତ ମଣିବା ଆଶ୍ଚର୍ଯ୍ୟ ନୁହେଁ। ସତ ସବୁବେଳେ ସତ। ତା'ର ରୂପ ରଙ୍ଗ କିଛି ବଦଳେନା। ଏଇ କଥାଟି ପୁରାଣ ସାହିତ୍ୟ, ଆଧୁନିକ ସାହିତ୍ୟ ଉଭୟଟି ପାଇଁ ପ୍ରଜୁଯ୍ୟ। ସାହିତ୍ୟକୁ ଜ୍ଞାନ ପାଇଁ ପଢ଼ା ଯାଉ। ଯାହା ସତ ତାହା ଆପେ ବିକଶିବ। ଏ କଥାଟି ଫକୀରମୋହନଙ୍କ ହୃଦ୍‌ବୋଧ ହୋଇଥିଲା। ଅଜାନାତି କଥାରେ

ଲେଖକ ସାହିତ୍ୟର ମଞ୍ଜି କଥାଟି କହିଲେ। କେଇ ଶହ ବର୍ଷ ବିତିଗଲାଣି, ଆହୁରି କେଇଶହ ବର୍ଷ ପରେ ବି 'ଛ' ମାଣ ଆଠ ଗୁଣ୍ଠ' ଉପନ୍ୟାସ ଅବା 'ଧୂଳିଆବାବା', 'ମୌନାମୌନୀ', 'ବାଲେଶ୍ୱରୀ ପଙ୍ଗାଲୁଣ' ଆଦି ଗପକୁ ସତ ମଣିବାରେ ବା କି ଆଶ୍ଚର୍ଯ୍ୟ ଅଛି ? କେଉଁ ସ୍କୁଲରେ ପଢ଼ିବାଟା ଗୁରୁତ୍ୱପୂର୍ଣ୍ଣ ନୁହେଁ, ସାହିତ୍ୟକୁ ଠିକ୍ ଢଙ୍ଗରେ ବୁଝିବା ବାଞ୍ଛନୀୟ - ଏହା ହିଁ ଗପଟିର ସାରମର୍ମ।

■

ଟଙ୍କା କାଢ଼, ମା' ବାପ ଛାଡ଼ି ସବୁ ମିଳିବ

କଲିକତା, ଅଧୁନା କୋଲକାତା। ଏଇଟି ଗୋଟିଏ ନିଆରା ଜାଗା। ଜନଜୀବନ ସଦା ଚଳଚଞ୍ଚଳ, ବ୍ୟସ୍ତବହୁଳ, ଦିନରାତି ବେପାର ବଣିଜ। ଏଠିକା ବଙ୍ଗାଳୀମାନେ ଟଙ୍କାରୁ ଟଙ୍କା କାଢ଼ନ୍ତି। ନିଜକୁ ଭାରି ଚାଲାଖ, ଚତୁର ମଣନ୍ତି। ଏମନ୍ତ ଭାବିବାଟା କିଛି ବିଚିତ୍ର ନୁହେଁ। ମୁମ୍ବାଇ, ଦିଲ୍ଲୀ, ମାନ୍ଦ୍ରାଜ ପରି ଏଠାକା ବାସିନ୍ଦା ଇଂରାଜୀ ପାଠକୁ ସଭ୍ୟତାର ମାନଦଣ୍ଡ ମଣିଥିଲେ। ପଲାସୀ ଯୁଦ୍ଧ (୧୭୫୭) ସମାପ୍ତ ହେଲା। ବିଧିବଦ୍ଧ ଭାବେ ବଙ୍ଗପ୍ରଦେଶ ଇଷ୍ଟଇଣ୍ଡିଆ କମ୍ପାନୀର ଶାସନ ପର୍ଯ୍ୟାୟଭୁକ୍ତ ହେଲା। କିନ୍ତୁ ଇଂରେଜମାନେ ବହୁପୂର୍ବରୁ ଏଠାରେ ବାଣିଜ୍ୟ କୋଠିମାନ ତିଆରି କରିଥିଲେ। ଚଳାଇଥିଲେ ଆପଣାର ବ୍ୟବସାୟ। ସେମାନଙ୍କ ସୁ ଅଭ୍ୟାସକୁ ବଙ୍ଗାଳୀବାବୁମାନେ କେତେକାଂଶରେ ଆପଣେଇଲେ; ମାତ୍ର ସେମାନଙ୍କ ଅଭ୍ୟାସ (ସୁରା ପାନ, ବହୁନାରୀ ସମ୍ପର୍କ)କୁ ବିନା ବାଛବିଚାରରେ ଅନେକ ସ୍ୱାଗତ କଲେ। ଏଥିରେ ଥୋକେ ମଜ୍ଜି ରହିଲେ, ଆପଣା ସଂସ୍କାର ସଂସ୍କୃତିକୁ ଭୁଲିଲେ। ଏଇ ବଦାଭ୍ୟାସକୁ ଓଡ଼ିଆଏ ଶିଖିଲେ ୧୮୦୩ ପରେ। ଏମାନଙ୍କର ଆଦର୍ଶ ହେଲେ ଇଂରାଜୀ ପଢୁଆ ବଙ୍ଗାଳୀ ଅମଲା। ସେମାନେ କର୍ମଲୋଭରେ ଆସିଥିଲେ। ଢେର୍ ଦିନ ଓଡ଼ିଶାରେ ଆପଣାର ଆଧିପତ୍ୟ ବିସ୍ତାର କଲେ। ଏପଟେ ଓଡ଼ିଆ କୃଷକଙ୍କ କପାଳ ଫାଟିଲା। ସେମାନେ ଜମିଦାର, ସାହୁକାର, ଗୁମାସ୍ତା, ସର୍ବୋପରି ଇଂରେଜମାନଙ୍କ ରୋଷର ଶିକାର ହେଲେ। ଜମିଦାରଙ୍କ ଖଜଣା, ସରକାରଙ୍କ ଟିକସ ଦାଉରେ ଅନେକ ବାସହରା ହେଲେ। କୁଟୁମ୍ବ ପ୍ରତିପୋଷଣ ପାଇଁ ଚାଲିଲେ କଲିକତା। କେଉଁ ବଙ୍ଗାଳୀବାବୁଙ୍କ ବାଡ଼ିରେ ମାଳି ତ ରୋଷଘର ପୂଝାରୀ। କିଏ ଚଟକଳ, ଲୁଗାକଳରେ କୁଲି ହେଲା। କେତେକ ଚତୁର, କୌଶଳୀ ଓଡ଼ିଆ କଲିକତାରେ ବେପାର କଲେ। ଜମିଦାର ବି ହେଲେ। ସେମାନଙ୍କ ଟଙ୍କା ପଇସା ଅଭାବ ରହିଲାନି। ତାଙ୍କ ପିଲାଙ୍କୁ ଇଂରାଜୀ ପଢ଼ାଇଲେ କଲିକତାରେ। ସେମାନେ ପାଠ ତ ଯାହା ପଢ଼ିଲେ ପଢ଼ିଲେ,

ନାହିଁ ନ ଥିବା ଅପସଂସ୍କୃତିକୁ ସଂସ୍କୃତି ମଣିଲେ। ଓଡ଼ିଶାର ପବିତ୍ର ଜୀବଚର୍ଯ୍ୟାକୁ ସମ୍ପୂର୍ଣ୍ଣ ଅଣଦେଖା କଲେ। ଇଂରାଜୀ ପାଠସିନା ପଢ଼ିଲେ, ଧାନ ତ ନୁହଁ ବହୁ ପିଲା ବାଲୁଙ୍ଗା ହୋଇ ବାହାରିଲେ। ଯାବତୀୟ ବଦାଭ୍ୟାସ। ବାଇନାଚ, କ୍ଲବ୍‌ରେ ସୁରାପାନ। ଏମିତି ଖାଲି ଟଙ୍କା ସାରିଲେ। ଅବସ୍ଥା ଅସମ୍ଭାଳ ହେଲା। ଶେଷରେ ବାପଅଜା କମେଇଥିବା ଅଚଳାଚଳ ସମ୍ପତ୍ତିକୁ ହରାଇଲେ। ଏଇମାନଙ୍କ ନୈତିକ ସ୍ଖଳନକୁ ଫକୀରମୋହନ ଦେଖାଇ ଦେଲେ 'ସଭ୍ୟ ଜମିଦାର' ଗପଟିରେ। ଆପଣା ଅନୁଭୂତିକୁ ପୁଞ୍ଜିକରି ଲେଖିଲେ, "କଲିକତା ଗୋଟାଏ ବିଚିତ୍ର ଜାଗା। ଟଙ୍କା କାଢ଼, ମା' ବାପ ଛଡ଼ା ସବୁ ମିଳିବ।"

କଲିକତା ସହର, ବଡ଼ବଜାରରେ ଭାରି ଗହଳ ଚହଳ। ଉତ୍କଳର ସମସ୍ତ ବେପାରି ସେଇଠି। ଗଦିଆନା ଜମିଦାରଙ୍କ ଖୁବ୍ ଖାତିର। ଆମଦାନି ରପ୍ତାନି ତାଙ୍କ ହାତବାଟେ ଚାଲେ। ଲକ୍ଷ ଲକ୍ଷ ଟଙ୍କାର କାରବାର। ସେତେବେଳେ ରେଳ ନାଁ ଲୋକେ ଶୁଣି ନ ଥିଲେ। ଷ୍ଟିମର ମଧ୍ୟ ଚାଲୁ ନ ଥିଲା। ବାଲେଶ୍ୱର ଜାହାଜରେ ମାଲ ଆମଦାନି ରପ୍ତାନି ହୁଏ। କଲିକତାରୁ ଆମଦାନି ମଧ୍ୟରେ ପ୍ରଧାନ ଦ୍ରବ୍ୟ ଧୂଆଁ ପତ୍ର। କଲିକତାରୁ ମାଲ ଆସେ, ବାଲେଶ୍ୱର ବନ୍ଦରରେ ଜାହାଜ ଘାଟ ଭିଡ଼େ। ସେ ସ୍ଥାନରୁ ମାଲ ବୁହାଚାଲେ, ଶହଶହ ଶଗଡ଼ ନିଯୋଜିତ ଥାଆନ୍ତି। ଧୂଆଁପତ୍ର ସମଗ୍ର ଉତ୍କଳକୁ ଚାଲାଣ ହୁଏ। ଏଥିପାଇଁ କଲିକତୀ ଧୂଆଁପତ୍ର ନାମ ବାଲେଶ୍ୱରୀ। କିନ୍ତୁ ବାଲେଶ୍ୱରବାସୀ ଧୂଆଁପତ୍ର ଗଛ ଆଦୌ ଦେଖି ନାହାନ୍ତି। ଧୂଆଁପତ୍ର କାରବାର ବଡ଼ କଠିନ। ଘୋଡ଼ାଚଢ଼ା ମହାଜନ, କଥାପଦକେ ଘାସ କାଟେ - ଘାସକଟା ଘୋଡ଼ା ଚଢ଼େ। ଦୋକତା କାରବାର; ବିଷମ ବେପାର, ଗୋଖର ସାପ ଖେଳାଇବା ପରି। ସେଇ ମାଲ, ମହଣ କୋଡ଼ିଏ ତ ଚଳେଇ ପାରିଲେ ଚାଳିଶ ଟଙ୍କା। ଏଥିପାଇଁ ଲୋଡ଼ା ଚିହ୍ନରା ଦଣ୍ଡୀଦାର। ଏମିତିକା ଦଣ୍ଡୀଦାର ବଳରାମ, ଘର ଯାଜପୁର। ଏବେ ଓଡ଼ିଶାରେ ତା' ନା ଡାକ। ଏଇ କାମ କରି ଜମିଦାର ପାଲଟିଲା। ତାଙ୍କ ଗାଁର ଛେଉଣ୍ଡ ପିଲା ଗୋପାଳିଆ। ତାକୁ ନେଇ ପାଖରେ ରଖିଲା। ଗରିବ ପିଲାଟା। ଖାଉଛି ତ ଖାଉଛି, ଅଛି ତ ଥାଉ, ତାକୁ ଦେଖୁଛି କିଏ ? ପଚରା ପଚରିରେ ବା କ'ଣ ଦରକାର ? ଗୋପାଳ ଭାରି ପାରିବାର, ବଳରାମଙ୍କ ବିଶ୍ୱସ୍ତ, ବେପାର ବଣିଜରେ ହାତ ପକେଇଲା, ବେଶ୍ ଲାଭ କରେଇଲା। ବଳରାମ ତାକୁ ଭାରି ସୁଖ ପାଇଲେ। ବାବୁଙ୍କ ବିଡ଼ିଆ ଗୋପାଳ ଭାଙ୍ଗିବ। ଶେଯ ପାରିବା ଗୋପାଳ ଜିମା। ବାବୁଙ୍କ ଶ୍ରଦ୍ଧାଦେଖି ଗଦିର ଆଉ ପାଞ୍ଚ ଜଣ ବି ତାକୁ ମାନିଲେ। ବାବୁଙ୍କ ଇଚ୍ଛା, ବଡ଼ ଗୋଟାଏ କିଛି ପାଇଟିରେ ଲଗାଇବେ। ତା ବି ହେଲା। ଗୋପାଳ ଗଦିଆନା କାମ କଲା। ଭାରି ଚତୁର ପିଲା, ହେଲେ ଓଡ଼ିଆ ପିଲା, ମଫସଲ ଗାଁରେ ଘର। ଏଣେ ତ କଲିକତାଟା ଠିକ୍ ଗଣ୍ଠିକଟା ଖଣି, କ'ଣ ବୋଲି କ'ଣ ହୋଇଯିବ। କିନ୍ତୁ ଗୋପାଳ ସବୁ ଘାଟିକୁ ଟପିଲା। ଏଣିକି

ଗଦିରେ ତା' ଡାକ ନାମ ସାନବାବୁ, ଗୁମାସ୍ତା ଖାତାରେ 'ବାବୁ ଗୋପାଳ ଚନ୍ଦ୍ର ମହାପାତ୍ର'। ଗୋପାଳ ବଳରାମଙ୍କୁ ଟପିଲା। ଭଲକରି ବୁଝିଗଲାଣି, ଧୂଆଁପତ୍ର ଆସେ ଚାଷୀଙ୍କଠାରୁ, କିଣେ ବୁଲା ବେପାରୀ, ସେ ବିକେ ପାଇକାରକୁ, ପାଇକର ଠାରୁ କିଣେ ଗୋଦାମବାଲା। ଦଣ୍ଡୀଦାର ତା' ପାଖରୁ ମାଲ କିଣେ, ଚାଲାଣ ଦିଏ। କଲିକତାରେ ମାଲ ପହଞ୍ଚେ, ତିନିହାତରେ ଲାଭ ଲାଗିଯାଏ। ଧୂଆଁପତ୍ର ଚାଷର ପେଣ୍ଠ ଯଶୋର, ମୋତିହାର, ପାବନା ଅଞ୍ଚଳ। ଗୋପାଳ ସେଇଠୁ କିଣିଲା ଧୂଆଁପତ୍ର, ହଳଦୀ। ଢେର୍ ଲାଭ କଲା। ଏବେ ବାବୁ ଗୋପାଳଚନ୍ଦ୍ର ମହାପାତ୍ର ଲକ୍ଷପତି, ଡାକୁଆ ଜମିଦାର। କଲିକତାରେ ଓଡ଼ିଆ ଦଣ୍ଡୀଦାରଙ୍କ ଏ ପ୍ରକାର ବେପାର। ଏହାର ଏକ ନିଖୁଣଚିତ୍ର ପ୍ରଦାନ କରିଛନ୍ତି ଗାଳ୍ପିକ ଫକୀରମୋହନ ସେନାପତି।

ସେବେକା ଜମିଦାର ପହିଲୁ ଦେଶୀ ନିଶା ସେବନ କରୁଥିଲେ। ରୁପାବନ୍ଧା ହୁକାରେ ଭଡ଼ର ଭଡ଼ର କରି ଗୁଡ଼ାଖୁ ପିଉଥିଲେ। ଆଗରେ ଦୁଇଟି କଣା କଉଡ଼ି ବନ୍ଧା ବ୍ରାହ୍ମଣ ହୁକା, କାୟସ୍ଥ ହୁକା, ନବଶାଖା ହୁକା କଂସା ବୈଠକରେ ରହିଥାଏ। ଏଇଟା କଲିକତା ସବୁ ଗଦିର ଦସ୍ତୁର। ଗୁଡ଼ାଖୁ ହୁକା ସେବନ ବିଭବର ପ୍ରତୀକ। କିନ୍ତୁ ଇଂରାଜୀ ପଢୁଆ ଜମିଦାର ପିଲେ ଆଉ ଚାରିପାଦ ଆଗରେ। ନାନାଦି କୁଅଭ୍ୟାସ। ସେମିତିକା ଖରାପ ପିଲାଟା ବାବୁ ଗୋପାଳ ଚନ୍ଦ୍ରଙ୍କର ପୁଅ, ନାଁ ରାଜୀବଲୋଚନ। ଗାଁରେ, ଘରେ ଦୁଷ୍ଟାମି, ବାପା ତ କଲିକତାରେ। ଏଣେ ମାଇପି ଘର। ଟୋକାଟା ଚାରି ଦଉଡ଼ିକଟା, ଚଳନ୍ତା ଶଗଡ଼ରେ ହାତମାରେ। ଗାଁ ଅବଧାନେ ଭାରି ହନ୍ତସନ୍ତ ହେଲେ। ଅପାଠୁଆ ବାବୁ ଗୋପାଳ ଆଗରେ ଅବଧାନ କହିଲେ, "ସାନବାବୁ ଖୁବ୍ ବୁଦ୍ଧିଆ, ଭାରି ପାଠୁଆ, ଖଡ଼ିପାଠ, ପୋଥିପାଠ ସବୁ ଛିଡ଼ିଲାଣି। ଆଉ ତାଙ୍କୁ ପଢ଼ାଇବାକୁ ପାଠନାହିଁ।" ରାଜୀବ ଭାରି ବିତ୍ପାତିଆ। ଅବଧାନ ସଙ୍ଗରେ ବି ତୋଖଡ଼ ମୋଖଡ଼ ଲଗାଏ। ଅବଧାନ ରାଜୀବ ସମ୍ପର୍କରେ ମନଗଢ଼ା କାହାଣୀମାନ ବଖାଣିଲେ। ବାବୁ ଗୋପାଳ ପୁଅର ପ୍ରଶଂସା ଶୁଣି ଭାରି ଖୁସି। ଏଣେ ଜମିଦାରିଣୀ ତାକୁ ଆଉ ଘରେ ରଖିବାକୁ ମଙ୍ଗିଲେନି। ଏଣିକି ରାଜୀବର ପାଠପଢ଼ା କଲିକତାରେ। ଚାଟଶାଳୀ ପାଠ ଶେଷ, ରାଜୀବ ପଢ଼ିଲା ଇଂରାଜୀ। ବାପାଙ୍କୁ ବେପାରରେ ସାହାଯ୍ୟ କରିବ। ବାପା ଇଂରାଜୀ ପଢ଼ିନାହାନ୍ତି, ଇଂରେଜ ବେପାରି ଓଡ଼ିଆ ବୁଝନ୍ତିନି। ଦରକାର ଦୋଭାଷୀ ପଟୁଆ। ଏଇ କାମ ରାଜୀବ ଉପରେ। ଆଗ ପାଠ ଶେଷକରୁ। ଏ ପରିପ୍ରେକ୍ଷୀରେ ଗାଳ୍ପିକ ପ୍ରାକ୍ ସ୍ୱାଧୀନତା କାଳୀନ ଚାଟଶାଳୀ ପଢ଼ାର ସମ୍ୟକ୍ ସୂଚନା ଦେଇଛନ୍ତି। ଇଂରାଜୀ ପାଠ ମୋହର ଉଗ୍ରତାକୁ ବଡ଼ ଚିତ୍ତାକର୍ଷକ ଭାବେ ଦେଖାଇ ଦେଇଛନ୍ତି।

କୋଲକଟା ଏଣ୍ଡ୍ ଏକାଡ଼େମୀରେ ରାଜୀବଙ୍କ ନାମ ଲେଖାହେଲା। ବାପେ ପାଠ ସଇ ନେବେ କ'ଣ, ପିଲାଟା କ'ଣ ପଢୁଛି, କେମିତି ଅଛି; ବୁଝିବାକୁ ତରନାହିଁ।

ମାସକୁ ମାସ କିତାବ ଖର୍ଚ୍ଚ, ମାସିକ ଦରମା ପଠାଇ ଦିଅନ୍ତି। ତାହା ପଚାଶଟଙ୍କା ମୁଣ୍ଡ ଧରିଲାଣି। ରାଜୀବ ବୁଝେଇ ଦିଏ, "ବାପା! ମୁଁ କିଲାସ ଢେର୍ ଉପରକୁ ଉଠିଗଲିଣି। ଏଥିପାଇଁ ଏତେ ଖରଚ।" ପୁଣି କହେ, "ନା ବାପା, ପାସ୍ ନକଲେ ଇଂରାଜୀ ପାଠ ହୁଏନାହିଁ।" ବାପା କହିଲେ, "ହଁରେ ସେ କଥା ମତେ ଜଣା, ତୁ ବେଶି ବେଶି ପାସ୍ କରି ପକା, ଯେତେ ଟଙ୍କା ଲାଗିବ ଲାଗୁ।" ଓଡ଼ିଆ ପିଲା, କଲିକତାରେ ଇଂରାଜୀ ପଢ଼ନ୍ତି। ନାନାଦି ସଭାସମିତିରେ ବସନ୍ତି, ସୁସ୍ଥାନ, କୁସ୍ଥାନ ବୁଲନ୍ତି। ମଙ୍ଗଳବାର କୁସଂସ୍କାର-କମର୍ଦ୍ଦିନୀ', ଶନିବାର 'ନାରୀ ସ୍ୱାଧୀନତା ବିବର୍ଦ୍ଧିନୀ' - ଏମିତି କେତେ କେତେ ସଭାରେ ବକ୍ତୃତା ଦିଅନ୍ତି, କରତାଳି ଉପରେ କରତାଳି ପଡ଼େ। ଅଧିକ କରତାଳି ହେଲେ ସେଦିନ ହୋଟେଲବାଲାର ବ୍ୟବସାୟ ବଢ଼େ। ସୁରା ସେବନ ତ ମାମୁଲି କଥା। ସେମାନେ ଆହୁରି କେତେକ ଅସାମାଜିକ କାର୍ଯ୍ୟ କରନ୍ତି। ଏଇଟି ଇଂରାଜୀ ପାଠର ବିଷମ ଫଳ।

ପୁରୁଣାକାଳିଆ ପ୍ରଥା ପରମ୍ପରା, ଅନେକ ପାଠୁଆ ବାବୁଙ୍କ ପାଇଁ ସବୁ କୁସଂସ୍କାର। ରାଜୀବ ବାପା ଚାଲିଗଲେ, ଜ୍ଞାତିଜନ କାନ୍ଦିଲେ, ମା' ଡକା ପାରିଲେ। ଶୁଦ୍ଧିକ୍ରିୟା ହେବ, ବ୍ରାହ୍ମଣଭୋଜନୀ, ମହାପ୍ରସାଦ ସେବନ-ଏମିତି କେତେ କଥା। ଏ ସବୁ ଓଡ଼ିଆଘର ଚଳଣି। କାନ୍ଦିବାଟା କୁସଂସ୍କାର କହି ରାଜୀବ ହାତରେ ଖଣ୍ଡେ କଳାକନା ବାନ୍ଧିଲେ, ସଭାଗୃହରେ ଭୋଜି, ଦରିଦ୍ରମାନଙ୍କୁ ଅର୍ଥ ବିତରଣ, ଡାକ୍ତରଖାନାକୁ ଚାନ୍ଦାଦେଲେ। ଏଇଟା ନୂଆ ଇଂରାଜୀ ପ୍ରଥା। ରାଜୀବ ଓଡ଼ିଶାକୁ ଫେରିଲେ, ନୂଆ ଜମିଦାର, ଭାରି ଖୋଲାହାତ, ସଭାସମିତିରେ ଯୋଗଦେଇ କେହି କେହି ରାତିରେ ରହିଯାନ୍ତି କଚେରିରେ। ତାଙ୍କ ପାଇଁ ଖାଦ୍ୟ ସହ ବିଦେଶୀ ପାନୀୟ ବ୍ୟବସ୍ଥା ହୁଏ। ଏଣିକି ପୁରୁଣା ରହଣିଆ। ନୂଆ ଜମିଦାର। ନିଜ ଇଲାକାରେ ଇଂରାଜୀ ଚଳଣି ପ୍ରଚାର ପ୍ରସାରରେ ଲାଗି ପଡ଼ିଲେ। ବୟସ ହେଲା। ରାଜୀନ ଲୋଚନ ବିଭାହେଲେ।

ବିବାହ ବନ୍ଧନ ହିନ୍ଦୁଧର୍ମର ଏକ ପବିତ୍ର ପ୍ରଥା। ସ୍ୱାମୀ ସ୍ତ୍ରୀର ଇହକାଳ ପରକାଳର ଦେବତା। ଏକ ପତି, ଏକ ପତ୍ନୀ ବ୍ରତ ସେମାନେ ପାଳନ୍ତି; କିନ୍ତୁ ପାଠୁଆବାବୁଙ୍କ ମତିଗତି ନିଆରା, "ଦେଶୀ କନ୍ୟାଗୁଡ଼ାକ ଅଶିକ୍ଷିତା, କୁସଂସ୍କାର, ଅସଭ୍ୟତାରେ ବଢ଼ିଛନ୍ତି, ଲୁଗାଖଣ୍ଡେ ପିନ୍ଧି ଜାଣନ୍ତି ନାହିଁ, ଅଧ ଲଙ୍ଗଳା ହୋଇଥା'ନ୍ତି, ମୁହଁ ଢାଙ୍କି ମୂଷାପରି ଗାତରେ ଲୁଚିଥା'ନ୍ତି।" କଲିକତାରେ କନ୍ୟା, ଭାରି ଆଗୁଆ, ଇଂରାଜୀ ପଢ଼ିଛନ୍ତି, ହିଲ୍ ଜୋତା ପିନ୍ଧନ୍ତି, ଇଂରାଜୀ କହନ୍ତି। ଏଥିପାଇଁ ରାଜୀବର ପସନ୍ଦ କଲିକତୀ କନ୍ୟା। ବରଯାତ୍ରୀ, ବାଣ ରୋଶଣି - ଏ ସବୁ କୁସଂସ୍କାର। ଅସଭ୍ୟତା, ଅସଭ୍ୟତା! ଗାଉଁଲି ଓଡ଼ିଆ, ଇଂରାଜୀ ଜ୍ଞାନ ଊଣା। କଲିକତୀ ବିବାହ କଥା। ଇଂରେଜୀ ଅଫିସିଏଲ ଚିଠି ଯାଇଛି, ସେଠାରୁ ଯେପରି ଅବସ୍ଥା ଆସିବ, ସେହିପରି ବିଭା ହେବ।" ବାବୁଙ୍କର ଏହା ପସନ୍ଦ, ତାଙ୍କୁ ବା

କିଏ ବୁଝେଇବ ? ସବୁବେଳେ ମିଜାଜଟା ଚଢ଼ିରହେ, କାଚକୁମ୍ପା (କାଚଶିଶି) ଗୁଡ଼ାକ ଓଳି ତଳେ ଗଣ୍ଡାଗଣ୍ଡା ଗଡୁଛି । ଶେଷରେ ରାଜୀବଙ୍କ କଥା ରହିଲା, ଖିଦିରପୁର ଗାର୍ଡ଼େନ ରିଚ୍‌ରେ ଗୋଟାଏ ବଡ଼ ଦୋତାଲା ଘର । ଝାଡଲଣ୍ଠନ ଦେବାଲଗିରେ ଶହେ ଖଣ୍ଡ, ଦିନ ଆଲୁଅ ପରି ଜଳୁଛି । ତଳେ ଗାଲିଚା ଶତରଞ୍ଜି ବିଛଣା । ରାତିରେ ଦୁଇ ତରଫା (ଦୁଇ ତରଫରୁ) ଖେମଟା ନାଚ । "ଦୀୟତଂ-ପୀୟତଂ" ଲାଗିଛି । ଚହଳ ପଡ଼ିଗଲା । ଆଖପାଖ ଲୋକ କୁହାକୁହି ହେଲେ, ଓଡ଼ିଶାର ଗୋଟାଏ ରାଜାପୁଅର ବାହାଘର ।

ଇଂରାଜୀ ପଢ଼ୁଆ ଯୁବକ, ନାନା କଥା ଦେଖିଲେ, ଶିଖିଲେ । କଲିକତାର ସ୍ଥିତି ଭିନ୍ନ । ରୂପ ନଗରୀ, ବାହାର ଝିଅମାନେ, ଆସାମ ହେଉ ଅବା ଆଉ କୋଉ ରାଜ୍ୟରୁ ଆସନ୍ତୁ; କଲିକତାରେ ବିଲାତି ପାଠ ତାଙ୍କ ଆଖି ଖୋଲିଦିଏ । ରାଜୀବ ଲୋଚନ ବାବୁ ବହୁବର୍ଷ କଲିକତାରେ କଟାଇଲେ । ଓଡ଼ିଆ ଝିଅ ତାଙ୍କର ନାପସନ୍ଦ । ବିବାହ କାର୍ଯ୍ୟ ମଧ୍ୟସ୍ଥିଙ୍କର, ତାଙ୍କୁ ଦଲାଲ କହିଲେ ଚଳେ । ସତମିଛ କହନ୍ତି, ଆକାଶରୁ ତୋଳି ଆଣି ଥୁଅନ୍ତି, ବରପକ୍ଷ, କନ୍ୟାପକ୍ଷ ମନ ଭୁଲେଇ ଦିଅନ୍ତି । ଏମିତି ଜଣେ ଦଲାଲ, ରାଜୀବଙ୍କ ପାଇଁ କନ୍ୟା ସ୍ଥିର କଲେ । ଆସାମୀ ଝିଅ, ପିଲାଟା କଲିକତାରେ ବଢ଼ିଛି । ନାଆଁ ତା'ର ନୟନତାରା - ଦୁଃଖ ପାଶୋରା । କନ୍ୟା ସୁନ୍ଦରୀ, ସଭ୍ୟା, ସ୍ୱାଧୀନା, ଶିକ୍ଷିତା; ସ୍ୱେଚ୍ଛାଚାରିଣୀ ମଧ୍ୟ । ସତେକି ସ୍ୱର୍ଗର ଦେବକନ୍ୟା ! ତିଥି ଧରା ହେବନି, ଶଙ୍ଖୁଆ ଶଙ୍ଖ ଫୁଙ୍କା ଲୋଡ଼ା ନାହିଁ, ନାହକ, ବାରିକ, ପୁରୋହିତଙ୍କ ଲୋଡ଼ା ବା କ'ଣ ? କନ୍ୟାକୁ ଦେଖି ରାଜିବ ଭୋଳ । ହାତରୁ ଗିଲାସ ଛାଡ଼ ନାହିଁ, ବିବାହର ଚାରିଦିନ ପୂର୍ବରୁ ବରକନ୍ୟା ମଧ୍ୟରେ ପୂର୍ବାଳାପ (କୋର୍ଟସିପ୍) ଚାଲିଛି । ବଗି ଚଢ଼ି କଲିକତାର କେତେ ଜାଗା ବୁଲୁଛନ୍ତି । ଓଡ଼ିଆଣୀ ନୁହଁ, ତା'ର ଲାଜ ସରମ କାହୁଁ ଆସିବ ? ସେ ସ୍କଟିସ ବ୍ୟାପଟିଷ୍ଟ ଅର୍ଫେନ ସ୍କୁଲରେ ପଢ଼ିଛି । ମିସ୍ ଡଗଲାସ୍ ମିଷ୍ଟ୍ରେସ୍ । କନ୍ୟାଟି ବହୁତ ଇଂରାଜୀ ପଢ଼ିଲା, ବାପା ମା' ପାଖରେ ଢେର୍ ଇଂରାଜୀ କଥା କହେ, ମୋଜାବୁଣା ଦେଖାଏ, ଗୀତ ଗାଏ, ନାଚେ, ଖୁବ୍ ସ୍ୱାଧୀନା, ପୁରୁଷଗୁଡ଼ାକୁ ଖାତିର କରେନା, ଦୋସ୍ତିର ହାତ ବଢ଼େଇଦିଏ । ମା' ବାପା ମୁଣ୍ଡ ଉକୁଣି କାମୁଡ଼ିଲା, ଶେଷରେ ଦଲାଲ ସ୍ଥିର କରିଦେଲେ ତା' ବାହାଘର । ସଭ୍ୟ ଜମିଦାର ରାଜୀବ ଲୋଚନଙ୍କ ସହ ବିଭାଘର ହେଲା । ସବୁ ବିଦେଶୀ ଢାଞ୍ଚା । କେତେ କେତେ ମଦମାଉଁସ, ପଲାଉ, ନର୍ତ୍ତକୀ ଝିଏ ନାଚିଲେ, ମସ୍ତିଚାଲିଲା ସାରାରାତି ।

ବିବାହରେ ଓଡ଼ିଆ ସଂସ୍କୃତିର ନାଆଁ ଗନ୍ଧ ନାହିଁ । ଆପଣା ମର୍ଜିରେ ନୂଆ ଜମିଦାର ରାଜୀବଲୋଚନ, ଜମିଦାରିଣୀ ନୟନତାରା ଦୁଃଖପାଶୋରା । ଗାଁକୁ ଆସିଲେ । ନୂଆକରି ବରକନ୍ୟା ଘରକୁ ପଶିବେ । ଗାଁ ବୋହୂଝିଅ ବନ୍ଦାପନା ଥାଳି ସଜିଲ କରି ରଖିଥିଲେ - ଦୂବ, ଅରୁଆ ଚାଉଳ, ଘିଅଦୀପ, ସିନ୍ଦୂର । ଶଙ୍ଖୁଆ ଶଙ୍ଖ ଫୁଙ୍କିଲା,

ଝିଅବୋହୂମାନେ ହୁଳହୁଳି ଦେଲେ। ରାଜୀବ ଏକଥା ଦେଖି ଭାରି ଖପା, ଏଗୁଡ଼ାକ ଖାଲି କୁସଂସ୍କାର, ଅସଭ୍ୟତା। ସମସ୍ତେ ତାଟଙ୍ଗା। ଗାଁ ଭୁଆସୁଣୀଗୁଡ଼ା ଏସବୁ ଦେଖି ପୂରା ଛାନିଆ। ଡରରେ, ଘୃଣାରେ ଛାଡ଼ି ଯେଝା ଘରକୁ ଚାଲିଗଲେ। ନୂଆବୋହୂ ମୁଣ୍ଡରେ ଓଢ଼ଣୀ ନାହିଁ, ଲୁଗା ପିନ୍ଧାରେ ସଙ୍ଗତ ନାହିଁ, ଶାଶୁଙ୍କୁ ନମ୍ର ପ୍ରଣତି ନାହିଁ, ହାତଯୋଡ଼ି ନମସ୍କାର କଲା। ପୁରୁଣାକାଳିଆ ଶାଶୁ, "ଛୁଁ-ନା-ଛୁଁ-ନା-ଛୁନା-ଆରେ କିଏ ଅଛରେ, ମନ୍ଦିର ଅପ୍ରତିଷ୍ଠା ହେଲା, ବାହାର କରିଦଅରେ - ଏମିତି ରଡ଼ି ପକାଇଲେ। ବାବୁ ଖପାଟାଏ ହେଲେ, "ଅସଭ୍ୟତା, ଭାରି ମୂର୍ଖତା, କୁ ସଂସ୍କାର। ଓହୋ! ଲେଡ଼ିଙ୍କୁ ଇନ୍‌ସଲ୍‌ଟ।" ବୁଢ଼ୀ ସହି ପାରିଲାନି। ରାଧୀ ପୋଇଲିକି ଧରି ପୁରୀ ଚାଲିଗଲା। ବୋହୂ ପାଇଁ ଏବେ ଆକଟ ନାହିଁ। କାଠଚୁଲି ରୋଷେଇ, ଗୋବର ପାଣିରେ ଲିପାପୋଛା, ତୁଳସୀ ଚଉଁରା ମୂଳେ ସଞ୍ଜବତୀ ଦେବା - କାହିଁରେ ତା' ମନ ନାହିଁ। ସବୁବେଳେ ମଉଜ, ବାବୁଙ୍କ ସହ ମସ୍ତି। ସୁରାପାନ ବି। ଶେଷରେ ବାଉନବାଟୀ ଚାଷ ଜମି, ମଈଁଷି, ଗାଈ, ସବୁ ସଫା। ବାବୁଙ୍କ ନିର୍ଦ୍ଦେଶରେ ଅଧିକ ଟଙ୍କା ଅମଲା ଆଦାୟ କଲେ, ପ୍ରଜାଏ ଏଡ଼ିଲେ। ବିବାହ ପାଇଁ ବାବୁ ଉଧାର କରିଥିଲେ ଦଶହଜାର, କଲିକତି ମହାଜନ ହେଣ୍ଡନୋଟ୍ ଲେଖେଇ ନେଇଥିଲା। ଡିଗ୍ରୀକରି ନିଲାମ ଉଠାଇଲା, କୁଲା ଛାଞ୍ଚୁଣି ଠାରୁ ଆରମ୍ଭ କରି ସ୍ଥାବର, ଅସ୍ଥାବର ନିଲାମ କରିଦେଲା। ଏବେ ସଭ୍ୟ ଜମିଦାର ବାବୁ ରାଜୀବ ଲୋଚନ ଆସାମ ଚା' ବଗିଚାର କୁଲି। ଏଇଠି ଗପଟି ଶେଷ।

ଆଧୁନିକତା ଗୋଟେ ପରିବର୍ତ୍ତନ, ନୂଆ ଢାଞ୍ଚା, ନୂଆ ଚଳଣି। ଏହାକୁ ଆଳକରି ଆପଣାର ସଂସ୍କୃତିର ମହନୀୟତାକୁ ବିସ୍ମୃତ ହେଲେ ଅନେକ ଓଡ଼ିଆ ନବ୍ୟ-ସଭ୍ୟ-ଶିକ୍ଷିତ ଯୁବକ। ହିନ୍ଦୁ ସମାଜରେ ଆଗରୁ ଥିଲା କୁସଂସ୍କାର, ଅନ୍ଧବିଶ୍ୱାସ। ଏଗୁଡ଼ିକୁ ବାଦ୍ ଦେଲେ ଅନେକ ପ୍ରଥା ପରମ୍ପରାରେ ସ୍ୱର୍ଗୀୟ ଚିନ୍ତନ, ପବିତ୍ରତା ଭରପୂର ରହିଛି। ବିଦେଶୀ ପାଠୁଆମାନେ ଏକଥାକୁ ସମ୍ପୂର୍ଣ୍ଣ ଭୁଲିଲେ, ସୃଷ୍ଟିହେଲା ସାଂସ୍କୃତିକ ଅବକ୍ଷୟ। ସମାଜ ସଂସ୍କାରକ ଫକୀରମୋହନ ତାଙ୍କ ରେବତୀକୁ ପାଠ ପଢ଼ାଇଛନ୍ତି, ଅନ୍ୟଗଳ୍ପରେ ବି ଇଂରାଜୀ ଶିକ୍ଷା ସପକ୍ଷରେ ସୁଚିନ୍ତିତ ମତ ଦେଇଛନ୍ତି। ଓଡ଼ିଶା ପରମ୍ପରାର ସବୁ କଥାଟାକୁ କୁସଂସ୍କାର, ଅସଭ୍ୟତା, ମୂର୍ଖତା କହି ଉଡ଼ାଇ ଦେବାକୁ ସେ ନାପସନ୍ଦ କରିଛନ୍ତି। ଅନେକ ଇଂରାଜୀ ପାଠ ବିଷାରଦ ବିଦେଶିନୀ। ଓଡ଼ିଆ ଜନଜୀବନର ପବିତ୍ରତାକୁ ଆପଣେଇ ନେଲେଣି, ଶ୍ରଦ୍ଧା ବି କଲେଣି। ଏ ପରିପ୍ରେକ୍ଷୀରେ ଆମ ଶିକ୍ଷିତ ବାବୁମାନେ ଯଦି ବାଟ ହୁଡ଼ିବେ, ଏ କଥା କାହାକୁ କହିବା ? କଲିକତାରେ ଟଙ୍କା ଦେଲେ ଅନେକ କଥା ମିଳେ, ଓଡ଼ିଶାରେ ବିନା ପଇସାରେ ଯେଉଁ ସୁଖ-ଶାନ୍ତି-ଆନନ୍ଦ ଟିକେ ମିଳେ ତାହା କ'ଣ ଯଥେଷ୍ଟ ନୁହେଁ ?

■

ନଈ ବଢ଼ିଲେ ମନେପଡ଼େ ଅନନ୍ତା

ଅନନ୍ତ; ବଡ଼ ଆକର୍ଷଣୀୟ ଶବ୍ଦଟେ, ଅତି ବ୍ୟାପକ ଏହାର ଅର୍ଥ। ସୀମାହୀନ, ଅଶେଷ, ବିଷ୍ଣୁ, ଶେଷନାଗ ହିଁ ଅନନ୍ତ। ସଂସାରରେ ଅନନ୍ତ ନାମଧାରୀଙ୍କ ସଂଖ୍ୟା କିଛି କମ୍ ନୁହେଁ। ବହୁ ଯଶସ୍ୱୀ ପୁରୁଷ ଏ ନାମକୁ ସାର୍ଥକ କରିଛନ୍ତି। କେତେକ କ୍ଷେତ୍ରରେ ଶ୍ରଦ୍ଧାରେ ଅବା ଅବଜ୍ଞାରେ ଅନନ୍ତକୁ ଅନନ୍ତା, ଅନ୍ତୁ ସମ୍ବୋଧନ କରାଯାଏ। କିନ୍ତୁ ରାଣ୍ଡୀ ପୁଅ ଅନନ୍ତା ଚମତ୍କାର ପ୍ରବାଦଟିଏ; ଯାହାର ଅର୍ଥ ମୁରବୀ ଶୂନ୍ୟ ବେପରୁଆ ଯୁବକ। ଏଇ ପ୍ରବାଦକୁ ନେଇ ଗଳ୍ପିକ ଫକୀରମୋହନ ସେନାପତି, ପାଠକ ଆଗରେ ବାଢ଼ିଦେଲେ ଗଳ୍ପ 'ରାଣ୍ଡୀପୁଅ ଅନନ୍ତା'। କେଉଁ ଅଜଣା ମଫସଲ ବିନୋଦରାୟପୁର। ସେଇ ଗାଁର ବାପ ଛେଉଣ୍ଡ ଅନନ୍ତା। ସ୍ରଷ୍ଟାଙ୍କ ଲେଖନୀ ତାକୁ ଠିଆ କରିଦେଲା ତ୍ୟାଗ, ଆତ୍ମବଳିର ମୂର୍ତ୍ତିମନ୍ତ ପ୍ରତୀକଟିଏ କରି। ବନ୍ୟା ବିପତ୍ତିରୁ ଗାଁକୁ ସେ ବଞ୍ଚେଇ ଦେଲା; ମାତ୍ର ହଜିଗଲା ଭାର୍ଗବୀ ନଦୀବନ୍ଧ ମାଟିତଳେ। ତା'ର ତ୍ୟାଗ କଥା ମନେ ପକେଇଲେ ଆଖି ସଜଳ ହୋଇଯାଏ। ତା' ମଣିଷ ପଣିଆ ନିକଟରେ ଆପେ ମୁଣ୍ଡ ନଇଁଯାଏ। ମୁକ୍ତି ସଂଗ୍ରାମ ଅବା ମାଟି ମା' ପାଇଁ ଶହୀଦ ଜଣେ। ତାଙ୍କ ଠାରୁ ସିଏ ବା କେଉଁ ଗୁଣରେ ନ୍ୟୂନ ? ଫିସନ ବନ୍ୟା ଆସିଲେ ମନେ ପଡ଼େ ସେଇ ଦୂରିଆ ମଫସଲର ହୃଦ୍ଧର୍ମା, ଦୁଃସାହସୀ ଅନନ୍ତା।

ବନ୍ୟା ଏକ ଦୈବୀ ଦୁର୍ବିପାକ; ଠିକ୍ ବାତ୍ୟା, ମହାବାତ୍ୟା, ସୁନାମି, ବାଢ଼ି, ମରୁଡ଼ି, ଦୁର୍ଭିକ୍ଷ ପରି। ବନ୍ୟା ଫିସନ ଆସେ; ମାତ୍ର ଅନ୍ୟ ବିପତ୍ତିମାନ କ୍ରମାଗତ ଜନଜୀବନକୁ ବ୍ୟାହତ ଅପାତତଃ କରି ନ ଥାଏ। ବନ୍ୟା, ବର୍ଷା, ମୌସୁମୀ - ଏ ସବୁ ଗୋଟିଏ ସୂତାରେ ଗୁନ୍ଥା। ପ୍ରକୃତି ରୁଷିଲେ ବର୍ଷାର ତାଣ୍ଡବ। ଏଣିକି ନଦୀ ଗୁଡ଼ିକ ଫୁଲିଉଠେ। ଥରେ ନଈ କୂଳ ଡେଇଁଲେ ବନ୍ୟାର ବିଘାତ। ନଈକୂଳିଆ, ତଳିଆ ଅଞ୍ଚଳ, ଆଖପାଖ ଜନବସତିରେ କୋକୁଆ ଭୟ। ପିଲା କବିଲା, ଛେଳି, ଗୋରୁ, ଗାଈ ମେଣ୍ଢାଦି ଗୃହପାଳିତ ପଶୁ; ଖୁଦକଣିକା, ଚୁଡ଼ାଗଣ୍ଡିକ; ସବୁ ଧରି କିଏ ନଈବନ୍ଧରେ, କିଏ ଉଚ୍ଚା

ଜାଗାରେ। କେହି କେହି ବଡ଼ବଡ଼ିଆଙ୍କ ଛାତ ଉପରେ ମୁଣ୍ଡ ଗୁଞ୍ଜିବାକୁ ଆଶା ରଖନ୍ତି। କେବେ ସଫଳ ତ କେବେ ନିରାଶ। ବନ୍ଧ ଭାଙ୍ଗିଲେ ପରିସ୍ଥିତି ଅସମ୍ଭାଳ; ନାହିଁ ନ ଥିବା ଦୁର୍ଦ୍ଦଶା। ଏମିତି ସେ ଦିନ ବନ୍ୟା ଆସିଥିଲା ବିନୋଦରାୟପୁର ଗାଁକୁ; କିନ୍ତୁ ଟଳିଗଲା ବିପତ୍ତି ଅନନ୍ତାର ଦୁଃସାହସ ଯୋଗୁଁ। ଏବେକା କଥା ଭିନ୍ନ; ନଈକୁ ଘେରି ଦିଆଗଲାଣି ବନ୍ଧରେ, ସେତେବେଳେ ସବୁ ଖୋଲାମେଲା। ବେଙ୍ଗ ମୁତିଲେ ପାଣି। ବନ୍ୟା ଦୁର୍ଗତମାନଙ୍କୁ ଉଦ୍ଧାର କରିବାର ଆଧୁନିକ ବ୍ୟବସ୍ଥା ପ୍ରାୟ ନ ଥିଲା। ଆପଣା ଉପରକୁ ମାଡ଼ିଆସୁଥିବା ବିପତ୍ତିରୁ ଉଦ୍ଧାର ପାଇବା ପନ୍ଥାଟି ନିଜେ ସ୍ଥିର କରିବାକୁ ପଡୁଥିଲା; ନଚେତ୍ ଧନ, ଜୀବନ, ଗୋ ସମ୍ପଦ ହାନୀ ଅକଳନୀୟ ହେଉଥିଲା।

ଦୈବୀ ବିପତ୍ତି କାହାରି ହାତର କଥା ନୁହେଁ; ମାତ୍ର ଏହାର ପ୍ରତିକାର ଏକାନ୍ତ ପ୍ରୟୋଜନ। ଆଗକାଳରେ ଗାଁ ବାଲା ମିଳିମିଶି ବିପଦ ଆପଦ ସହ ଲଢୁଥିଲେ, ଅସହାୟଙ୍କ ପାଇଁ ସାହାଯ୍ୟର ହାତ ବଢ଼ାଇ ଦେଉଥିଲେ। ଏପରିକି ଜୀବନକୁ ବାଜି ଲଗାଇ ଦେଉଥିଲେ ପର ପାଇଁ। ଏ ପ୍ରକାର ସାମାଜିକ ମୂଲ୍ୟବୋଧ ଗଭୀର ଭାବେ ପ୍ରଭାବିତ କରିଥିଲା ସ୍ରଷ୍ଟା ଫକୀରମୋହନଙ୍କୁ। ଲେଖିଲେ ରାଣ୍ଡୀପୁଅ ଅନନ୍ତା। ଗଣ ପାଇଁ ଜଣର ଆତ୍ମୋତ୍ସର୍ଗ କରିଛି ଗଳ୍ପଟିକୁ କାଳଜୟୀ।

ଅନନ୍ତା; ଭାରି ଭଲ ମଣିଷଟେ। ସୁବଳ ମହାକୁଡ଼ ଓରଫ୍ ସବୁଳ ସିଂହର ସେ ଏକମାତ୍ର ପୁଅ। ମା' ତା'ର ଦେବକୀ ମହାକୁଡ଼ାଣୀ। ସୁବଳ ପଞ୍ଚହତା ମର୍ଦ୍ଦ, ବାହୁ ଯୋଡ଼ାକ ଗୋଲ ଗୋଲ, ମୋଟା ମୋଟା ଦୁଇହାତର ରେକା ପାଇବ ନାହିଁ। ମୁଠୁଣିଏ ଚଉଡ଼ା ଛାତି, ଚକା ମୁହଁ, ଚଉଡ଼ା ନାକ, ଜଙ୍ଘ ଗୁଡ଼ାକ ସଳଖ ମୋଟା ଶାଳ ଗଜାପରି। ଭାରି ସାହାସୀ ସୁବଳ। ମହିଷାଳରୁ ଜମିଦାରଙ୍କ ପଲର ଶେଠ, ପରେ ସାହିବଙ୍କ ଅର୍ଦ୍ଦଳି, ମାସିକ ଦରମା ନଅଟଙ୍କା। ବାପ ପରି ପୁଅ, ଭାରିଟାଣୁଆ ଅନନ୍ତା। ଦେଖିଲା ପରି ଟୋକାଟା। କାଳେ ନଜର ଲାଗିଯିବ ଶେଠାଣୀ ପୁଅ ପାଇଁ ସବୁ ସୁରକ୍ଷା କରିଦେଇଛି। ଗାଁରେ କେତେ ରକମ ମାଇକିନିଆ ଅଛନ୍ତି, କାହାର ନଜର କେମିତି ପୁଅକୁ ହାୟର କରିଦେବେ। ଏ ଲାଗି ପୁଅ ବେକରେ ଖଣ୍ଡିଏ ଘୁଷୁରି ଥୋମଣି, ଗୋଟାଏ ତମ୍ବା ତଉଁରିଆରେ ମହାଦେବଙ୍କ ବେଲପତ୍ରୀ, ଦିକଡ଼ା କାଣି କଉଡ଼ି। ଚାରିଟା ରୁପା ତେଉଁରିଆ ମୂଳ ମୂଟିକା ହାର କରି ଅନ୍ତୁ ବେକରେ ଲଗାଇ ଦେଇଛି ମହାକୁଡ଼ାଣୀ। ଦଶବରଷର ପିଲାଟା କୋଡ଼ିଏ ବର୍ଷର ଭେଣ୍ଡିଆପରି। ନିତି ପ୍ରତି ମା' ତାକୁ ଖୁଆଏ ତିନିସେର ପେଜ ମିଶା ଅନ୍ନ, କଂସାଏ ଚେପାମିଶା ବିରିଡାଲି। ତା' ସହିତ ଶାଗ ମାମଡ଼ି ସିଜାସିଜି କଂସାଏ, ଅନନ୍ତା ପାଇଁ ଚାରିସେର କଞ୍ଚା ଦୁଧ ନିତି ଖଞ୍ଜା। ଭାରି ଅଲିଅଳରେ ବଢ଼ିଛି ସେ।

ସ୍ୱାଭିମାନୀ ଅନନ୍ତା। ଚେରିଚପଟ, ଦଙ୍ଗା ହାଙ୍ଗାମା ନାହିଁ, ଖାଲି କାହାରି ବାଡ଼ିରେ

ମକା, କାକୁଡ଼ି, କୋଳି, ଆମ୍ବ, ବେଲ କିଛି ରହିବ ନାହିଁ; ଆଉ ସୁନା ରୁପା ପଡ଼ିଥାଉ ଅନନ୍ତା ଅନାଇବ ନାହିଁ। ଭାରି ଭଲ ଲୋକ, ହେଲେ ଟିକେ ବେଖାତିରିଆ, ଉତ୍‌ପାତିଆ। ଟିକେ ଆଦର ସୋହାଗ, ସାକୁଲା ସାକୁଲି କରିଦେଲେ କୋଦାଳ ଧରି ଚରିଜଣକ ମାଟି ହଣା ଦିନକରେ କରିଦେବ। ଦିନେ ଲାଗୁ ଦି' ଦିନ ଲାଗୁ, ଏକାଘର ଛାଉଣି କରିଦେବ। ବାଡ଼ିହେଲା, ଗାଁ ବାଲା, ସାଇ ପଡ଼ିଶା ମଡ଼ା ନ ଉଠାନ୍ତୁ, ଅନନ୍ତା ହେଁସ ଗୁଡ଼ାଇ ଏକ କାନ୍ଧିଆ କରି ମଡ଼ାକୁ ମଶାଣିରେ ପକାଇ ଦେବ। ନଈରେ ବୁଡ଼ ପକାଇ ଚାଲି ଆସିବ। ସେବା ଯେପରି ତା'ର ଧର୍ମ! କେହି ଟଙ୍କା, ପଇସା ଅବା ଖାଇବାକୁ ଯାଚିଲେ; ସେ ରାଗରେ ତା' ଘର ଭାଙ୍ଗି ପକାଇବ। ଅନନ୍ତା ପରୋପକାରୀ, ନିର୍ଲୋଭ, ଦୁର୍ଲଭ ମଣିଷଟିଏ!

ଅଶିଣମାସ, ଦୁର୍ଗାପୂଜା, ଷଷ୍ଠୀ ବେଲବରଣ। ସକାଳୁଆ କାଳିଆ ଘୁମର ମେଘ ଖଣ୍ଡେ ଉତ୍ତରଦିଗରୁ ମାଡ଼ି ଆସିଲା। ଆକାଶ ଫଟା ବର୍ଷା। ମୁହୂର୍ତ୍ତକେ ଭାର୍ଗବୀ ନଈ ଉଛୁଳିଲା। ଗୋପାଳପୁର ଠାରୁ ରାମନଗର ଯାଏ ଅଠର ମାଇଲି ଲମ୍ବା, କୋଡ଼ିଏ ହାତ ଓସାର, ଦଶ ହାତ ଉଞ୍ଚ କୂଳବନ୍ଧ। ସରକାର ବାହାଦୂର ପକାଇଥିଲେ। ଏବେ ସେ ବନ୍ଧ ବୁଡ଼ି ଗାଁକୁ ସୁଅ ପଡ଼ିଛି। ଗାଁ ଯାକ ହୁରି ପଡ଼ିଛି। ଗାଁରେ ପ୍ରାୟ ଦୁଇଶହ ବସ୍ତି, ସବୁ ଥିଲା ବାଲା; ସରକାରୀ ବଡ଼ ବଡ଼ ଅମଲା, ଇସ୍କୁଲ ମାଷ୍ଟର, କାରବାରିଆ ମହାଜନ, କଲିକତିଆ ଚାକିରିଆ। କାହା ମୁଣ୍ଡକୁ ବୁଦ୍ଧି ଜୁଟୁନି। ଗାଁ ଗଲା, ଭାସିଲା; ଗାଁ ଛାଡ଼ି ପଳା – ଖାଲି କାନ୍ଦ ବୋବାଳି।

ଗାଁକୁ ପଡ଼ିଛି ଭାରି ସୁଅଟାଏ। ଗାଁ ଡୁବି ଯିବ, ଅନନ୍ତା ଧାଇଁଛି। ମୁଣ୍ଡରେ ବିନୋଦ ବିହାରୀ ଠାକୁରଙ୍କ କବାଟ; ପାଞ୍ଚହାତ ଉଚ୍ଚ, ଚରିହାତ ଚଉଡ଼ା। କାଖରେ ପାର୍ବତୀ ମା' ଢିଙ୍କି। ଅନନ୍ତା କବାଟଟାକୁ ଠିଆକରି ଆଡ଼କରି ଢିଙ୍କି ଠିକେଇ ଦେଲା। ଏଣେ ଆଡ଼ ପିଠିକରି ଠେଲି ଧରିଛି ସେ କବାଟକୁ। ଗାଁ ବାଲା ମାଟି ପକାଉଛନ୍ତି, ଅନନ୍ତା ପାଟି ପର୍ଯ୍ୟନ୍ତ ମାଟି ପୋତିହେଲାଣି; ତଥାପି କହୁଛି, "ପକାଅ ମାଟି, ପକାଅ ମାଟି।" ମାଟି ପଡୁଛି, କାହାରି ଅନନ୍ତା ପ୍ରତି ନିଘାନାହିଁ। ଅନନ୍ତାର ମଧ୍ୟ ଜୀବନ ପ୍ରତି ପରବାୟ ନାହିଁ। ସୁଅ ବନ୍ଦ ହୋଇଗଲା। ଗାଁ ରକ୍ଷା ପାଇଲା; ମାତ୍ର ଅନନ୍ତା ମାଟି ଭିତରେ ପୋତି ହୋଇଗଲା। ସତରେ, ଏ କି ଅପୂର୍ବ ତ୍ୟାଗ? ଏହାକୁ କ'ଣ ବର୍ଣ୍ଣନା ଭାଷାରେ କରିବା ସମ୍ଭବ? ହରିବୋଲ, ହୁଳହୁଳି ଧ୍ୱନିରେ ଉଛୁଳିଛି ଗାଁ। ସଭିଙ୍କ ମୁହଁରେ ଗୋଟେ କଥା – ଧନ୍ୟ, ଧନ୍ୟ ରାଣ୍ଡୀପୁଅ ଅନନ୍ତା!

ଆଗଚଲା ସମୟ ଏବେ କାହିଁ କେତେ ଆଗରେ। ଅଛନ୍ତି ଆମ ଯୁବକମାନେ, ନାହିଁ ବ୍ୟାୟାମ, କସରତ, ଅଳସୁଆମି ଯେମିତି ତାଙ୍କ ଜନ୍ମଜାତକରେ ଲେଖା। ଅନନ୍ତା

ପରି ଦୁଃସାହସୀ ହେବା ତ ଦୂରର କଥା; ଅନେକ ନଈରେ ଗାଧୁଆ ଜାଣନ୍ତିନି। ନଈବଢ଼ିଲେ ଦେଖନ୍ତି ଏହାର ଦୃଶ୍ୟ। ଆପଣାକୁ ନିରାପଦ ଦୂରରେ ରଖନ୍ତି। ନଈବନ୍ଧ ଦହିବରା, ଗୁପ୍‌ଚୁପ୍ ଦୋକାନରେ ଗହଳି, ଭାରି ଭିଡ଼। କେଉଁ ଦୂରିଆ ଗାଁ, ସେଠି ପାଣିଘେରରେ ଡହଳବିକଳ ହେଉଥିବା ଶିଶୁ, ବୁଢ଼ା, ବୁଢ଼ୀ। ତାଙ୍କ ଦୁର୍ଦ୍ଦଶା ଏମାନଙ୍କୁ ସ୍ପର୍ଶ କଲାପରି ଜଣାପଡ଼େନି। ସେଦିନର କଥା। ସତ୍ୟବାଦୀ ବନ ବିଦ୍ୟାଳୟର ଗୁରୁମାନେ। ଶିଷ୍ୟମାନେ ସାଙ୍ଗରେ। ଗାଁ ଗଣ୍ଡା ବୁଲୁଥିଲେ। ମୁଢ଼ି ଚାଉଳ, ଚୁଡ଼ା, ଲୁଗା, ଗାମୁଛା ଯିଏ ଯାହା ଦେଲା ନେଇ ବାଣ୍ଟୁଥିଲେ ବନ୍ୟା ବିପନ୍ନଙ୍କୁ। ଥିଲା ସ୍ନେହ, ଆଦର, ମଣିଷପଣିଆ କଥା; ନ ଥିଲା ଆତ୍ମପ୍ରୌଢ଼ି। ସେଇ ସଦାଚାରୀଙ୍କ ମଧ୍ୟରୁ ଋଷିପ୍ରତିମ ଉତ୍କଳମଣି ଗୋପବନ୍ଧୁ ଦାସ ତ' ଅଦ୍ୱିତୀୟ। ତାଙ୍କରି ଦାୟାର୍ଦ୍ର ଭାବ, ଆମେ କାଣିଚାଏ ବି ଶିଖି ପାରିଲୁନି।

ଦିନ ଥିଲା, ଚିଲିକାରୁ ସୁବର୍ଣ୍ଣପୁର ଯାଏ ଜଳର ପ୍ଲାବନ ଘଟୁଥିଲା। ବିଶେଷକରି ଜେନାପୁର, ଯାଜପୁର, କେନ୍ଦ୍ରାପଡ଼ା ବନ୍ୟା ବିପନ୍ନମାନଙ୍କ ଅକଥନୀୟ ଦୁର୍ଦ୍ଦଶା। ଗୋପବନ୍ଧୁ ହେଲେ ମର୍ମାହତ। ସେଇ ସ୍ମୃତିକୁ 'ବନ୍ଦୀର ଆତ୍ମକଥା'ରେ ଲେଖି ଦେଇଛନ୍ତି ଦରଦୀ ଭାଷାରେ, "କେତେ ଗ୍ରାମ କେତେ ଘର କେତେ ଧନ / ହୋଇଥିଲା ବିପ୍ଳାତେ ଉଚ୍ଛନ୍ନ / କେତେ ନରନାରୀ କେତେ ଗୋରୁ ଗାଈ / ମରୁଥିଲେ କଷ୍ଟେ ନ ପାଇ ଆହାର।" ସେଇ ଦୁର୍ଗତମାନଙ୍କ ପାଇଁ ତାଙ୍କ ଆତ୍ମା କାନ୍ଦୁଥିଲା। ଏବେ ତ କଥା ଭିନ୍ନ, ସରକାରଙ୍କ ଘରେ ଚାଉଳ ମହଜୁଦ। କୁଇଣ୍ଟାଲ କୁଇଣ୍ଟାଲ ମୂଷା ଖାଉଛନ୍ତି। ସରକାରୀ ସାହାଯ୍ୟ ତ କିଛି କମ୍ ନୁହେଁ; ଊଣା କେବଳ ବପତ୍ତିକୁ ସମ୍ମୁଖୀନ ହେବା ମାନସିକତା ଟିକକ।

ଏବେବି ଅନେକତ୍ର ପ୍ଲାବନ, ବନ୍ୟାର ମହାତାଣ୍ଡବ। ସରକାର ଏହାକୁ ଜାତୀୟ ବିପତ୍ତି ଘୋଷଣା କରୁଛନ୍ତି। ହଜାର ହଜାର କୋଟି ସାହାଯ୍ୟ ମିଳୁଛି। ବିପଦ ବେଳେ ଜନମଙ୍ଗଳକାରୀ ରାଷ୍ଟ୍ର ଅଣ୍ଟାଭିଡ଼ିବାଟା ତ ଅନିର୍ବାଯ୍ୟ; ମାତ୍ର ଆମ ପାଖରେ କ'ଣ କମ୍ ଟଙ୍କା, ସୁନା, ରୁପା, ଧନ, ଦଉଲତ, ବିଦ୍ୟାବୁଦ୍ଧି ଅଛି ? କିନ୍ତୁ ସରକାରଙ୍କ ରିଲିଫ୍ ପାଣ୍ଠିକୁ ଆମର ସହଯୋଗ ଅତି ନଗଣ୍ୟ। ଆମ ଭିତରେ ପରୋପକାର, ସାହାଯ୍ୟ କରିବା ଗୁଣଟି କେମିତି ଭଙ୍ଗା ପଡ଼ିଯାଉଛି।

ଅଧୁନା ମୁଷ୍ଟିମେୟ ଗୋଷ୍ଠୀ ପରମୁଖାପେକ୍ଷୀ। ପ୍ରତିଟି କଥାରେ ସରକାରୀ ସାହାଯ୍ୟ ଲାଳସା। ଆମେ ପ୍ରାପ୍ତିରେ ବିଶ୍ୱାସୀ; ମାତ୍ର ପ୍ରତିଦାନ ପାଇଁ ଆଦୌ ପ୍ରସ୍ତୁତ ନୋହୁଁ। ଖଳମାନଙ୍କର ସଂଖ୍ୟା ଦିନକୁ ଦିନ ପ୍ରବଳରୁ ଅତି ପ୍ରବଳ। ସେମାନେ ଖଚ, ମିଛ, ମାରପେଞ୍ଚରେ ବିଶ୍ୱାସୀ। ସରକାରୀ ସାହାଯ୍ୟ ବାଟ ମାରଣା। ଛାମୁ ଦିଅନ୍ତି ବଡ଼ ହରଷେ, ହିତାଧିକାରୀଙ୍କ ପାଖକୁ ପହଞ୍ଚିଲା ବେଳକୁ ଅଧାରୁ ଅଧା, ସବୁ ଫାଟରେ। କାଗଜକଲମରେ ସବୁ ଠିକ୍ ଠାକ୍। ଏମିତି ସ୍ଥିତିରେ ଅନନ୍ତାର ତ୍ୟାଗ ବଖାଣିବା ଅନ୍ଧ

ଦେଶରେ ଦର୍ପଣ ବିକିବା ସମ। ନଈ ବନ୍ଧ, ଛଳରେ, କୌଶଳରେ ଥୋକେ ଘାଇ କରିଦିଅନ୍ତି; ଖାଲି ଟଙ୍କା, ଟଙ୍କା ପାଇଁ। ଏବେବି ଭଲ ମଣିଷ ଅଛନ୍ତି ଗାଁ ଗଣ୍ଡାରେ। ନଈ ବଢ଼ିଲେ, ମେଘୁଆ ରାତି ହେଉ ଅବା ବିପଦ ସଙ୍କୁଳ ସ୍ଥିତି; ଜୀବନକୁ ବେଖାତିର କରି ନଦୀବନ୍ଧ ଜଗନ୍ତି। ଥୋକେ ତାଙ୍କୁ ଟାହୁଲି କରନ୍ତି। ଅନ୍ୟପଟେ ଦଳେ ପେଞ୍ଚୁଆ ପାଞ୍ଚବସ୍ତା ବାଲି ପକାଇ ମୋଟା ଟଙ୍କା ମାରିନିଅନ୍ତି। ଏକଥା ଦେଖି ବିଚରା ଅନନ୍ତାର ଆତ୍ମା ସ୍ୱର୍ଗରେ ଦହିଯ ହେଉଥିବ ନିଶ୍ଚୟ !

ଆଷାଢ଼ୁଆ ବରଷାରେ ନଈ ବଢ଼ିଲେ ମନେପଡ଼େ ରାଣ୍ଡୀପୁଅ ଅନନ୍ତା। ମନେ ପଡ଼ନ୍ତି ଫକୀରମୋହନ, ଅନନ୍ତା ଗାଁଟା ପାଇଁ ନିଜକୁ ଉଝେଇଁ ଦେଲା ଭାର୍ଗବୀ ନଦୀରେ; କଥା ରହିଲା କାଳକାଳକୁ। ଏବେ କ'ଣ ଆମ ଗାଁମାନଙ୍କରେ ଦେବକୀ ମହାକୁଡ଼ାଣୀ ପରି ମା' ଅଛନ୍ତି ? ନାହାନ୍ତି ଆଉ ଗୋଟେ ଗୋଟେ ଅନନ୍ତା ? ଏ ଜାତିକୁ ଆହୁରି ଅପେକ୍ଷା କରିବାକୁ ପଡ଼ିବ ପାଇବାକୁ ରାଣ୍ଡୀପୁଅ ଅନନ୍ତାମାନଙ୍କୁ ?

■

ଦୁଧଖିଆ ଛୁଆଟା କାମ ପାଇଟି କରିବ କ'ଣ ?

କେଉଁ ଦମ୍ପତି ବା ସନ୍ତାନଟିଏ ନ ଚାହାନ୍ତି ? କେତେ ଜନ୍ମର ପୁଣ୍ୟରୁ ତାହା ପ୍ରାପ୍ତ ହୁଏ । ମା'ର କୋଳ ପୂରିଲେ ତା' ମାତୃତ୍ୱ ହୁଏ ସାର୍ଥକ । ଅନେକ ସମୟରେ ବାପା ମା' ପିଲାମାନଙ୍କୁ ଭାରି ସ୍ନେହ, ଶ୍ରଦ୍ଧା କରନ୍ତି । ଏ କ୍ଷେତ୍ରରେ ମାତ୍ରାଧିକ୍ୟ ମମତା ପିଲାକୁ ଅବାଟକୁ ନିଏ । ଅନେକ ବାପା ପିଲାର ଦୋଷ ତ୍ରୁଟିକୁ ଦେଖନ୍ତିନି, କେତେକ ମା' ବି । ସେଇଥି ପାଇଁ ବାପାଟି ଅନ୍ଧ ଧୃତରାଷ୍ଟ୍ର, ମା' ଆଖିରେ ଅନ୍ଧ ପୁଟୁଳି ବାନ୍ଧି ଗାନ୍ଧାରୀ । ଏ କଥା କେଉଁ ସନ୍ତାନ ପାଇଁ ଶୁଭଙ୍କର ନୁହେଁ । ତାହା ବୁଝିଥିଲେ ବିଶ୍ୱ ବନ୍ଦିତ ଅର୍ଥଶାସ୍ତ୍ରବିତ୍ ଚାଣକ୍ୟ । ପିଲାଟିକୁ ପାଞ୍ଚ ବରଷ ଯାଏ ଲାଳନ ପାଳନ, ତା' ପର ଦଶବର୍ଷ ତାଡ଼ନ । ଷୋହଳ ଛୁଇଁଲେ ପିଲା ସହ ମିତ୍ର ଆଚରଣ - ଏହି କଥାକୁ ସେ ଲେଖିଲେ ଅର୍ଥଶାସ୍ତ୍ରରେ । ଏହା ସର୍ବାନ୍ତକରଣରେ ନିର୍ଭୁଲ ପ୍ରମାଣିତ । ଏଥିରୁ କିଛି ଊଣା ପଡ଼ିଲେ ପିଲେ ଅବାଟରେ ଯିବେ ହିଁ ଯିବେ । ଏକଥାଟି ବୁଝିଥିଲେ କଥା ସମ୍ରାଟ ଫକୀରମୋହନ । ଦୁଇଟି ପିଲାଙ୍କର ଚାଲିଚଳଣିକୁ ନେଇ ଲେଖିଲେ ଗପ, "ବିରେଇ ବିଶାଳ" । ବିରେଇ ପିଲାବେଲୁ ମା' ବାପ ଛେଉଣ୍ଡ । ତାକୁ ପାଳିଲେ ମାମୁ । ମାମୁଙ୍କର ପୁଅ ଚଣ୍ଡୀ । ମାଇଁ ଚଣ୍ଡୀକୁ ମୁହଁବଢ଼ା କଲେ, ପିଲାଟା ଅବାଟକୁ ଚାଲିଗଲା । ଚଣ୍ଡୀ ଗାଁରେ ବାଉରି, ଧୋବାଟୋକାଙ୍କ ସାଙ୍ଗରେ ଦିନ ରାତି ବୁଲେ । ବାପେ କିଛି କାମ ପାଇଟିରେ ଲଗେଇଲେ ମା' ବାଘୁଣୀ ପରି ଗର୍ଜନ କରନ୍ତି, "ମୋର ଦୁଧଖିଆ ଛୁଆଟା କାମ ପାଇଟି କରିବ କ'ଣ ? ନଅଟା ନା ଛଅଟା, ଗୋଟିଏ ବୋଲି ଆଖି, ସେ କ'ଣ ଭିଡ଼ କାମ କରିପାରିବ ? ବୁଲୁଥାଉ ।" ବିରେଇଟା, ଚଣ୍ଡୀଠାରୁ ଅଳ୍ପ ବଡ଼, ଭଲ ପାଠ ପଢ଼େ, କାମ ଧନ୍ଦା, ଜମିବାଡ଼ି ବୁଝାସୁଝା, କେହି ବାରିବାର ନୁହେଁ । ପ୍ରତିକୂଳ ସ୍ଥିତିରେ ସଂଗ୍ରାମ କରି ମଣିଷ ପରି ମଣିଷ ହେଲା । ଏ

କଥାଟି ପ୍ରାଞ୍ଜଳ ଭାବେ ଲେଖକ ଦେଖାଇ ଦେଲେ। ଏଥି ସହିତ ମହାଜନଙ୍କ ଦାଉ, କନ୍ୟାସୁନାର କୁ ପରିଣତି ଭଳି କେତୋଟି କଥା ମଧ୍ୟ ଗପଟିରେ ଚିତ୍ରିତ।

ସବୁ ମାମୁ ଶକୁନି - ସମ୍ଭବତଃ ଏଇ କଥାଟି ଫକୀରମୋହନଙ୍କ ମୁଣ୍ଡରେ ପଶିଥିଲା। ଶକୁନି ଭଣଜା ଦୁର୍ଯ୍ୟୋଧନର କୁଳ ବୁଡ଼େଇଲା। ମହାଭାରତର ଏହି ଖଳନାୟକଟି ଗୋଟେ ପ୍ରତୀକାତ୍ମକ ଚରିତ୍ର। କେହି ମାମୁ ଭଣଜାର ବା ବିଧବା ଭଉଣୀର ସମ୍ପତ୍ତି ହଡ଼ପ କଲେ, ଲୋକେ କହନ୍ତି ଶକୁନି ମାମୁ। ଲେଖକ 'ମାମୁ' ଉପନ୍ୟାସରେ ଅନୁରୂପ କଥାଟି ଲେଖିଲେ। ମାମୁ ନାଜର ନଟବର ଦାସ। ତାଙ୍କର ଭଣଜା ସମ୍ପତ୍ତି ହଡ଼ପ ନିଶା ଉପନ୍ୟାସର ମୁଖ୍ୟ କଥା। ଠିକ୍ ସେମିତି ବିରେଇ ବିଶାଳ। ବିରେଇ ବୟସ ପାଞ୍ଚ ବର୍ଷ, ମା', ବାପା ସନ୍ନିପାତ ବେମାରିରେ ଚାଲିଗଲେ। ତା' ମାମୁ ପିତେଇ ପାତ୍ର। ଦଉଡ଼ି ଦଉଡ଼ି ଆସି ଦୂରରୁ ଡାକିଲେ, "ଛାଡ଼, ଛାଡ଼ ଅଲଗା ହୋଇଯାଅ, ଛେଉଣ୍ଡକୁ ପାଳେ କିଏ ? ପାଳେ ତ ବାପାର ମା' ଆଉ ପାଳେ ତ ମା'ର ମା'। ମା'ର ମା' ଆଈ ନାହିଁ ସତ, ମାଈଁ ତ ଅଛି। ଯେଉଁ ପିଲାର କେହି ନାହିଁ ତାକୁ ପାଳିବ ମାଈଁ।" ପିଉସା, ପିଉସୀ, ମାଉସୀ କେତେଜଣ ଆସିଥିଲେ, ପିଲାଟିକୁ ସାଙ୍ଗରେ ନେବେ; ମାମୁ କି ଛାଡ଼ନ୍ତି ? କଳିଗୋଳ ଚାଲିଲା। ପଞ୍ଚୁଆତି ବସିଲା, ଫଇସଲା ହେଲା। ପିଲାଟିକୁ ପାଳିବ ମାମୁ। ଏଣିକି ମାମୁ ପିତେଇ ପାତ୍ରଙ୍କ ପୁଷ ମାସ। ଭିଣୋଇ ଭାରି ଥିଲା ବାଲା, ନାଁ ଡାକ, ଯାନ ଆସନ କିଛି କମ୍ ନୁହେଁ। ପାତ୍ରେ ଦଶ ଗୋଟା ବଳଦରେ କୋଡ଼ିଏ ଦିନ ଯାଏ ସବୁ ବୋହି ନେଲେ - ଧାନ ଚାଉଳ, ଲୁଗାପଟା, କଂସା ବାସନ, ଚିଜବସ୍ତୁ ସବୁ। ଭିଣୋଇ ମକ୍କୁ ବିଶାଳ, କୋଡ଼ିଏ ପଚାଶ ଭରଣ ସରିକି ଧାନ କରଜ ଦେଇଥିଲେ। ସୁଧ କଳନ୍ତର ପାତ୍ରେ ସବୁ ଆଦାୟ କଲେ। ବିଶ୍ୱାଏ ଛାଡ଼ିଲେନି, କଥା କଥାକେ କହିଲେ- ଛେଉଣ୍ଡ ମାଲ କେମିତି ଛାଡ଼ିବେ ? ନିଜର ହେଲେ ଦଶ ଗୌଣୀ ଛାଡ଼ି ଦିଅନ୍ତେ। ଏ ସବୁ ସର ପକା କଥା, ମତି ଭଣଜା ସମ୍ପତ୍ତିରେ। ମାଈଁ କି କମ୍ ? ପାଞ୍ଚ ମାଇକିନିଆ ଆଗରେ କହନ୍ତି, "ମୋ ବିରେଇ ଆଗ ତ ଚଣ୍ଡୀ ପଛ।" ତୁଣ୍ଡରେ ମିଠାକଥା, ଭିତରେ ଭିତରେ ଷଡ଼ଯନ୍ତ୍ର। ତାଙ୍କର ସେଇ ଏକା ନିଶା, ଭଣଜା ସମ୍ପତ୍ତି ଆତ୍ମସାତ୍ କରିବେ। ମାମୁ, ମାଈଁ ସେଇ କାମରେ ଲାଗି ପଡ଼ିଲେ।

ବିରେଇ, ମାମୁ ପୁଅ ଚଣ୍ଡିଆ - ଦୁହେଁ ଚାଟଶାଳୀରେ ବସନ୍ତି। ବିରେଇଟି ଧୀର। ପାଠ ପଢ଼ାରେ ଭାରି ମନ। ଖଡ଼ିପାଠ, ମିଶାଣ, ଫେଡ଼ାଣ, ହରଣ, ଗୁଣନ ଛିଡ଼ାଇ ରାସ ପୋଥି ଧରିଛି। ଚଣ୍ଡିଆ ପାଠ ନୁହେଁ, ଶାଠ ଗୁଡ଼ାଏ ଶିଖିଲାଣି। ଆଜିଯାଏ ଖଡ଼ିପାଠ, ଓଡ଼ାଙ୍କ ବି ଛିଡ଼ିଲା ନାହିଁ। ମା' ମୁହଁ ଦେଇଛନ୍ତି। ଚଣ୍ଡିଆ ଘରୁ ବାହାରିଲେ ପାଞ୍ଚଘରୁ ବୋଲଣା ଆଣିଲା, ଚାଲିଲା ଶଗଡ଼ରେ ହାତ ଦିଏ। ତା' ନାଁରେ କେହି ଗୁହାରି

କଲେ, ମା' ଚଣ୍ଡିକି ଦାବିବା ଥାଉ, ଓଲଟା ଗାଁ ଲୋକଙ୍କ ସଙ୍ଗେ କଳି କରିବେ। ପିଲାଟା ମୁହଁବଢ଼ା ହୋଇଗଲା। ଯାହାକୁ ଧଇଲା ମାରପିଟି କଲା। ଅବଧାନେ ସହି ପାରିଲେନି, ଦିନେ ଜାଉଁଳି ବେତରେ ବହେ ପିଟିଲେ। ଚଣ୍ଡିଆ ଦେହରେ ଖୁବ୍ ଲମ୍ବ ଲମ୍ବ ଲୋଳା ବସିଗଲା। ମା' ଅବଧାନଙ୍କ ଚଉଦ ପୁରୁଷ ଉଦ୍ଧାର କଲେ। କହିଲେ ମୋର କ'ଣ ନାହିଁ ଯେ ପୁଅଟା ପାଠ ପଢ଼ିବ ? ଖାଇଲେ ବୋଇଲେ ତିନି ପୁରୁଷ ସରିବନି। ଏଣିକି ଚଣ୍ଡିଆର ପାଠବନ୍ଦ। ବିରେଇର ବି ପାଠ ବନ୍ଦ କରିଦେଲେ। ଭାରି ଖପାଟାଏ ହୋଇ ମାଈଁ କହିଲେ, "ଏ ଅବଧାନଟା କିଛି ନୁହେଁ, କ'ଣ ବା ପଢ଼ାଏ। ମାସ ନ ପୂରୁଣୁ ପଇସା ଗଣ। ଫେର୍ କ'ଣ ନା ଆଜି ପଣିକିଆ ଲେଖିବ, ପୂଜା ଲୋଡ଼ା - ସେରେ ଚାଉଳ, ଗୁଆଟାଏ। ଦିନ ପନ୍ଦରଟା ଯାଇ ନାହିଁ ତ ଓଡ଼ାଙ୍କ ଲେଖିବ, ଫେର୍ ପୂଜା ! ନାହିଁ ନାହିଁ ତା' ହେବ ନାହିଁ।" ମାଈଁ ମାମୁ କାନରେ ଫୋଡ଼ିଲେ, ବିରେଇ ଭେଣ୍ଡିଆଟା। ଏଣିକି ପାଠ ନୁହେଁ କାମଧନ୍ଦା କରିବ। ବିରେଇ ଗାଈ ଜଗିଲା, ବିଲରେ କାମ ପାଇଟି କଲା। ଦେଖିଲା ଭଲିଆ ମର୍ଦ୍ଦ, ଅଠର ପୂରିଲା। ଯେମନ୍ତ ଡୌଲ, କଥା ଗୁଡ଼ିକ ବି ମଧୁର। ଦେହରେ ବାଘ ବଳ, ଗାଁ ବାଲା ଖୁବ୍ ପ୍ରଶଂସା କରନ୍ତି। ଚଣ୍ଡିଆ ପୂରା ଅମଣିଷ। ପାଞ୍ଚ ସାତୁଟା ବୁଲାଟୋକା ତା'ର ସାଙ୍ଗ, ରାତିରେ ବୁଲେ। ସେମାନଙ୍କ କାମ ଗଛଚଢ଼ା, ବାଗୁଡ଼ିଖେଳ, ଚୌପଟ ଖେଳ, ଗଞ୍ଜେଇ ଖିଆ। ହାଲକୁ ଗୋଟାଏ ମଦତ ଭାଟି ଜାରି କଲାଣି, ଘର ମରେଇରୁ ଧାନ ନିଏ, ମା'କୁ ଧମକେଇ ପଇସା ନିଏ। ଏବେ ମା' ବାପା ଉପରେ ହାତ ଉଠାଇଲାଣି। ଶେଷରେ ଗାଁ ଟୋକାଙ୍କ ସହ ମିଶି ପର ଗାଈ ବଳଦ ଚୋରି କଲା। ଧରାପଡ଼ି ସଜା ଖଟିଲା। ମୁହଁବଢ଼ା ପିଲାଏ ଅବାଟକୁ ଯାଆନ୍ତି, ଆଉ ସଜାଡ଼ି ହୁଅନ୍ତିନି - ଏଇ କଥାଟି ଫକୀରମୋହନ ଏଠାରେ ଦେଖାଇ ଦେଇଛନ୍ତି।

ବିରେଇ ଏବେ ବଡ଼ ହେଲାଣି। ଗାଁବାଲା ପାଞ୍ଚଜଣଙ୍କ ଠାରୁ ତା' ନିଜ ଗାଁ, ଘର କଥା ଶୁଣିଲା। ମାମୁଁ ଘର ନିର୍ଯ୍ୟାତନା ବି ସୀମା ଟପିଲା। ଏକା ଜିଦ୍ ଗାଁକୁ ଯିବ। ମାଈଁ ରାଗରେ ନିଆଁ ବାଣ, ପରପୁଅ ଗୁଞ୍ଜାରୁଅ। ସେ ବଳେଇରେ ପଶନା - ଏ କଥାବି ସ୍ୱାମୀଙ୍କୁ ଶୁଣାଇଲେ। ଏବେ ବିରେଇ ନିଜ ଗାଁରେ, ବାପା ମକ୍କୁ ବିଶାଳର ସରବରି ପନ୍ଦର ମାଣ ଚାଷଜମି, ଜମିଟା ଭଲ ମଟାଳିଆ, ଏକ ଚକିଆ, କଳିନ୍ଦ। ମାମୁଙ୍କର ସେ ଜମି ଖଣ୍ଡକ ଉପରେ ଆଖିଥିଲା। ଜମିଦାର ଶ୍ୟାମ ସ୍ୱାଇଁକୁ ଲାଞ୍ଚ ରିସପତ୍ ଜାଚିଲେ; ମାତ୍ର ସ୍ୱାଇଁଏ ଗାଁବାଲାଙ୍କୁ ଡରିଲେ। ମକ୍କୁ ବିଶାଳ ନାଁରେ ଜମିକୁ ରଖି ଦେଲେ। ଏବେ ମାଲିକ ବିରେଇ। ସେ ଘର ତୋଳିଲା, ନିଜ ଜମି ଚାଷ କଲା। ତା' ବାପ ଅମଳ ପରି ସେଇ ତିନି ପ୍ରସ୍ତ ଘର। ମାଈ ଅଣ୍ଡିରା ଦେଢ଼ କୋଡ଼ି ଗୋରୁ। ପୂରା ଧାନ ପାଞ୍ଚ ଛ'ଟା ମରେଇ ଛିଡ଼ା। ପାଞ୍ଚଜଣ ମୁହଁ ଖୋଲି କହିଲେଣି, ଡାଢୁଆ, ମାଢୁଆ ହୋଇ ରହିବା ଭଲ

ନୁହେଁ, ଆଉ କେଉଁ ପାଟକ ନୁହେଁ ଯେ, ମନ କଲା ତ ବିଭା ହୋଇ ପଡ଼ିଲା। ବଳରାମ ଗୋତ୍ରୀ ପନ୍ଥାରେ କନ୍ୟାର ବଡ଼ ଅଭାବ। ପୁଣି ଦର ଭାରି କଡ଼ା। ଗୋଟେ ଗୋଟେ କନ୍ୟା ପାଞ୍ଚଶହରୁ, ହଜାରେ ଦି' ହଜାରେ ଟଙ୍କାରେ ବିକ୍ରି କରାଯାଏ। ଉକ୍ତ ପନ୍ଥାରେ ନ ଥିଲାଲୋକ ନାହାନ୍ତି, ସେମାନେ ଭାରି ପରିଶ୍ରମୀ। ଖରଚ ପତ୍ରରେ ଖୁବ୍ ଚିପା। ବଳେ ସମସ୍ତଙ୍କ ହାତରେ କିଛି କିଛି ଟଙ୍କା ଜମି ଯାଏ। କନ୍ୟାର ବୟସ ବା ରୂପଗୁଣ ବିଷୟରେ କିଛି ଚିନ୍ତା ନାହିଁ - ବରର ବୟସକୁ ନେଇ କନ୍ୟାର ଦାମ କଷାଯାଏ। ବରର ବିଭା ବୟସ ହେଲା। ଏଣିକି ଟଙ୍କା କମେଇବାକୁ ପଡ଼ିବ, ଟଙ୍କା ଠିକ୍ ହେଉ ହେଉ କୋଡ ବରର ବୟସ ପଚାଶ ଧରେ। ଧନବନ୍ତ ଲୋକ ଦୋଜବର, ତେଜବର ବୟସ ଷାଠିଏ। କନ୍ୟାଟିର ବୟସ ୧୦/୧୧ ଭିତରେ। ଏ ଜାଗାରେ ଦର ଭାରି ଚଢ଼ା। କନ୍ୟା ଦରର ଏହିପରି ହାଲ। ବିରେଇ କି କନ୍ୟା କିଣିବାକୁ ପଡ଼ିବ। ତା' ପାଇଁ ଆଉ କିଛି ଚାରା ନାହିଁ।

ବିରେଇର ଉଛୁଣିକା ବୟସ ତିରିଶି ଭିତରେ। ପାଠ ପଢ଼ିଛି। କନ୍ୟାସୁନା କଥାଟିକୁ ତା'ର ନାପସନ୍ଦ। ରାଘବ ପାତ୍ରର ସାନଝିଅର ନାମ କମଳୀ। କନ୍ୟାଟି ଡୌଲୀ, ଲାଜକୁଳୀ। ବିରେଇ ତାକୁ ଭଲ ପାଏ। ନିତି ବିଲକୁ ଗଲାବେଳେ ତାକୁ ଚାହିଁ ଚାହିଁ ଯାଏ। କ୍ଷେତରୁ ବାହୁଡ଼େ, ଦେଖେ କମଳୀ କଳସୀଟିଏ କାଖେଇ ଯାଉଛି। କମଳୀ ବିରେଇକୁ ସୁଖ ପାଏ। ଘରେ ପାଣି ଥାଉ ପଛେ, ପାଣିଗୁଡ଼ାକ ନାଳରେ ଢାଳିଦିଏ, କଳସୀ କାଖେଇ ବାହାରି ପଡ଼େ। କେହି କୁଆଡ଼େ ନ ଥିଲେ ବିରେଇକି କଣେଇ କଣେଇ ଚାହେଁ। ଉଭୟଙ୍କ ମଧ୍ୟରେ ପ୍ରେମ ନିବିଡ଼। ପୁରୋହିତ ଭୀମେଇ ମିଶ୍ର। ତାଙ୍କ ହାତରେ ବିରେଇ ରାଘବ ପାତ୍ର ଘରକୁ ପ୍ରସ୍ତାବ ପଠାଇଲା। ପାତ୍ରେ ହାଙ୍କିଲେ ନଗଦ ହଜାରେ ଟଙ୍କା। ପଇସାଏ, ମଷାଏ, କଡ଼ାଏ ଊଣା ଅଧିକେ ନୁହେଁ। ତା' ପରେ ଯାଇ ବିରେଇ ହାତରେ କମଳୀକୁ ଦେବେ। ପାତ୍ର ଭାରି ଲୋଭୀ। କମଳୀ ଉପର ଦି' ଭଉଣୀଙ୍କୁ ଟେକିଦେଲେ ଦୋଜବରଙ୍କୁ। ଯୋଡ଼ାଙ୍କ ବୟସ ଷାଠିଏ, ଷାଠିଏ। ତାଙ୍କ ଠୁ ନେଲା ହଜାରେ ହଜାରେ ଟଙ୍କା। ଏବେ ସେ ଦି' ଭଉଣୀ ରାଣ୍ଡ। ଭାରି ଦୁଃଖରେ ଅଛନ୍ତି। ବିରେଇଟା କାଲିକା ପିଲା; ମିଶ୍ରେ ଯେତେ ବୁଝେଇଲେ ବି ପାତ୍ରଙ୍କ ଏକା ଜିଦ୍, ସେଇ ହଜାରେ।

ବିରେଇ ହିସାବ କରି ଦେଖିଲା। କନ୍ୟାସୁନା ପଡ଼ିବ ସାତଶ, ବିଭାଖର୍ଚ୍ଚ ତିନିଶରୁ ଊଣା ନୁହେଁ। ଗାଏ ଦୁଇ ପଦକୁ ହଜାରେ। ଯାହା ସଞ୍ଚିଥିଲା, କୁମ୍ପିରେ ସାଇତି ଥିଲା,

ମାଟିରେ ପୋତିଥିଲା – ସବୁ ମିଶି ଟ. ୬୦୬୨/୬/। ଆହୁରି ଚାରିଶ ଲୋଡ଼ା। ଦୁଇ ଶହ ଟଙ୍କା ଘରୁ କାଢ଼ିଲା। ବିହନ ଧାନ ରଖି ସବୁ ବିକି ଦେଲା। ହଳିଆ ବଳଦ ହଳକ ରଖି ବାକି ଗୋରୁ ଗୁଡ଼ାକ ବିକି ପକାଇଲା। ଘରର ପଲାଣ ପାଣ୍ଟି, ହଳ ସରଞ୍ଜାମ। ଗାଁ ମଧୁ ମହାନ୍ତିଙ୍କି ଛ' ଟଙ୍କାରେ ବିକିଦେଲା। କନ୍ୟାସୁନା ସବୁ ପଇଠ କଲା। ତା' ପରେ ବିଭା, ହାତଗଣ୍ଠି ପଡ଼ିଲା। କନ୍ୟା ବିଦା ହେଲା। ବରକନ୍ୟା ବାହୁଡ଼ିଲେ, ବନ୍ଦାପନା ହେବ। ବିରେଇର ଖୁଡ଼ୀ, ମାଉସୀ, ଅପା; ପାଞ୍ଚଜଣ ଅହିଅଙ୍କୁ ଡାକି ଆସିଲେ। ଅଡାକରାରେ ଗାଁ ମାଇକିନିଆମାନେ ବି ଧାଇଁ ଆସିଲେ। ମାଇପେ ପିଲାଛୁଆ, ବିରେଇ ଘରେ ଭର୍ତ୍ତି ହୋଇଗଲେ। କନ୍ୟା ଆଗରେ, ମୁଣ୍ଡରେ ଦୋଳ ମୁକୁଟ। ହାତରେ କଜଳପାତିଟା ଧରି ନଇଁ ନଇଁ ଚାଲିଛି। ଖିଲକାତିଟାଏ, ନଡ଼ିଆଟି ଧରି ବର ପଛରେ। ଭଣ୍ଡାରୁଣୀଟା ଆଗ ଦେଖି ପକାଇଲା, କନ୍ୟାର ପେଟଟା ବାହାରି ପଡ଼ିଛି। ନସର ପସର ହୋଇ ଚାଲିଛି, ଭଲକରି ଚାଲି ପାରୁନାହିଁ। ଭଣ୍ଡାରୁଣୀ ଆଉ ପାଞ୍ଚ ମାଇକିନିଆଙ୍କ ବାହୁ ଚିପି ଦେଲା। ଖାଇଲା ଆଙ୍ଗୁଳି ବଢ଼ାଇ କ'ଣ ଦେଖାଇ ଦେଲା। କିଏ କହିଲା ପାଞ୍ଚ ମାସ, ଜାଣିବା ମାଇକିନିଆମାନେ ଠିକ୍ କରିନେଲେ ସାତ ମାସରୁ ଊଣା ନୁହେଁ। ହାମଦରଦୀ ମାଉସୀ–ପିଉସୀମାନେ କହିଲେ – ଛୁଆଟା ଅଭିଆଡ଼ା ଥିଲା ତ ଥିଲା, ସର୍ବସ୍ୱ ସାରି ସାତପୁରୁଷଙ୍କୁ ନରକକୁ ଦେଲା। ଏମିତି କିଏ କ'ଣ ଛି ଛାକର କଲେ। ବିରେଇଟା ମୂକ ହୋଇ ଗଲାଣି। କମଳୀ ତାକୁ ଚୁପ୍ କରି ପାଖକୁ ଡାକିଲା। ପେଟ ଉପରେ ମୁଣିଏ ଟଙ୍କା, ତା' ଉପରେ ଯୋଡ଼ାଏ ବେଢ଼ାଣ ଖଦି କଷି ଗୁଡ଼ିଆ ହେଇଛି। ଫିଟାଇ କରି ଝଣ୍‌କରି ଥଳିଟା ତଳେ ପକାଇ ଦେଲା। ସେଇ ଟଙ୍କା ତକ ବିରେଇ ଦେଇଥିଲା କମଳୀ ବାପାଙ୍କୁ, କନ୍ୟାସୁନା। ବୁଢ଼ା ତେଣେ ପାଗଳ; ଯାଇ ବିରେଇ ଘରେ ହାଜର। ଚିଲେଇଲା, "କମଳୀ ମୋ ବେକରେ ଛୁରି ମାରିଲୁ, ମୋ ଟଙ୍କା ଦେ।" କମଳୀ ରୋକଠୋକ ମନା କଲା, ଟଙ୍କା ତା'ର, ଦେବନି। ପାଟି ଶୁଣି ଗାଁ ବାଲା ଠୁଳ ହେଇଗଲେ। ବିଭାବେଳେ ବୁଢ଼ା ଦକ୍ଷିଣା ଦେଇ ନ ଥିଲା, ପୁରୋହିତଙ୍କ ସହ ବୋଲାବୋଲି ମଧ୍ୟ ହୋଇଥିଲା। ପୁରୋହିତ ପହଞ୍ଚି ଯାଇ ହୁକୁମ ଦେଲେ, "ମାର ଚଣ୍ଡାଳ ମାଉଁସ ବିକାକୁ।" କଥା ପାଟିରୁ ଫିଟିନି, କିଏ ଧକ୍‌କା, ବିଧା ତ କିଏ ଚାପଡ଼ା – ଏମିତି ବର୍ଷା ହେଲା। ତା' ପରଠୁ ପାତ୍ରଙ୍କୁ ଆଉ ଦିନବେଳେ କେହି ଦେଖି ନ ଥିଲେ। ମାମୁ ମାଇଁଙ୍କ ଧନ ଦଉଲତ ମହାଜନ ନିଲାମ କରି ନେଇ ଯାଇଥିଲେ। ବିରେଇ ସବୁ ମୁକୁଳେଇଲା, ଦୁହିଁଙ୍କୁ ଆଣି ନିଜ ହେପାଜତରେ ରଖିଲା। ନିଜେ ସୁଖରେ ସଂସାର କଲା।

ସମାଜ ସଂସ୍କାରକ ଫକୀରମୋହନ। କନ୍ୟାସୁନା ପ୍ରଥାର କୁପରିଣତି କଥା ଜାଣିଥିଲେ। ସେତେବେଳକା ବାପା ମା', ଝିଅ ଦେହ ମନ କଥା ବୁଝୁ ନ ଥିଲେ। ନିର୍ଦ୍ଦୟ ଭାବେ ଟେକି ଦେଉଥିଲେ ବୁଢ଼ାବର ହାତରେ। ବଦଳରେ ନେଉଥିଲେ କନ୍ୟାସୁନା। ଫକୀରମୋହନ ସେଇ ଲୋଭୀ ବାପାଙ୍କୁ ମଣିଷ ମାଉଁସ ବିକା କହିଛନ୍ତି। ଚଣ୍ଡାଳ ଆଖ୍ୟା ଦେଇଛନ୍ତି। ଝିଅମାନେ କ୍ରମେ ଶିକ୍ଷିତା ହେଲେ, ସାମାଜିକ କୁସଂସ୍କାରକୁ ବିରୋଧ କଲେ। ଏମିତି ଝିଅଟେ କମଳୀ। ବର୍ଷ ବର୍ଷ ଧରି ଚଳି ଆସୁଥିଲା କନ୍ୟାସୁନା ପ୍ରଥା। ନିଜ ଢଙ୍ଗରେ ସେ ବିରୋଧ କରିଛି। ଏହା କିଛି କମ୍ କଥା ନୁହେଁ ? ଏବେ ସ୍ଥିତି ଭିନ୍ନ। କନ୍ୟା ପିତା ବର କିଣୁଛନ୍ତି। କନ୍ୟାସୁନା ଅବା ଯୌତୁକ; ଉଭୟଟି ଏକ ଏକ ସାମାଜିକ କଳଙ୍କ। ବିରେଇ ବିଶାଳ ପରି ସୁନାବର, କମଳୀ ପରି କନ୍ୟାରତ୍ନ। ଏମାନେ କ'ଣ ବିନା ପଇସାରେ ମିଳିବେନି ? ଫକୀରମୋହନଙ୍କ ପରି ଆମ ମାନସିକତା ହେଉ। ତାହାଲେ କେଉଁ ଭଲ କଥାଟା ବା ଅସମ୍ଭବ !

■

ଲେଖକଙ୍କର ପ୍ରକାଶିତ ପୁସ୍ତକ

୧। ଓଡ଼ିଶାରେ ମୁକ୍ତି ସଂଗ୍ରାମର ଓଁକାର
୨। ଓଡ଼ିଶା ଜନଜୀବନ ଓ ଔପନ୍ୟାସିକ ନିତ୍ୟାନନ୍ଦ ମହାପାତ୍ର
୩। ଛାଇ ଓ ମଣିଷ
୪। ମୁକ୍ତି ସଂଗ୍ରାମରେ ସ୍ରଷ୍ଟା କତିପୟ
୫। ସୃଷ୍ଟି ସମୀକ୍ଷା
୬। ନବଧା ନିତ୍ୟାନନ୍ଦ
୭। ଅନନ୍ୟ କାନ୍ତକବି
୮। ଜନଜୀବନ ଓ ସାହିତ୍ୟ
୯। ଓଡ଼ିଆ ସାହିତ୍ୟ-ସଂସ୍କୃତି ଓ କବିଚନ୍ଦ୍ର କାଳୀଚରଣ
୧୦। କାଳ ଓ କଳାର ଶିଳ୍ପୀ ସୁରେନ୍ଦ୍ର
୧୧। ଭାବ ଓ ଭାଷାର ସମ୍ରାଟ ସୁରେନ୍ଦ୍ର
୧୨। ଊନବିଂଶ ଶତାବ୍ଦୀ ଓ ଫକୀରମୋହନ

BLACK EAGLE BOOKS

www.blackeaglebooks.org
info@blackeaglebooks.org

Black Eagle Books, an independent publisher, was founded as a nonprofit organization in April, 2019. It is our mission to connect and engage the Indian diaspora and the world at large with the best of works of world literature published on a collaborative platform, with special emphasis on foregrounding Contemporary Classics and New Writing.

www.ingramcontent.com/pod-product-compliance
Lightning Source LLC
Chambersburg PA
CBHW050420110726
47899CB00008B/2779

* 9 7 8 1 6 4 5 6 0 5 7 1 3 *